中華文化思想叢書

老北大講義

史學方法論

傅斯年　著

出版說明

　　自一八九八年建校以來，北京大學作為中國第一所國立大學，當仁不讓地成為一座重鎮。我們很難在「重鎮」的前面加上合適的定語，如果掛一漏萬地勉強做一下嘗試，那麼，如下關鍵字應該無法忽略：教育、學術、思想、文化傳承；如果再在這些嚴肅的字眼前做個補充，我們應該謹慎地加上──心目中。

　　因此，這句話完整地表述出來，或許是這個樣子的──北大是我們心目中一座教育、學術、思想和文化傳承的重鎮。

　　從語法的角度來看，離中心詞越遠的形容詞，它的定語功能越弱，因此，這個「心目中」的限定作用其實很讓人懷疑──難道事實不是這樣嗎？難道北大只是無數人在心中塑造的神聖殿堂嗎？

　　確實如此，在我們沒有條件走入北大的課堂，在我們沒有聆聽教授們的傳道、授業、解惑，甚至在我們沒有閱讀這套《老北大講義》之前，它只不過存在於我們渴求學業、探求人文理想的心目中。如今的我們很難跨越時空觸摸「五四」時期的紅樓，也再無可能聽到黃侃擠兌胡適的精彩言辭──但好在，校址課堂可以變換，教授先生可以逝去，但這套《老北大講義》，仍然使這座學術思想的重鎮觸手可及般呈現在我們的面前，而不僅僅再讓我們於心目中憧憬和描摹。事實上，又有什麼比文字著述能流傳得更遠更久，同時又能連綴百年與今日、先賢與遺產呢？

　　這套《老北大講義》，就是這樣與我們「心目中」的那座殿堂如此接近，它來自於塑造這座重鎮所需的基石──現在我們依然無法用準確的詞彙總結出給神殿做基石所必要的成分。好在北大建校百年後的

大洋彼岸，美國史丹佛大學明確拒絕了國務卿萊斯重回母校任職的申請。一位教授這樣闡述他的理由：萊斯為之服務的政府破壞了正義、科學、專業、正直等基本的學術價值觀，史丹佛不應該再讓她回來。美國人在現代文明中體會到「學校」的本質精神，而早在百年前社會思想紛雜的亂世中，北大的學者便在這個基礎上加上了「勇氣」二字，因為，他們面對的是啟蒙。

正是基於勇氣之下的正義、科學、專業、正直，老北大的講義直到如今，依然在現代學術和思想史上具有無可替代的價值。原因似乎很簡單：它只為良知負責，而不摻雜任何功利；原因卻也很複雜：能夠做到這一點，並不是僅有願望和堅持那麼容易。因此，我們很難想像，這套《老北大講義》，是如何能夠穿越百年風雲，在思想的多次變革和社會的動盪過後，依然能夠熠熠閃光。

或許所有的答案早在蔡元培先生的一句話中：「循思想自由原則，取相容並包之義。」這是北大的立校之基，是北大的教育準繩。但是，如果我們拋開了學校與教育的因素，就會清晰地看到現代學術與思想發軔的源頭。正是本著這種精神，這套《老北大講義》呈現出大多數人意想不到的面貌：

其一，它涵蓋了文學、史學、藝術、哲學甚至更多的邊緣學科。而我們大概很難想到那些目前幾近符號化定格的先賢竟會如此「跨學科」，在某個非專項的細小考證上侃侃而談；

其二，在同類學術問題的思考上，各教授的觀點未必一致甚或相左。課堂上也經常有明譏暗諷、互相貶低之類的掌故。但這並不妨礙落了下風的一方以獨立的精神和學術的品格堅守自己；

其三，在當時的情況下，教授們對西方現代哲學思想或歷史觀念的瞭解並不很深，哪怕對本國正在發生的白話文運動也多有不成熟的看法，但這並不妨礙以客觀踏實的精神大膽探求；

其四，即或放在今天，我們依然看到著述中鮮活的思路和治學原則。或許其所述內容業已陳舊，但其字裡行間跳動的思想卻是今天的某些所謂巨著中缺少的靈魂。

正因為如此，《老北大講義》不僅僅是小小課堂的教學工具，更是現代學術和思想發軔的第一媒介。因為有了李大釗的《史學要論》，才有了馬克思主義唯物史觀在中國的首次公開而正式的傳播；因為有了胡適的西方哲學講義，才有了國人對西方文明尤其是現代思潮的進一步瞭解；因為有了錢玄同和劉半農的漢語研究，才有了推動白話文運動的基本依據……

當我們無法親臨北大課堂，當我們無法回到那個大師輩出的年代時，這套《老北大講義》像是一座橋梁溝通了時空，輕易地在我們腳下搭建了一條通往中國學養源頭的路。

然而，對這些珍貴思想文化遺產的整理和推廣，看似輕易簡單，實則困難重重。在首批推出的著述中，我們不得不仔細考慮作者的成就與影響，也不得不考量每一本書的內容價值，甚至還得兼顧品種的豐富性和學科的完整性，因此，難免有遺珠之憾。

此外，有些影響較廣的著述，此前亦有各種單行本見於市面。編者雖然力求呈現出更多的新品種，填補文化傳承上的空白，但考慮到這是國內首次完整地以「老北大講義」的概念進行編纂出版，所以，我們也在嚴謹衡量的基礎上推出了這類「舊作」。

以往，老北大講義有很多著述僅有存目，出版本十分罕見。但讓我們十分快慰的是，在此次編選的過程中找到了一些孤本，不日將陸續付梓——在興奮與欣喜之餘，我們也不免懼怕，如果再不出版，它們，這些凝聚一流學者畢生心血的思想學術經典，恐怕後人再難讀到了。

正因如此，我們希望這套書的出版，能夠延續我們「心目中」的

那座殿堂，否則，很難說再過百年後，北大是不是一座空中樓閣，會不會只是個在口頭傳頌的一段傳奇。

關於本書與作者

　　傅斯年（1896-1950），初字夢簪，字孟真。中國現代歷史學家，是二十世紀上半葉我國重要的學術領袖，曾任國立中央研究院歷史語言研究所所長。

　　傅斯年與北大淵源甚深，一九一三年他考入北京大學預科，一九一六年升入北京大學文科，一九一八年夏與羅家倫等組織新潮社，成為北大學生會領袖之一，五四運動爆發時，傅斯年擔任遊行總指揮，風雲一時。一九一九年傅斯年大學畢業後赴海外留學，一度學習自然科學。一九二六年回國，後受蔡元培之聘籌辦中央研究院歷史語言研究所，並任所長。該所從廣州遷往北平後，他便重回母校，兼任了北大教授。此後他先後兼任社會科學研究所所長、中央博物院籌備主任、國民參政會參政員、中央研究院總幹事、政治協商會議委員等，在抗戰勝利後，又一度代理北大校長之職。

　　傅斯年在北大做過學生、學生領袖、教授和校長，有這種經歷的人確乎少見。他對北大的功勞也確實巨大，在他第一次任教北大時，校長是蔣夢麟，他回憶說：「九一八事變後，北平正在多事之秋，我的參謀就是適之（胡適）、孟真兩位，事無大小，都就商於兩位。他們兩位代北大請到了好多位國內著名的教授，北大在北伐成功以後之復興，他們兩位的功勞實在太大了。」

　　而他第二次任職北大，實是國民政府任命胡適為校長，但胡在美國，傅斯年暫為代理。當時，從敵偽手裡接辦北京大學，有很多棘手問題，如對日本統治下的教職員如何處理便是一個問題。傅斯年決定一個不用。他給夫人寫信說：「大批偽教職員進來，這是暑假後北大開

辦的大障礙，但我決心掃蕩之，決不為北大留此劣根。」又說：「在這樣局面下，胡先生辦遠不如我，我在這幾個月給他打平天下，他好辦下去。」

傅斯年在北大史學系先後開設了史學方法導論、中國古代文籍文辭史、中國古代文學史、中國上古史專題研究、漢魏史專題研究等五六門課。

傅斯年的史學成就非但在考證，更在於方法。

比如這門「史學方法導論」課程包括三個方面：一、中國及歐洲史學觀點之演講；二、自然科學與史學之關係；三、史料之整理方法。

傅斯年在課堂上再三提出「史學即是史料學」的命題，並且常常把「上窮碧落下黃泉，動手動腳找東西」這句話掛在嘴邊。這一思想得益於他在國外留學時受到了一代史學大師蘭克（德國人，1795-1886）的影響。蘭克強調重視史料，認為把史料分類擺出來就是歷史，歷史是超然物外、不偏不倚的。傅斯年進而說：「近代的歷史學只是史料學。」「我們反對疏通，我們只是把材料整理好，則事實自然顯明了。一分材料出一分貨，十分材料出十分貨，沒有材料便不出貨。兩件事實之間隔著一大段，把它們聯繫起來的一切涉想，自然有些也是多多少少可以容許的，但推論是危險的事……材料之內使它發現無遺，材料之外我們一點也不越過去說。」

這種方法是否有瑕疵暫不必說，但它當年確實影響巨大，人稱傅斯年開創了「史料學派」。他的學生鄧廣銘回憶說：「傅斯年先生最初在中山大學創辦語言歷史研究所時提出這一治史方針，後來又在《中央研究院歷史語言研究所集刊》上聲明這是辦所的宗旨。胡適在北京大學《國學季刊》發刊詞中也表達了同樣的意見。他們兩人一南一北，推動史學朝這個方向發展，史學界由此也形成一種重視史料的風氣和氛圍。」

擬目

目次

史料論略

我們在上章討論中國及歐洲歷史學觀念演進的時候，已經歸納出下列的幾個結論：

一、史的觀念之進步，在於由主觀的哲學及倫理價值論變作客觀的史料學。

二、著史的事業之進步，在於由人文的手段，變作如生物學、地質學等一般的事業。

三、史學的對象是史料，不是文詞，不是倫理，不是神學，並且不是社會學。史學的工作是整理史料，不是做藝術的建設，不是做疏通的事業，不是去扶持或推倒這個運動，或那個主義。

假如有人問我們整理史料的方法，我們要回答說：第一是比較不同的史料，第二是比較不同的史料，第三還是比較不同的史料。假如一件事只有一個記載，而這個記載和天地間一切其他記載（此處所謂記載，不專指文字，猶史料之不以文字為限）不相干，則對這件事只好姑信姑疑，我們沒有法子去對它做任何史學的工夫。假如天地間事都是這樣，則沒有一切科學了，史學也是其一。不過天地間事並不如此。物理化學的事件重複無數，故可以試驗，地質生物的記載每有相互的關係，故有歸納的結論。歷史的事件雖然一件事只有一次，但一個事件不盡只有一個記載，所以這個事件在多種情形下，可以比較而得其近真；好幾件事情又每每有相關聯的地方，更可以比較而得其頭緒。

在中國詳述比較史料的最早一部書，是《通鑒考異》。這是司馬君實領導著劉攽、劉恕、范祖禹諸人做的。這裡邊可以看出史學方法的

成熟和整理史料的標準。在西洋則這方法的成熟晚了好幾百年；到十七八世紀，這方法才算有自覺的完成了。

　　史學便是史料學：這話是我們講這一課的中央題目。史料學便是比較方法之應用：這話是我們討論這一篇的主旨。但史料是不同的，有來源的不同，有先後的不同，有價值的不同，有一切花樣的不同。比較方法之使用，每每是「因時制宜」的。處理每一歷史的事件，每每取用一種特別的手段，這手段在宗旨上誠然不過是比較，在迎合事體上卻是甲不能轉到乙，乙不能轉到丙，丙不能轉到丁……徒然高揭「史學的方法是以科學的比較為手段，去處理不同的記載」一個口號，仍不過是「托諸空言」；何如「見諸實事之深切著明」呢？所以我們把這一篇討論分作幾節，為每節舉一個或若干個實例，以見整理史料在實施上的意義。

第一章
史料之相對的價值[1]

第一節　直接史料對間接史料

　　史料在一種意義上大致可以分作兩類：一、直接的史料；二、間接的史料。凡是未經中間人手修改或省略或轉寫的，是直接的史料；凡是已經中間人手修改或省略或轉寫的，是間接的史料。《周書》是間接的材料，毛公鼎則是直接的；《世本》是間接的材料（今已佚），卜辭則是直接的；《明史》是間接的材料，明檔案則是直接的。以此類推。有些間接的材料和直接的差不多，例如《史記》所記秦刻石；有些便和直接的材料成極端的相反，例如《左傳》、《國語》中所載的那些語來語去。自然，直接的材料是比較可信的，間接材料因轉手的緣故容易被人更改或加減；但有時某一種直接的材料也許是孤立的，是例外的，而有時間接的材料反是前人精密歸納直接材料而得的：這個都不能一概論斷，要隨時隨地地分別著看。

　　直接史料的出處大致有二：一、地下；二、古公廨、古廟宇及世家之所藏。不是一切東西都可在地下保存的，而文字所憑的材料，在後來的，幾乎全不能在地下保存，如紙如帛。在早年的幸而所憑藉者是骨，是金，是石，是陶，是泥；其是竹木的，只聽見說在乾燥的西域保存著，在中國北方的天氣，已經很不適於保存這些東西於地下。

1　本章及所包括的「擬目」、〈史料論略〉為舊版整理稿，現依原稿編排。

至於世家，中國因為久不是封建的國家，所以是很少的，公廨廟宇是歷經兵火匪劫的。所以敦煌的巨藏有一不有二，汲塚的故事一見不再見。竹書一類的東西，我也曾對之「寤寐思服」，夢想洛陽周塚，臨淄齊塚，安知不如魏安僖王塚？不過洛陽陵墓已為官匪合作所盜盡，臨淄濱海，氣候較濕，這些夢想未必能實現於百一吧？直接材料的來源有些限制，所以每有偏重的現象。如殷卜辭所記「在祀與戎」，而無政事。周金文偏記光寵，少記事蹟。敦煌卷子少有全書。（其實敦煌卷子只可說是早年的間接材料，不得謂為直接材料。）明清內閣大庫檔案，都是些「斷爛朝報」。若是我們不先對於間接材料有一番細工夫，這些直接材料之意義和位置，是不知道的；不知道則無從使用。所以玩古董的那麼多，發明古史的何以那麼少呢？寫鐘鼎的那麼多，能借殷周文字以補證經傳的何以只有許瀚、吳大澂、孫詒讓、王國維幾個人呢？何以翁方綱、羅振玉一般人都不能呢？（《殷虛書契考釋》一書，原是王國維作的，不是羅振玉的）珍藏唐寫本的那麼多，能知各種寫本的互相位置者何以那麼少呢？直接材料每每殘缺，每每偏於小事，不靠較為普遍、略具系統的間接材料先作說明，何從瞭解這一件直接材料？所以持區區的金文，而不熟讀經傳的人，只能去做刻圖章的匠人；明知《說文》有無窮的毛病，無限的錯誤，然而丟了它，金文更講不通。

以上說直接材料的瞭解，靠間接材料做個預備，做個輪廓，做個界落。然而直接材料雖然不比間接材料全得多，卻比間接材料正確得多。一件事經過三個人的口傳便成謠言，我們現在看報紙的記載，竟那麼靠不住。則時經百千年，輾轉經若干人手的記載，假定中間人並無成見，並無惡意，已可使這材料全變一翻面目；何況人人免不了他自己時代的精神：即免不了他不自覺而實在深遠的改動。一旦得到一個可信的材料，自然應該拿它去校正間接史料。間接史料的錯誤，靠

它更正；間接史料的不足，靠它彌補；間接史料的錯亂，靠它整齊；間接史料因經中間人手而成之灰沉沉樣，靠它改給一個活潑潑的生氣象。我們要能得到前人所得不到的史料，然後可以超越前人；我們要能使用新得材料於遺傳材料上，然後可以超越同見這材料的同時人。那麼以下兩條路是不好走的：

一、只去玩弄直接材料，而不能把它應用到流傳的材料中。例如玩古董的，刻圖章的。

二、對新發現之直接材料深固閉拒的，例如根據秦人小篆，兼以漢儒所新造字，而高談文始，同時說殷墟文字是劉鐵雲假造的章太炎。

標舉五例，以見直接間接史料之互相為用。

例一　王國維君〈殷卜辭中所見先公先王考〉

王靜安君所作〈殷卜辭中所見先公先王考〉兩篇（《觀堂集林》卷九），實在是近年漢學中最大的貢獻之一。原文太長，現在只節錄前篇的「王亥」「王恆」「上甲」三節，下篇的「商先王世數」一節，以見其方法。其實這個著作是不能割裂的，讀者仍當取原書全看。

王君拿直接的史料，用細密的綜合，得到了下列的幾個大結果。第一，證明《史記》襲《世本》說之不虛構；第二，改正了《史記》中所有由於傳寫而生的小錯誤；第三，於間接材料之矛盾中（《漢書》與《史記》），取決了是非。這是史學上再重要不過的事。至於附帶的發現也多。假如王君不熟習經傳，這些材料是不能用的；假如熟習經傳者不用這些材料，經傳中關涉此事一切語句之意義及是非是不能取決的。那麼，王君這個工作，正可為我們上節所數陳的主旨作一個再好不過的實例。

王亥

　　卜辭多記祭王亥事，《殷虛書契前編》有二事，曰：貞敻于王亥（卷一第四十九葉），曰：貞之于王亥冊牛辛亥用（卷四第八葉）。後編又有七事，曰：貞于王亥求年（卷上第一葉），曰：乙巳卜□貞之于王亥十（下闕同上第二十葉），曰：貞敻于王亥（同上第十九葉），曰：敻于王亥（同上第二十三葉），曰：癸卯□貞□□高祖王亥□□□（同上第二十一葉），曰：甲辰卜□貞辛亥敻于王亥卅牛十二月（同上第二十三葉），曰：貞登王亥羊（同上第二十六葉），曰：貞之于王亥羊□三百牛（同上第二十八葉）。龜甲獸骨文字有一事，曰：貞敻于王亥五牛（卷一第九葉）。觀其祭日用辛亥，其牲用五牛，三十牛，四十牛，乃至三百牛，乃祭禮之最隆者，必為商之先王先公無疑。案：《史記‧殷本紀》及〈三代世表〉，商先祖中無王亥。惟云：冥卒，子振立；振卒，子微立。《索隱》：振，系本作核；《漢書‧古今人表》作垓。然則《史記》之振當為核，或為垓字之訛也。〈大荒東經〉曰：有困民國，句姓，而食有人，曰王亥。兩手操鳥，方食其頭。王亥托於有易，河伯僕牛，有易殺王亥，取僕牛。郭璞注引《竹書》曰：殷王子亥賓於有易，而淫焉，有易之君綿臣殺而放之。是故殷主甲微假師於河伯，以伐有易，克之，遂殺其君綿臣也（此《竹書紀年》真本，郭氏隱括之如此）。今本《竹書紀年》，帝泄十二年，殷侯子亥賓於有易，有易殺而放之。十六年，殷侯微以河伯之師伐有易，殺其君綿臣。是《山海經》之王亥，古本《紀年》作殷王子亥，今本作殷侯子亥。又前於上甲微者一世，則為殷之先祖，冥之子，微之父，無疑。卜辭作王亥，正與《山海經》同。又祭王亥皆以亥日，則亥乃其正字，《世本》作核，〈古今人表〉作垓，皆其通假字；《史記》作振，則因與核或垓二字形近而訛。夫《山海

經》一書，其文不雅馴，其中人物，世亦以子虛烏有視之。《紀
年》一書，亦非可盡信者。而王亥之名竟於卜辭見之，其事雖
未必盡然，而其人則確非虛構。可知古代傳說存於周秦之間
者，非絕無根據也。

　　王亥之名及其事蹟，非徒見於《山海經》、《竹書》，周秦
間人著書多能道之。《呂覽・勿躬篇》：王冰作服牛。案，篆文
冰作仌，與亥字相似，王仌亦王亥之訛。《世本・作篇》，胲作
服牛，（《初學記》卷九十引，又《御覽》八百九十引《世本》，
鮌作服牛，鮌亦胲之訛。《路史注》引《世本》胲為黃帝馬醫，
常醫龍。疑引宋衷注。《御覽》引宋注曰：胲黃帝臣也，能駕
牛。又云：少昊時人，始駕牛。皆漢人說，不足據。實則《作
篇》之胲，即〈帝系篇〉之核也）其證也。服牛者，即〈大荒
東經〉之僕牛，古服僕同音。《楚辭・天問》：該秉季德，厥父
是臧。胡終弊于有扈，牧夫牛羊？又曰：恆秉季德，焉得夫朴
牛？該即胲，有扈即有易（說見下），朴牛亦即服牛。是《山海
經》、〈天問〉、《呂覽》、《世本》皆以王亥為始作服牛之人。
蓋夏初奚仲作車，或尚以人挽之，至相土作乘馬，王亥作服
牛，而車之用益廣。《管子・輕重戊》云：殷人之王立帛牢服牛
馬以為民利，而天下化之。蓋古之有天下者，其先皆有大功德
於天下。禹抑洪水，稷降嘉種，爰啟夏周。商之相土王亥，蓋
亦其儔。然則王亥祀典之隆，亦以其為製作之聖人，非徒以其
為先祖。周秦間王亥之傳說，胥由是起也。

　　卜辭言王亥者九，其二有祭日，皆以辛亥，與祭大乙用乙
日，祭大甲用甲日同例，是王亥確為殷人以辰為名之始，猶上
甲微之為以日為名之始也。然觀殷人之名，即不用日辰者，亦
取於時為多，自契以下，若昭明，若昌若，若冥，皆含朝莫明

晦之意，而王恆之名亦取象於月弦。是以時為名或號者，乃殷俗也。夏後氏之以日為名者，有孔甲，有履癸，要在王亥及上甲之後矣。

王恆

　　卜辭人名于王亥外又有王◨。其文曰：貞之于王◨（《鐵雲藏龜》第一百九十九葉及《書契後編》卷上第九葉）。又曰：貞◨之于王◨（《後編》卷下第七葉）。又作王◨，曰：貞王◨□（下闕，《前編》卷七第十葉）。案，◨即恆字。《說文解字》二部；恆，常也，從心從舟，在二之間，上下一心以舟施恆也。◨，古文恆從月。《詩》曰：如月之恆。案，許君既云古文恆從月，復引《詩》以釋從月之意，而今本古文乃作◨，從二，從古文外，蓋傳寫之訛，字當作◨。又，《說文》木部：桓，竟也，從木恆聲。◨，古文桓。案，古從月之字，後或變而從舟，殷虛卜辭朝莫之朝作◨（《後編》卷下第三葉），從日月在茻間，與莫字從日在茻間同意，而篆文作◨，不從月而從舟。此例之◨本當作◨。智鼎有字◨，從心從◨，與篆文之恆從◨者同，即恆之初字，可知◨◨一字。卜辭◨字從二從◨，（卜辭月字或作◨或作◨）其為◨◨二字，或恆字之省無疑。其作◨者，《詩‧小雅》：如月之恆。毛傳：恆，弦也。弦本弓上物，故字又從弓。然◨◨則二字，確為恆字。王恆之為殷先祖，惟見於《楚辭‧天問》。〈天問〉自「簡狄在台嚳何宜」以下二十韻，皆述商事（前夏事後周事）。其問王亥以下數世事曰：該秉季德，厥父是臧。胡終弊于有扈，牧夫牛羊？干協時舞，何以懷之？平脅曼膚，何以肥之？有扈牧豎，雲何而逢？擊床先出，其命何從？恆秉季德，焉得夫朴牛？何往營班祿，不但還來？

昏微遵跡，有狄不寧。何繁鳥萃棘，負子肆情？眩弟並淫，危害厥兄。何變化以作詐，後嗣而逢長？此十二韻以〈大荒東經〉及郭注所引《竹書》參證之，實紀王亥王恆及上甲微三世之事。而《山海經》《竹書》之有易，〈天問〉作有扈，乃字之誤，蓋後人多見有扈，少見有易，又同是夏時事，故改易為扈。下文又云：昏微遵跡，有狄不寧。昏微即上甲微，有狄亦即有易也。古狄易二字同音，故互相通假。《說文解字》辵部，逖之古文作逷。《書・牧誓》：逷矣西土之人。《爾雅》郭注引作逷矣西土之人。《書・多士》：離逷爾土。《詩・大雅》：用逷蠻方。〈魯頌〉：狄彼東周。《畢狄鐘》：畢狄不龏。此逖逷狄三字，異文同義。《史記・殷本紀》之簡狄，《索隱》曰：舊本作易。《漢書・古今人表》作簡逷。《白虎通・禮樂篇》：狄者，易也。是古狄易二字通。有狄即有易，上甲遵跡而有易不寧，是王亥弊於有易，非弊於有扈，故曰，扈當為易字之誤也。狄易二字不知孰正孰借，其國當在大河之北，或在易水左右（孫氏之說）。蓋商之先自冥治河，王亥遷殷（今本《竹書紀年》，帝芒三十三年，商侯遷於殷，其時商侯即王亥也。《山海經》注所引《真本竹書》，亦稱王亥為殷王子亥，稱殷不稱商，則〈今本紀年〉此條，古本想亦有之。殷在河北，非亳殷，見餘前撰《三代地理小記》），已由商邱越大河而北，故遊牧於有易高爽之地，服牛之利即發現於此。有易之人殺王亥，取服牛，所謂胡終弊於有扈，牧夫牛羊者也。其云有扈牧豎，云何而逢，擊床先出，其命何從者，似記王亥被殺之事。其云恆秉季德，焉得夫朴牛者，恆蓋該弟，與該同秉季德，復得該所失服牛也。所云昏微遵跡，有狄不寧者，謂上甲微能率循其先人之跡，有易與之有殺父之仇，故為之不寧也。繁鳥萃棘以下，當亦記上甲事，書

闕有間，不敢妄為之說，然非如王逸章句所說，解居父及象事，固自顯然。要之，〈天問〉所說當與《山海經》及《竹書紀年》同出一源，而〈天問〉就壁畫發問，所記尤詳。恆之一人，並為諸書所未載。卜辭之王恆，與王亥同以王稱，其時代自當相接，而〈天問〉之該與恆，適與之相當，前後所陳又皆商家故事，則中間十二韻自系述王亥王恆上甲微三世之事。然則王亥與上甲微之間，又當有王恆一世。以《世本》、《史記》所未載，《山經》、《竹書》所不詳，而今於卜辭得之；〈天問〉之辭，千古不能通其說者，而今由卜辭通之：此治史學與文學者所當同聲稱快者也。

上甲

〈魯語〉：上甲微，能帥契者也，商人報焉。是商人祭上甲微。而卜辭不見上甲。郭璞《大荒東經注》引《竹書》作主甲微，而卜辭亦不見主甲。餘由卜辭有 ⿷ ⿷ ⿷ 三人名，其乙丙丁三字皆在匸或匚中，而悟卜辭中凡數十見之 田（或作 ⿱一田），即上甲也。卜辭中凡田狩之田字，其口中橫直二筆皆與其四旁相接；而人名之 田，則其中橫直二筆或其直筆必與四旁不接，田與田字區別較然。田中十字即古甲字（卜辭與古金文皆同），甲在口中，與 ⿷ ⿷ ⿷ 之乙丙丁三字在匸或匚中同意。亦有口中橫直二筆與四旁接，而與田狩字無別者，則上加一作 ⿱一田 以別之。上加一者，古六書中指事之法，一在田上，與二字（古文上字）之一在一上同意，去上甲之義尤近。細觀卜辭中記 田 或 ⿱一田 者數十條，亦惟上甲微始足當之。卜辭中云自 田（或作 ⿱一田）至於多後衣者五（《書契前編》卷二第二十五葉三見，又卷三第二十七葉，《後編》卷上第二十葉各一見），其斷片云自 田 至於多後者

三（《前編》卷二第二十五葉兩見，又卷三第二十八葉一見），云自田至於武乙衣者一（《後編》卷上第二十葉）。衣者，古殷祭之名。又卜辭曰：丁卯，貞來乙亥告田自（《後編》卷上第二十八葉）；又曰：乙亥卜賓貞□大禦自田（同上卷下第六葉）；又曰：（上闕）貞翌甲□凵自田（同上第三十四葉）。凡祭告皆曰自田，是田實居先公先王之首也。又曰：辛巳卜大貞之自田元示三牛二示一牛十三月（《前編》卷三第二十二葉）。又云：乙未貞其求自田十又三示牛小示羊（《後編》卷上第二十八葉）。是凵為元示及十又三示之首。殷之先公稱示，主壬主癸卜辭稱示壬示癸，則田又居先公之首也。商之先人王亥始以辰名，上甲以降皆以日名，是商人數先公當自上甲始。且田之為上甲，又有可征證者。殷之祭先，率以其所名之日祭之，祭名甲者用甲日，祭名乙者用乙日，此卜辭之通例也。今卜辭中凡專祭田者皆用甲日，如曰：在三月甲子□祭田（《前編》卷四第十八葉）；又曰：在十月又一（即十有一月）甲申□酚祭田（《後編》卷下第二十葉）；又曰：癸卯卜翌甲辰之凵牛吉（同上第二十七葉）；又曰：甲辰卜貞來甲寅又伐田羊五卯牛一（同上第二十一葉）。此四事祭凵有日皆用甲日。又云：在正月□□（此二字闕）祭大甲凵田（同上第二十一葉）。此條雖無祭日，然與大甲同日祭，則亦用甲日矣。即與諸先王先公合祭時，其有日可考者，亦用甲日。如曰：貞翌甲□凵自凵（同上）；又曰：癸巳卜貞酚肜日自田至於多後衣亡它自□在四月惟王二祀（《前編》卷三第二十七葉）；又曰：癸卯，王卜貞酚翌日自田至多後衣亡它在□在九月惟王五祀（《後編》卷上第二十葉）。此二條以癸巳及癸卯卜，則其所云之肜日翌日，皆甲日也。是故田之名甲，可以祭日用甲證之；田字為十（古甲字）在□中，可以□□□三名

乙丙丁在匚中證之；而此甲之即上甲，又可以其居先公先王之首證之。此說雖若穿鑿，然恐殷人復起，亦無以易之矣。

〈魯語〉稱商人報上甲微，《孔叢子》引《逸書》：惟高宗報上甲微。（此魏晉間偽書之未采入梅本者，今本《竹書紀年》武丁十二年報祀上甲微，即本諸此）報者，蓋非常祭。今卜辭於上甲有合祭，有專祭，皆常祭也。又商人於先公皆祭，非獨上甲，可知周人言殷禮已多失實，此孔子所以有文獻不足之歎歟？

商先王世數

《史記》〈殷本紀〉、〈三代世表〉及《漢書・古今人表》所記殷君數同，而於世數則互相違異。據〈殷本紀〉則商三十一帝（除大丁為三十帝），共十七世；〈三代世表〉以小甲雍己大戊為大庚弟（〈殷本紀〉大庚子），則為十六世；〈古今人表〉以中丁外壬河亶甲為大戊弟（〈殷本紀〉大戊子），祖乙為河亶甲弟（〈殷本紀〉河亶甲子），小辛為盤庚子（〈殷本紀〉盤庚弟），則增一世，減二世，亦為十六世。今由卜辭證之，則以〈殷本紀〉所記為近。案，殷人祭祀中有特祭其所自出之先王而非所自出之先王不與者，前考所舉求祖乙（小乙）、祖丁（武丁）、康祖丁（庚丁）、武乙衣，其一例也。今檢卜辭中又有一斷片，其文曰：（上闕）大甲大庚（中闕）丁祖乙祖（中闕）一羊一南（下闕，共三行，左讀，見《後編》卷上第五葉）此片雖殘闕，然於大甲、大庚之間，不數沃丁，中丁（中字直筆尚存）、祖乙之間，不數外壬河亶甲，而一世之中僅舉一

帝，蓋亦與前所舉者同例。又其上下所闕得以意補之，如下：

由此觀之，則此片當為盤庚、小辛、小乙三帝時之物，自大丁至祖丁皆其所自出之先王。以〈殷本紀〉世數次之，並以行款求之，其文當如是也。惟據〈殷本紀〉則祖乙乃河亶甲子，而非中丁子，今此片中有中丁而無河亶甲，則祖乙自當為中丁子，《史記》蓋誤也。且據此則大甲之後有大庚，則大戊自當為大庚子，其兄小甲雍己亦然，知〈三代世表〉以小甲、雍己、大戊為大庚弟者，非矣。大戊之後有中丁，中丁之後有祖乙，則中丁、外壬、河亶甲自當為大戊子，祖乙自當為中丁子，知〈人表〉以中丁、外壬、河亶甲、祖乙皆為大戊弟者非矣。卜辭又云：父甲一牡，父庚一牡，父辛一牡（《後編》卷上第二十五葉）甲為陽甲，庚則盤庚，辛則小辛，皆武丁之諸父，故曰父甲，父庚，父辛；則〈人表〉以小辛為盤庚子者，非矣。凡此諸證，皆與〈殷本紀〉合，而與〈世表〉〈人表〉不合。是故殷自小乙以上之世數可由此二片證之，小乙以下之世數可由祖乙、祖丁、祖甲、康祖丁、武乙一條證之。考古者得此，可以無遺憾矣。

附殷世數異同表

帝名	殷本紀	三代世表	古今人表	卜辭
湯	主癸子	主癸子	主癸子	一世
大丁	湯 子	湯 子	湯 子	湯子二世
外丙	大丁弟	大丁弟	大丁弟	
中壬	外丙弟	外丙弟	外丙弟	
大甲	大丁子	大丁子	大丁子	大丁子三世
沃丁	大甲子	大甲子	大甲子	
大庚	沃丁弟	沃丁弟	沃丁弟	大甲子四世

小甲	大庚子	大庚弟	大庚子	
雍己	小甲弟	小甲弟	小甲弟	
大戊	雍己弟	雍己弟	雍己弟	大庚子五世
中丁	大戊子	大戊子	大戊子	大戊子六世
外壬	中丁弟	中丁弟	中丁弟	
河亶甲	外壬弟	外壬弟	外壬弟	
祖乙	河亶甲子	河亶甲子	河亶甲弟	中丁子七世
祖辛	祖乙子	祖乙子	祖乙子	祖乙子八世
沃甲	祖辛弟	祖辛弟	祖辛弟	
祖丁	祖辛子	祖辛子	祖辛子	祖辛子九世
南庚	沃甲子	沃甲子	沃甲子	
陽甲	祖丁子	祖丁子	祖丁子	祖丁子十世
盤庚	陽甲弟	陽甲弟	陽甲弟	陽甲弟十世
小辛	盤庚弟	盤庚弟	盤庚子	盤庚弟十世
小乙	小辛弟	小辛弟	小辛弟	小辛弟十世
武丁	小乙子	小乙子	小乙子	小乙子十一世
祖庚	武丁子	武丁子	武丁子	武丁子十二世
祖甲	祖庚弟	祖庚弟	祖庚弟	祖庚弟十二世
廩辛	祖甲子	祖甲子	祖甲子	
庚丁	廩辛弟	廩辛弟	廩辛弟	祖甲子十三世
武乙	庚丁子	庚丁子	庚丁子	庚丁子十四世
大丁	武乙子	武乙子	武乙子	
帝乙	大丁子	大丁子	大丁子	
帝辛	帝乙子	帝乙子	帝乙子	

例二　陳寅恪君〈吐蕃彝泰贊普名號年代考〉

　　例一所舉雖系史學上之絕大問題，然或有人嫌其多半仍是文字學的問題，不是純粹史學的問題（其實史學語學是全不能分者）。現在更舉一個純粹史學的考定。我的朋友陳寅恪先生，在漢學上的素養不下錢曉徵，更能通習西方古今語言若干種，尤精梵藏經典。近著〈吐蕃彝泰贊普名號年代考〉一文，以長慶唐蕃會盟碑為根據，「千年舊史之誤書，異國譯音之訛讀，皆賴以訂」。此種異國古文之史料至不多，而能使用此項史料者更屬至少，苟其有之，誠學術中之快事也。文不長，茲全錄之如下：

　　　　〈吐蕃彝泰贊普名號年代考〉（《蒙古源流》研究之一）（《國立中央研究院歷史語言研究所集刊》，第二本第一份）

　　　　小徹辰薩囊台吉著《蒙古源流》，其所紀土伯特事，蓋本之西藏舊史。然取新舊唐書吐蕃傳校其書，則贊普之名號，往往不同，而年代之後先，相差尤甚。夫中國史書述吐蕃事，固出於唐室當時故籍，西藏志乘，雖間雜以宗教神話，但歷代贊普之名號世系，亦必有相傳之舊說，決不盡為臆造。今二國載籍互相差異，非得書冊以外實物以資考證，則無以判別二者之是非，兼解釋其差異之所由來也。

　　　　《蒙古源流》卷二云：「穆迪子藏（坊刊本作減，誤）瑪達爾瑪持（坊刊本作特，誤）松壘羅壘倫多卜等兄弟五人，長子藏瑪出家，次子達爾瑪持松（略一壘字，滿文本已如是）自前歲戊子紀二千九百九十九年之丙戌年所生，歲次戊戌年十三歲，眾大臣會議輔立即位，歲次辛酉年三十六歲，歿，汗無子，其兄達爾瑪即位」云云。按小徹辰薩囊台吉以釋迦牟尼佛涅槃後一歲為紀元，據其所推算佛滅度之年為西曆紀元前二千一百三十四年，故其紀元前之戊子元年為西曆紀年前

二千一百三十三年。　其所謂自前歲戊子紀二千九百九十
九年之丙戌年，即西曆紀元後八百六十六年，唐懿宗咸通七
年。戊戌即西曆紀年後八百七十八年，唐僖宗乾符五年。辛酉
年則西曆紀元後九百零一年，唐昭宗天復元年。惟《蒙古源流》
此節所紀達爾瑪持松壘贊普之名號年代，皆為訛誤。茲先辨正
其名號，兼解釋其差異之所由來，然後詳稽其年代之先後，以
訂正中國西藏二國舊史相傳之訛誤，或可為治唐史者之一助
歟？

　　名號之訛誤有二，一為誤聯二名為一名，一為承襲蒙古文
舊本字形之訛而誤讀其音。

　　何謂誤聯二名為一名？按《唐書・吐蕃傳》：「贊普（指可
黎足即彝泰贊普）立幾三十年死，以弟達磨嗣。」《資治通鑑考
異》卷二十一唐紀十三文宗開成三年，吐蕃彝泰贊普卒弟達磨
立條云「彝泰卒，及達磨立，實錄不書，舊傳及續會要皆無
之，今據補國史」。坊刊本《蒙古源流考》卷二：「汗（指持松
壘）無子，其兄達爾瑪癸未年所生，歲次壬戌，年四十歲，即
位，因其從前在世為象時，曾設惡願，二十四年之間，惡習相
沿，遂傳稱為天生邪妄之朗達爾瑪。」（按藏語謂象為朗glan）
又藏文嘉喇卜經rgyalrabs者，（聞中國有蒙文刊本，予末見）本
書譯本子注及《四庫總目提要》，皆言其與小徹辰薩囊台吉所紀
述多相符合。今據Emil Schalgiutweit本嘉喇卜經藏文原文第
十二頁第十二行，其名亦為glan darma，即本書之朗達爾瑪也。
而本書之持松壘，在嘉喇卜經則稱為ral-pa-chan，與朗達瑪為二
人，章章明甚。又乾隆中敕譯中文《首楞嚴經》為藏文時，章
嘉胡圖克圖言此經西藏古譯本為五百年前之浪達爾瑪汗所毀滅
云云。（見清高宗御制文集藏譯楞嚴經序）持松壘與達爾瑪孰為

兄弟，及浪達爾瑪汗是否生於乾隆前五百年，以至《首楞嚴經》乾隆以前有無藏文譯本，皆不必論；而持松壘與達爾瑪之為二人，則中國史籍、《蒙古源流》本書及西藏歷世相傳之舊說，無不如是。今景陽宮所藏《蒙古源流》滿文譯本，誤聯達爾瑪、持松壘二名為一名，此必當日滿文譯者所據喀爾喀親王成袞札布進呈之蒙文本，已有此誤，以致輾轉傳訛，中文譯本遂因而不改，即彭楚克林沁所校之中文譯本，（曾見江安傅氏轉錄本）亦誤其句讀。以予所見諸本，惟施密德氏Isaac Jacob schmidt之蒙文校譯本，二名分列，又未省略，實較成袞札布本為佳也。

何謂承襲蒙文舊本字形之訛而誤讀其音？此贊普名號諸書皆差異，今據最正確之實物，即拉薩長慶唐蕃會盟碑碑陰吐蕃文（據前北京大學研究所國學門所藏繆氏藝風堂拓本）補正其省略訛誤，並解釋其差異之所由來焉。

按長慶唐蕃會盟碑碑陰吐蕃文，首列贊普名號，末書長慶及蕃彝泰紀元，其所載贊普之名號為khri-gtsug Ide-brtsan。近年西北發見之藏文寫本亦同（見F・W・Thomas：Tibetan Documents concerning Chinese Turkestan PP・71・72・76・Journal of the Royal Asiatic Society of Great Britain and Ireland，Jan・1928）。茲取此碑碑陰蕃文，歷校諸書，列其異同於左。《新唐書・吐蕃傳》：「元和十二年贊普死，可黎可足立為贊普。」按可黎可足即碑文khri-gtsug，其下之Idebrtsan則從省略，且據此可知當時實據藏文之複輔音而對音也。

《資治通鑑》卷二百三十九唐紀五十五：「憲宗元和十一年二月，西川奏吐蕃贊普卒，新贊普可黎可足立。」又卷二百四十六唐紀六十二：「文宗開成三年吐蕃彝泰贊普卒，弟達磨立。」按會盟碑碑陰末數行吐蕃年號為Skyid-rtag，即彝泰之

義，然則可黎可足之號為彝泰贊普者實以年號稱之也。

《菩提末》（Bodhimör）此書紀贊普世系，實出於藏文之嘉刺卜經，據施密德氏蒙文《蒙古源流》校譯本第三百六十頁所引菩提末之文，此贊普之名為Thi-atsong-Itebdsan。按此書原文予未見，此僅據施密德氏所轉寫之拉丁字而言，Thi者藏文Khri以西藏口語讀之之對音，嚴格言之，當作Thi。Ite者據會盟碑蕃文應作Ide，蒙文dt皆作ᠨ形無分別，bdsan即碑文及西北發現之藏文寫本之brtsan，此乃施密德氏轉寫拉丁字之不同，（藏文古寫經多一r）非原文之有差異也。惟atsong一字，則因蒙文字形近似而訛，蓋此字依會盟碑蕃文本及西北發見之藏文寫本，應作gtsug，蒙文轉寫藏文之ᠨ（g）作ᠵ形，轉寫藏文之ᠠ（a）（或作h）作ᠸ形，ug、ük作ᠶ形，un或on作ᠶ形，字體極相似故訛。或菩提末原書本不誤，而讀者之誤，亦未可知也。

《蒙古源流》（施密德校譯本）據此本，此贊普名作Thibtsonglte，此名略去名末之brtsan。至btsong者，gtsug之訛讀，藏文（ᠨ）（g）字，蒙文作ᠵ，與蒙文ᠪ（b）字形近故訛，蒙文之ug轉為ük亦以形近誤為ong，見上文菩提末條。

《蒙古源流》滿文譯本、《蒙古源流》中文譯本非譯自蒙文，乃由滿文而轉譯者，今成袞札布進呈之蒙文原本，雖不可得見，（予近發見北平故宮博物院藏有《蒙古源流》之蒙文本二種：一為寫本，一為刊本。瀋陽故宮博物館亦藏有蒙文本，蓋皆據成袞札布本抄寫刊印者也。）幸景陽宮尚藏有滿文譯本，猶可據以校正中文譯本也。按滿文本，此贊普名凡二見，一作Darmakiltsung Lni，一作Darmakribtsung，皆略去brtsan字，此名誤與達爾瑪之名聯讀，已詳上文。惟藏文之khri，滿文或依藏文複輔音轉寫，如此名之kri即其例；或依西藏口語讀音轉寫，如

持蘇隴德燦Cysurongtetsan之Cy（滿文ᡒᠶ）即其例。蓋其書之對音，先後殊不一致也。un乃ug轉寫ü k之誤，見上文菩提末條。又藏文Ide所以訛成壘者，以蒙文t字d字皆作d形，o字u字皆作d形，又e字及i字結尾之形作Ɉ及Ɂ，皆極相似，頗易淆混，故藏文之Ide，遂訛為滿文之Lui矣。或者成袞箚布之蒙文原本，亦已訛誤，滿文譯本遂因襲而不知改也。

文津閣本及坊刊本漢譯《蒙古源流》中文《蒙古源流》既譯自滿文，故滿文譯本之誤，中文譯本亦因襲不改，此二本中，此贊普名一作達爾瑪持松壘，一作達爾瑪持松，滿文kri作持者，依藏文口語讀之也。按義淨以中文詫為梵文tha字對音，（見高楠順次郎英譯南海寄歸內法傳）則thi固可以滿文之ᡒᠶ（cy）字，中文之持字對音。又此本持字俱作特，乃誤字，而先後校此書者皆未改正，松字乃滿文Tsung之對音，其誤見上文菩提末條。

蒙文書社本漢語《蒙古源流》此本此贊普名一作（達爾瑪）哩卜崇壘，一作（達爾瑪）持松哩卜崇。第一名作哩者，依滿文kri而對哩音，其作卜者，滿文譯本固有b字音也。第二名則持哩二字重聲，松崇二字亦壘音，殆當時譯者並列依原字及依口語兩種對音，而傳寫者雜糅為一，遂致此誤歟？余見上文。

此贊普之名號既辨正，其年代亦可得而考焉。《唐會要》卷九十七：「元和十一年西川奏吐蕃贊普卒，十二年吐蕃告喪使論乞冉獻馬十匹玉帶金器等。」《舊唐書·吐蕃傳》：「憲宗元和十二年吐蕃以贊普卒來告。」《新唐書》：「憲宗元和十二年贊普死，使論乞髯來（告喪），可黎可足立為贊普。」《資治通鑑》卷二百三十九唐紀五十五：「憲宗元和十一年二月西川奏吐蕃贊普卒，新贊普可黎可足立。」《新唐書·吐蕃傳》：「贊普立（指

可黎可足）幾三十年，死，以弟達磨嗣。」《資治通鑒》卷二百四十六唐紀六十二：「文宗開成三年吐蕃彝泰贊普卒，弟達磨立。」《資治通鑒考異》卷二十一唐紀十三，會昌二年十二月吐蕃來告達磨贊普之喪，略云「《實錄》丁卯吐蕃贊普卒，遣使告喪，贊普立僅三十餘年。據《補國史》，彝泰卒後，又有達磨贊普，此年卒者，達磨也。《文宗實錄》不書彝泰贊普卒，舊傳及《續會要》亦皆無達磨，新書據《補國史》，疑《文宗實錄》闕略，故他書皆因而誤。彝泰以元和十一年立，至此二十七年，然開成三年已卒，達磨立至此五年，而《實錄》云僅三十年，亦是誤以達磨為彝泰也」。《蒙古源流》卷二：「持松壘歲次戊戌年十三歲眾大臣會議輔立即位，在位二十四年，歲次辛酉，三十六歲歿。」據小徹辰薩囊台吉書所用之紀元推之，戊戌為唐僖宗乾符五年，西曆紀元後八百七十八年；辛酉年為唐昭宗天復元年，西曆紀元後九百零一年。（諸書之文，前已徵引，茲再錄之以便省覽而資比較）按《蒙古源流》所載年代太晚，別為一問題，姑於此不置論。而諸書所記彝泰贊普嗣立之年，亦無一不誤者。何以言之？唐蕃會盟碑碑陰蕃文，唐蕃二國年號並列，唐長慶元年，當蕃彝泰七年；長慶二年，當彝泰八年；長慶三年，當彝泰九年。又《新唐書·吐蕃傳》「長慶二年劉元鼎使吐蕃會盟還，虜元帥尚塔藏館客大夏川，集東方節度諸將百餘，置盟策臺上，遍曉之，且戒各保境，毋相暴犯，策署彝泰七年」云云。考《舊唐書·吐蕃傳》，長慶元年十月十日命云王播、杜元穎等與吐蕃大將訥羅論等會盟於長安，盟文末有大蕃贊普及宰相缽闡布尚綺心兒等先寄盟文要節之語，則是劉元鼎長慶二年所見虜師遍曉諸將之盟策，即前歲長慶元年之盟策，故彝泰七年即長慶元年，而非長慶二年。梁曜北《玉

繩元號略》及羅雪堂振玉丈重校訂《紀元編》，皆據此推算。今
證以會盟碑碑陰蕃文，益見其可信。故吐蕃可黎可足贊普之彝
泰元年，實當唐憲宗元和十年，然則其即贊普之位置遲亦必在
是年。《唐會要》、新舊《唐書》及《資治通鑑》所載年月，乃
據吐蕃當日來告之年月，而非當時事實發生之真確年月也。又
《蒙古源流》載此贊普在位二十四年，不知其說是否正確，但憲
宗元和十年，即西曆紀元後八百十五年，為彝泰元年；文宗開
成三年，即西曆紀元後八百三十八年，亦即《補國史》所紀可
黎可足贊普卒之歲，為彝泰末年，共計二十四年，適相符合。
予於《蒙古源流》所紀年歲固未敢盡信，獨此在位二十四年之
說，與依據會盟碑等所推算之年代，不期而暗合，似非出於臆
造所能也。

　　綜校諸書所載名號年代既多訛誤，又復互相違異，無所適
從。幸得會盟碑陰殘字數行，以資考證，千年舊史之誤書，異
國譯音之訛讀，皆賴以訂正。然中外學人考證此碑之文，以予
所知，尚未有證論及此者，故表而出之，使知此邏逤片石，實
為烏斯赤嶺（此指拉薩之赤嶺而言）之大玉天球，非若尋常碑
碣，僅供攬古之士賞玩者可比也。

例三　《集古錄》與《潛研堂金石文字跋尾》

　　以金文證經典雖為較近之事，然以石文校史事，宋朝人已能為
之。如歐陽永叔《集古錄跋尾》，其中頗有勝義。即如下例，可見其旨
趣。

　　　〈魏受禪碑〉……按，《漢・獻帝紀》，延康元年十月乙卯，
　　皇帝遜位，魏王稱天子。又按《魏・志》，是歲十一月葬士卒死

亡者，猶稱令。是月丙午，（一本作寅）漢帝使張愔奉璽綬。庚午，王升壇受禪。又是月癸酉，奉漢帝為山陽公。而此碑云：「十月辛未，受禪於漢。」三家之說皆不同。今據裴松之注《魏》〈志〉，備列漢魏禪代詔冊書令群臣奏議甚詳。蓋漢實以十月乙卯策詔魏王，使張愔奉璽綬，而魏王辭讓，往返三四，而後受也。又據侍中劉廙奏問太史令許芝，今月十七日己未，可治壇場；又據尚書令桓楷等奏云，輒下太史令，擇元辰，今月二十九日，可登壇受命。蓋自十七日己未，至二十九日，正得辛未。以此推之，漢魏二紀皆繆，而獨此碑為是也。《漢‧紀》乙卯遜位者，書其初命，而略其辭讓往返，遂失其實爾。《魏‧志》十一月癸卯猶稱令者，當是十月，衍一字爾。丙午張愔奉璽綬者，辭讓往返，容（集本作殆）有之也。惟庚午升壇最為繆爾。癸卯去癸酉三十一日，不得同為十一月，此尤繆也。禪代大事也，而二紀所書如此，則史官之失，以惑後世者，可勝道哉？

北宋人的史學分析功夫到這個地步，所以才能有《唐書》《通鑒》那樣的製作。到了近代顧亭林、朱竹垞等，以石文校史書，時有精論，而錢竹汀「乃盡……出其上，遂為古今金石學之冠」（見《集古錄跋尾‧王昶序》）。廿一史之考異，金石文之跋尾，皆同一意義之工作。現在摘錄兩條，以見其精詣所至。其實竹汀此書論石各篇，皆是精能之作，原書易得，不復多舉。

〈後魏孝文帝吊比干文碑陰〉：……北史太和十九年，詔遷洛人死葬河南，不得還北，於是代人南遷者悉為河南洛陽人。又云：太和二十年正月，詔改姓元氏。今此碑立於太和十八年

冬，宗室已系元姓，代人並稱河南郡，則史所載歲月恐未得其實矣。諸臣稱河南郡者，元氏而外，若邱目陵氏、萬忸於氏、候莫陳氏、乙旃氏、叱羅氏、吐難氏、伊婁氏、獨孤氏、拔拔氏、莫耐婁氏，並見《魏書・官氏志》，而譯字小有異同。如邱氏目陵之目作穆，萬忸於之萬作勿，吐難之吐作土，莫耐婁之耐作那，是也。陸氏本步六孤氏。太和十九年，詔稱穆陸賀劉樓于嵇尉八姓，皆太祖已降，勳著當世，位盡王公者也。穆即邱目陵，于即萬忸于，劉即獨孤。諸人皆未改氏，而陸昕等已單稱陸氏，而陸氏之改又在穆賀諸姓之先矣。大野氏鬱久閭氏俟呂氏魏志俱失載。　以予考之，鬱久閭乃蠕蠕姓，後亦單稱閭氏。《周書》太祖賜韓襃姓俟呂陵氏，（此《廣韻》所引，今本俟訛作候）當即俟呂氏也。後魏末有南州刺史大野拔，大野亦代北著姓矣。又有俟文福一人，則未知其俟氏歟？（〈官氏志〉俟奴氏後改俟氏）抑別有俟文氏也？苦干氏賀拔氏不稱河南而稱代郡，蓋代人之未南遷者。斛律氏稱高車部人，雖入處中國，尚未有所隸州縣也。馮誕以尚樂安公主拜駙馬都尉，此但云駙馬，而去都尉，從俗稱也。史稱傅永字修期，此直云傅修期，蓋以字行也。公孫良據傳為燕郡廣陽人，此雲遼東郡，則舉郡望言之，於勁嘗為司衛監，李預兼典命下大夫，皆本傳所未載。陸昕傳作昕之，當以石刻為正。其書姑臧為姑藏，河間為河潤，龍驤為驤，傅脩期作傅期，皆當時承用別體字，若萬忸于之於或作乎，陸希道作怖道，則翻刻之訛。（此段以石文訂史所記）

〈後魏石門銘〉右〈石門銘〉，蓋述龍驤將軍梁秦二州刺史泰山羊祉開通石門之功。《魏書・宣武紀》：「正始四年，九月甲子，開斜穀舊道。」即其事也。碑云「起四年十月十日，至

永平二年正月畢功」，而史書於四年九月者，據奉詔之日言之耳。《北史・羊祉傳》不書開斜谷道事，此史文之闕漏，當據石刻補之。碑云「皇魏正始元年漢中獻地」，即梁天監三年也。是歲夏候道遷背梁歸魏，《梁史》書「魏陷梁州」於二月，當得其實。魏收史書於閏十二月，溫公《通鑒》據長曆梁置閏在次年正月後，遂移於後一年，非也（訂曆）。

〈唐景龍三年法琬法師碑〉右〈法琬法師碑〉。法琬，中宗之三從姑，太祖景皇帝之玄孫女也。父臨川公德懋，嘗官宗正卿，兵部尚書，諡曰孝，皆史所不載。史稱永征二年，襄邑王神符薨。而碑云六年薨，與史不合。據碑，法琬以襄邑王薨之歲，奏請出家，時年十有三。垂拱四年卒，春秋卅有九。今以永征六年年十有三推之，祇四十六歲耳。竊意神符薨於永征二年，史文未必誤。其年德懋請舍所愛女為亡父祈福，奉敕聽許，而法琬之出家則在其明年，年始十三也。碑以二年為六年，特書者之誤爾（此段以史所記訂石文）。

最近三十年中，繆荃蓀、羅振玉、王國維皆於石刻與史傳之校正功夫上續有所貢獻，然其造詣之最高點，亦不過如錢竹汀而已。

例四　流沙墜簡

近來出土之直接史料，可據以校正史傳者，尚有西陲所得漢簡。此種材料，法人沙畹德人康拉地皆試為考證，而皆無大功，至王靜安君手，乃蔚成精美之史事知識。現錄其一段如下（〈流沙墜簡補遺考釋〉第一葉）：

三、晉守侍中大都尉奉晉大侯親晉鄯善焉耆龜茲疏勒

　　四、于闐王寫下詔書到

　　右二簡文義相屬，書跡亦同，實一書之文。前排比簡文印本時，尚未知其為一書，故分置兩頁中，今改正如右，亦行下詔書之辭也。晉守侍中大都尉奉晉大侯親晉鄯善焉耆龜茲疏勒于闐王者，若析言之，則當云，晉守侍中大都尉奉晉大侯親晉鄯善王，晉守侍中大都尉奉晉大侯親晉焉耆王，以下放此。蓋晉時西域諸國王皆得守侍中大都尉奉晉大侯位號。以此十字冠於五國王之上，而不一一言之者，文例宜然，亦如親晉二字之為五國王通號，此人人所易首肯也。案，中國假西域諸國王以官號，自後漢始。《後漢書·西域傳》：光武建武五年，河西大將軍竇融承制立莎車王康為漢莎車建功懷德王西域大都尉，五十五國皆屬焉。十七年，更賜以漢大將軍印綬。順帝永建二年，疏勒王臣磐遣使奉獻，帝拜臣磐為與漢大都尉，其子孫至靈帝時猶稱之。（案，傳但言拜臣磐為漢大都尉，漢字上無與。然下文云，疏勒王與漢大都尉於獵中為其季父和得所射殺。時疏勒王外，非別有漢大都尉，不得言與。疑與漢二字當連續，與漢猶言親漢也。上云拜臣磐為漢大都尉，漢字上脫與字）《魏略·西戎傳》，魏賜車師後部王壹多雜守魏侍中，號大都尉，受魏王印。此西域諸王受中國位號之見於史籍者也。考漢魏時本無大都尉一官，求其名稱，實緣都護而起。前漢時本以騎都尉都護西域，（見《漢書·百官公卿表》及〈甘延壽段會宗傳〉）後遂略稱西域都護。新莽之後，都護敗沒，故竇融承制拜莎車王康為西域大都尉，使暫統西域諸國，惟不欲假以都護之名，又以西域諸國本各有左右都尉，故名之曰西域大都尉，使其號與西域都護騎都尉相若云爾。嗣是莎車既衰，而疏勒王稱與漢大都尉，魏車師後部王又單稱大都尉，皆不冠以西域二字，其

號稍殺。故此簡西域諸國王皆有此位號，疑自魏時已然矣。或以此簡之晉守侍中大都尉與魏賜車師後王位號同，又下所舉五王中無車師後王，疑此亦晉初車師後王之稱，故此簡之中實得六國。然魏時車師後王既受王印，則其號當云魏守侍中大都尉親魏車師後部王。今但云晉守侍中大都尉，但舉其所受中國官號，而不著其本國王號，必無此理。故曰，晉守侍中大都尉者，乃鄯善焉者龜茲疏勒于闐王之公號也。奉晉大侯亦然。以國王而受晉侯封，故謂之大侯，以別於西域諸國之左右侯，亦猶大都尉之稱，所以別於諸國之左右都尉也。親晉某王者，亦當時諸國王之美稱。案，漢時西域諸國王但稱漢某國王。《漢書‧西域傳》云：西域最凡國五十，自譯長至侯王皆珮漢印綬，凡三百七十六人。其印文雖無傳者，然〈匈奴傳〉云：漢賜單于印，言璽不言章，又無漢字，諸王已下乃有漢，言章。西域諸王雖君一國，然其土地人民尚不如匈奴諸王，則漢所賜印必云漢某某王章，無疑也。後漢之初，莎車王號尚冠以漢字，中葉以後，始有親漢之稱。《後漢書‧西域傳》：順帝永建元年，班勇上八滑為後部親漢侯。然但為侯號而非王號，其王猶當稱漢某某王也。惟建安中封鮮卑沙末汗為親漢王，魏晉封拜皆襲此稱，如魏志外國傳有親魏倭王，古印章有親晉羌王親趙侯等是也。其官號上冠以魏晉字者，所以榮之；其王號上冠以親魏、親晉字而不直云魏晉者，所以示其非純臣也。此簡所舉五國，西域長史所轄殆盡於此。案，西域內屬諸國，前漢末分至五十，後漢又並為十餘，至魏時僅存六七。《魏略》言且末小宛精絕樓蘭（此謂樓蘭城）皆並屬鄯善，戎盧扜彌渠勒皮穴（《漢書》作皮山）皆屬于闐，尉犁危須山王國皆並屬焉者，姑墨溫宿尉頭皆並屬龜茲，楨中莎車竭石渠沙西夜依耐蒲犁億若

榆令捐毒休修（《後漢書》作休循）琴國皆並屬疏勒，且彌單
桓畢陸（《漢書》作卑陸）蒲陸（《漢書》作蒲類）烏貪（《漢
書》作烏貪訾離）諸國皆並屬車師。此外漢時屬都護諸國，惟
烏孫尚存，仍歲朝貢，見於《魏志》。然烏孫國大地遠，其事中
國亦當與康居大月氏同科，自後漢以來蓋已不屬都護長史。則
魏時西域內屬諸國，僅上六國而已。右簡所舉又少車師一國，
蓋晉初車師後部當為鮮卑所役屬。《魏志・鮮卑傳》注引王沈
《魏書》云：鮮卑西部西接烏孫。《晉書・武帝紀》：咸寧元年
六月，西域戊己校尉馬循討叛鮮卑破之。二年，鮮卑阿羅多等
寇邊，西域戊己校尉馬循討之。時鮮卑當據車師後部之地，故
能西接烏孫，南侵戊己校尉治所矣。右簡令諸國王寫下詔書，
而獨不云車師王者，當由於此。然則晉初屬西域長史諸國，惟
鄯善焉耆龜茲疏勒于闐五國而已。此西域諸國之大勢，得由右
簡知之者也。此簡所出之地，當漢精絕國境，《後漢書》言後漢
明帝時精絕為鄯善所並，而斯氏後十年在此地所得木簡見於本
書簡牘遺文中者，其中稱謂有大王有王有夫人，隸書精妙，似
後漢桓靈間書。餘前序中已疑精絕一國漢末復有獨立之事，今
此簡中無精絕王，而詔書乃到此者，必自鄯善或于闐傳寫而
來，可見精絕至晉初又為他國所並矣。自地理上言之，則精絕
去于闐近，而去鄯善較遠，自當並屬于闐，而《魏略》則云並
屬鄯善。然無論何屬，此時已無精絕國可知。此尼雅一地之沿
革，得由右簡知之也。二簡所存者不及三十字，而足以裨益史
事如此。然非知二簡為一書，亦不能有所弋獲矣。

例五　吳大澂「文」字說

以上所舉的幾個例之外，尚有其他近來出土之直接史料，足以憑

藉著校正或補苴史傳者。例如敦煌卷子中之雜件，頗有些是當時的箋帖雜記之類，或地方上的記載，這些真是最好的史料。即如張氏勳德記等，羅振玉氏據之以成補唐書張義潮傳（丙寅稿第一葉至四葉）。可見史料的發見，足以促成史學之進步，而史學之進步，最賴史料之增加。不過這些文字，或太長，或太瑣，不便舉列，故今從闕。

　　近數十年來最發達的學問中，金文之研究是一個大端。因金文的時代與諸史不相涉，（除《史記》一小部外）而是《詩》、《書》的時代，所以金文之研究看來似只有裨於經學。然經學除其語言文字之部分外，即是史學智識。不過金文與《詩》、《書》所記不相干者多，可以互補，可以互校文字文體之異同，而不易據以對勘史事。雖金文中有很多材料，可以增加我們的古代史事知識，但，求到這些知識，每每須經過很細的工夫，然後尋出幾件來。因此，關於金文學之精作雖多，而專於《詩》、《書》時代史事作對勘之論文，還不曾有。此等發明，皆零零碎碎，散見各書中。現在且舉吳大澂君文字說，以為一例。此雖一字之校定，然〈大誥〉究竟是誰的檔案，可以憑此解決這個二千年的紛擾。〈大誥〉一類極重要的史料賴一字決定其地位，於此可現新發見的直接史料，對於遺傳的間接史料，有莫大之補助也。

　　　「文」字說《書・文侯之命》：「追孝於前文人。」《詩・江漢》：「告於文人。」毛傳云：「文人，文德之人也。」濰縣陳壽卿編修介祺所藏分仲鐘云：「其用追孝於皇考己伯，用侃喜前文人。」《積古齋鐘鼎彝器款識・追敦》云：「用追孝於前文人。」知「前文人」三字，為周時習見語。乃〈大誥〉誤文為寧，曰「予曷其不於前寧人圖功攸終」；曰「予曷其不於前寧人攸受休畢」；曰「天亦惟休於前寧人」；曰「率寧人有指疆土」。「前寧人」實「前文人」之誤。蓋因古文文字有從心者，或作𢖍，或

作🔳，或又作🔳。壁中古文〈大誥〉篇，其文字必與寧字相
似，漢儒遂誤釋為寧。其實〈大誥〉乃武王伐殷，大誥天下之
文。寧王即文王，寧考即文考，「民獻有十夫」，即武王之亂臣
十人也。「寧王遺我大寶龜」，鄭注：「受命曰寧王。」此不得其
解而強為之說也。既以寧考為武王，遂以〈大誥〉為成王之
誥。不見古器，不識真古，安知寧字為文之誤哉？

　　以上所標五例，皆新發見的直接史料與自古相傳的間接史料相互
勘補的工作。必於舊史料有功夫，然後可以運用新史料；必於新史料
能瞭解，然後可以糾正舊史料。新史料之發見與應用，實是史學進步
的最要條件；然而但持新材料，而與遺傳者接不上氣，亦每每是枉
然。從此可知抱殘守缺，深固閉拒，不知擴充史料者，固是不可救藥
之妄人；而一味平地造起，不知積薪之勢，相因然後可以居上者，亦
難免於狂狷者之徒勞也。

第二節　官家的記載對民間的記載

　　官家記載和私家記載互有短長處，也是不能一概而論的。大約官
書的記載關於年月、官職、地理等等，有簿可查有籍可錄者，每校私
記為確實；而私家記載對於一件事的來源去脈，以及「內幕」，有些能
說官書所不能說，或不敢說的。但這話也不能成定例，有時官書對於
年月也會錯的，私書說的「內幕」更每每是胡說的。我們如想做一命
題而無違例，或者可說，一些官家湊手的材料及其範圍內之記載，例
如表、志、冊子、簿錄等，是官家的記載好些，而官家所不湊手或其
範圍所不容的材料，便只好靠私家了。不過這話仿佛像不說，因為好
似一個「人者，人也」之循環論斷。我們還是去說說他們彼此的短處

罷。

官家的記載時而失之諱。這因為官家總是官家，官家的記載就是打官話。好比一個新聞記者，想直接向一位政府的秘書之類得到一個國家要害大事之內容，如何做得到？勢必由間接的方法，然後可以風聞一二。

私家的記載時而失之誣。人的性情，對於事情，越不知道越要猜，這些揣猜若為感情所驅使，便不知造出多少故事來。史學的正宗每每不喜歡小說。《晉書》以此致謗；《三國志·注》以此見譏。建文皇帝游雲南事，明朝人談得那樣有名有姓，有聲有色，而《明史》總只是虛提一筆。司馬溫公的《通鑒》雖採小說，究竟不過是借著參考，斷制多不從小說；而他採〈趙飛燕外傳〉的「禍水」故事，反為嚴整的史家所譏。大約知道一件事內容者，每每因自己處境的關係不敢說，不願說，而不知道者偏好說，於是時時免不了胡說。

論到官家記載之諱，則一切官修之史皆是好例，所修的本朝史尤其是好例。禪代之際，一切欺人孤兒寡婦的逆跡；剪伐之朝，一切兇殘淫虐的暴舉，在二十四史上哪能看得出好多來呢？現在但舉一例：滿洲的人類原始神話，所謂天女朱果者，其本地風光的說法，必不合於漢族之禮化，於是漢士修滿洲原始之史，不得不改來改去，於是全失本來的意義。（陳寅恪先生語我云：王靜安在清宮時有老閹導之看坤寧宮中跳神處，幔後一圖，女子皆裸體，而有一男老頭子。此老閹云：宮中傳說這老頭子是賣豆腐的。此與所謂天女者當有若何關係？今如但看滿洲祀天典禮，或但看今可見坤寧宮中之殺豬處，何以知跳神之禮，尚有此「內幕」耶？）猶之乎順治太后下嫁攝政王，在清朝國史上是找不出一字來的。（其實此等事照滿洲俗未可謂非，漢化亦未可謂是。史事之經過及其記載皆超於是非者也。〔「Jenseits von Gut und Böse」〕）清朝人修的《太祖實錄》，把此一段民間神話改了又改，越

改越不像。一部二十四史經過這樣手續者，何其多呢？現在把歷史語言研究所所藏的稿本影印一葉以見史書成就的一個大手續——潤色的即欺人的手續。

　　論到私書記載之誣，則一切小說稗史不厭其例。姑舉兩個關係最大謬的。元庚申帝如非元明宗之子，則元之宗室焉能任其居大汗之統者數十年，直到竄至漠北，尚能致遠在雲南之梁王守臣節？而《庚申外史》載其為宋降帝瀛國公之子，則其不實顯然。這由於元代七八十年中漢人終不忘宋，故有此種迴圈報應之論。此與韓山童之建宋號，是同一感情所驅使的。又如明成祖，如果中國人是個崇拜英雄的民族，則他的豐功偉烈，確有可以崇拜處，他是中國惟一能跑到漠北去打仗的皇帝。但中國人並不是個英雄崇拜的民族，（這個心理有好有壞。約略說，難於組織，是其短處；難於上當，是其長處。）而明成祖的行為又極不合儒家的倫理，而且把「大儒」方正學等屠殺得太慘酷了，於是明朝二百餘年中，士人儒學沒有誠心說成祖好的。於是乎為建文造了一些遜國說，為永樂造了一個「他是元朝後代的」的罵語（見《廣陽雜記》等）。這話說來有兩節，一是說永樂不是馬后生，而是碩妃生，與周王同母，此是《國榷》等書的話。一是說碩妃為元順帝之高麗姜，虜自燕京者，而成祖實為庚申帝之遺腹子。（此說吾前見於一筆記，一時不能舉其名，待後查。）按碩妃不見明〈后妃傳〉，然見《南京太常寺志》。且成祖與周王同母，隱見於《明史・黃子澄傳》，此說當不誣妄。至其為元順帝遺腹說，則斷然與年代不合。成祖崩於永樂二十二年（1424），年六十五，其生年實為元順帝至正二十年（1360）四月，去明兵入燕尚有十年（洪武元年為1368），冒填年齡不能冒填到十年。且成祖於洪武三年封燕王，十三年之藩。如為元順帝遺腹子，其母為掠自北平者，則封燕王時至多兩歲，就藩北平時，至多十二歲；兩歲封王固可，十二歲就藩則不可能。以明太祖之為人，

斷無封敵子於勝國故都、新朝第一大藩之理。此等奇談，只是世人造
來洩憤的，而他人有同樣之憤，則喜而傳之。（至於碩妃如為高麗人，
或是成祖母，皆不足異。元末貴人多蓄高麗姿，明祖起兵多年，所虜
宦家當不少也。惟斷不能為庚申帝子耳。）所以《明史》不采這些胡
說，不能因《明史》的稿本出自明遺臣，故為之諱也。《清史稿》出於
自命為清遺臣者，亦直謂康熙之母為漢人遼東著姓佟氏也。

　　官府記載與野記之對勘工夫，最可以《通鑒考異》為例。此書本
來是記各種史料對勘的工夫者，其唐五代諸卷，因民間的材料已多，
故有不少是仿這樣比較的。因此書直是一部史料整理的應用邏輯，習
史學者必人手一編，故不須抄錄。

第三節　本國的記載對外國的記載

　　本國的記載之對外國的記載，也是互有短長的，也是不能一概而
論的。大致說起，外國或是外國人的記載總是靠不住的多。傳聞既易
失真，而外國人之瞭解性又每每差些，所以我們現在看西洋人作的論
中國書，每每是隔靴搔癢，簡直好笑。然而外國的記載也有它的好
處，它更無所用其諱。承上文第二節說，我們可說，它比民間更民
間。況且本國每每忽略最習見同時卻是最要緊的事，而外國人則可以
少此錯誤。譬如有一部外國書說，中國為藍袍人的國（此是幾十年前
的話），這個日日見的事實，我們自己何嘗覺到呢？又譬如歐美時裝女
子的高跟鞋，實與中國婦女之纏足在心理及作用上無二致，然而這個
道理我們看得明顯，他們何嘗自覺呢？小事如此，大者可知。一個人
的自記是斷不能客觀的，一個民族的自記又何嘗不然？本國人雖然能
見其精細，然而外國人每每能見其綱領。顯微鏡固要緊，望遠鏡也要
緊。測量精細固應在地面上，而一舉得其概要，還是在空中便當些。

這道理太明顯，不必多說了。例也到處都是，且舉一個很古的罷。

> （《史記‧大宛傳》）自大宛以西至安息國，雖頗異言，然大同俗，相知言。其人皆深眼，多鬚。善市賈，爭分銖。俗貴女子；女子所言而丈夫乃決正。

這不簡直是我們現在所見的西洋人嗎？（這些人本是希臘波斯與土人之混合種，而憑亞里山大之東征以攜希臘文化至中亞者。）然而這些事實（一）深眼，（二）多鬚髯，（三）善市賈，（四）貴女子，由他們自己看來，都是理之當然，何必注意到呢？外國人有這個遠視眼，所以雖馬可‧波羅那樣糊塗荒謬、亂七八糟的記載，仍不失為世上第一等史料；而沒有語言學人類學發達的羅馬，不失其能派出一個使臣塔西佗（Tacitus）到日爾曼回來，寫一部不可泯滅的史料（《De origine et situ Germanorum》）。

第四節　近人的記載對遠人的記載

這兩種記載的相對是比較容易判別優劣的。除去有特別緣故者以外，遠人的記載比不上近人的記載。因為事實只能愈傳愈失真，不能愈傳愈近真。譬如李心傳的《建炎以來系年要錄》，其中多有怪事。如記李易安之改嫁，辛稼軒之獻讒，文人對此最不平。我也曾一時好事，將此事記載查看過一回，覺得實在不能不為我們這兩位文人抱冤。這都由於這位作者遠在西蜀，雖曾一度參史局，究末曾親身經驗臨安的政情文物。於是有文書可憑者尚有辦法，其但憑口傳者乃一塌糊塗了。這個情由不待舉例而後明。

第五節　不經意的記載對經意的記載

記載時特別經意，固可使這記載信實，亦可使這記載格外不實；經意便難免於有作用，有作用便失史料之信實。即如韓退之的〈平淮西碑〉，所謂「點竄堯典舜典字，塗改清廟生民詩」者，總算經意了罷？然而用那樣詩書的排場，哪能記載出史實來？就史料論，簡直比段成式所作的碑不如。不經意的記載，固有時因不經意而亂七八糟，輕重不襯，然也有時因此保存了些原史料，不曾受「修改」之劫。

例如《晉書》、《宋史》，是大家以為詬病的。《晉書》中之小說，《宋史》中之紊亂，固是不可掩之事實；然而《晉書》卻保存了些晉人的風氣，《宋史》也保存了些宋人的傳狀。對於我們，每一書保存的原料越多越好，修理的越整齊越糟。反正二十四史都不合於近代史籍的要求的，我們要看的史料越生越好！然則此兩書保存的生材料最多，可謂最好。《新五代史記》及《明史》是最能鍛煉的，反而糟了。因為材料的原來面目被它的鍛煉而消滅了。班固引時諺曰，「有病不治，常得中醫」。抄賬式的修史，還不失為中醫，因為雖未治病，亦未添病。歐陽《五代史記》的辦法，乃真不了，因為亂下藥，添了病。

第六節　本事對旁涉

本事對旁涉之一題，看來像是本事最要，旁涉則相干處少，然而有時候事實恰恰與此相反。因為本事經意，旁涉不經意，於是旁涉有時露馬腳，而使我們覺得實在另是一回事，本事所記者反不相干矣。有時這樣的旁涉是無意自露的，也有時是有意如此隱著而自旁流露個線索的，這事並不一樣。也有許多既非無意自露，又非有意自旁流露，乃是考證家好作假設，疑神疑鬼弄出的疑案。天地間的史事，可

以直接證明者較少，而史學家的好事無窮，於是求證不能直接證明的，於是有聰明的考證，笨伯的考證。聰明的考證不必是，而是的考證必不是笨伯的。

　　史學家應該最忌孤證，因為某個孤證若是來源有問題，豈不是全套議論都入了東洋大海嗎？所以就旁涉中取孤證每每弄出「亡是公子」「非有先生」來。然若旁涉中的證據不止一件，或者多了，也有很確切的事實發現。舉一例：漢武帝是怎麼樣一個人，《史記》中是沒有專篇的，因為「今上本紀」在西漢已亡了。然而就太史公東敲四擊所敘，活活的一個司馬遷的暴君顯出來。這雖不必即是真的漢武帝，然司馬子長心中的漢武帝卻已借此出來了。

第七節　直說與隱喻

　　我們可說，這只是上節本事對旁涉的一種；不過隱喻雖近旁涉，然究不可以為盡等於旁涉，故另寫此一節。凡事之不便直說，而作者偏又不能忘情不說者，則用隱喻以暗示後人。有時後人神經過敏，多想了許多，這是常見的事。或者古人有意設一迷陣，以欺後人，而惡作劇，也是可能的事。這真是史學中最危險的地域呵！想明此例，且抄俞平伯先生〈長恨歌及長恨歌傳的傳疑〉一篇。（抄全實太長，然不抄全無以明其趣。）

　　　　嘗讀元人《秋夜梧桐雨》雜劇寫馬嵬之變，玉環之屍被軍馬踐踏，不復收葬，其言頗閃爍牽強。至洪昉思《長生殿》則以屍解了之，而改葬之時，便曰「慘淒淒一匡空墓，杳冥冥玉人何去」！兩劇寫至此處，均作曲筆，而《長生殿・雨夢》一折更有新說，惟托之於夢。其詞曰：「只為當日個亂軍中禍殃慘

遭，悄地向人叢裡換妝隱逃，因此上流落久蓬飄。」而評者則曰：「才情竭處忽生幻想，真有水窮山盡，坐看雲起之妙。」洪君此作自為文章狡獪，以波折弄姿，別無深意；但以予觀之，此說殆得〈長恨歌〉及《長恨歌傳》之本旨。茲述其所見於後。佐證缺少，難成定論，姑妄言之，姑妄聽之，亦所不廢乎？

　　若率意讀之，〈長恨歌〉既已乏味，而傳尤為蛇足。歌中平鋪直敘，婉曲之思與淒艷之筆並少，視〈琵琶行〉、〈連昌宮詞〉且有遜色。至陳鴻作傳，殆全與歌重複，似一言再言不嫌其多者然。其故殊難索解。夫以一代之名手抒寫一代之劇跡，必有奇思壯采流布文壇，而今乃平庸拖遝如此，不稱所期許，抑又何耶？

　　其間更有可注意者，馬嵬之變，實為此故事之中心，玉環縊死，以後皆餘文也。以今日吾人行文之法言之，則先排敘其寵盛，中出力寫其慘苦，後更抒以感歎或諷刺，如〈長生殿彈詞〉之作法，稱合作矣。而觀此歌及傳卻全不如此，寫至馬嵬坡僅當全篇之半，此後則大敘特敘臨邛道士、海山樓閣諸跡，皆子虛烏有之事耳，而言之鑿鑿焉。且以釵盒之重還與密誓之見訴，證方士之曾見太真。夫太真已死於馬嵬，方士何得而見之？神仙之事，十九寓言，香山一老豈真信其實有耶？其不然明矣。明知其必不然，而故意以文實之，抑又何耶？

　　即此可窺歌傳之本意，蓋另有所在也。一篇必有其警策，如〈琵琶行〉以「同是天涯淪落人，相逢何必曾相識」為主意；〈秦婦吟〉以「一身苦兮何足嗟，山中更有千萬家」為主意；獨此篇之主旨，屢讀之竟不可得。必不得已，只以「天長地久有時盡，此恨綿綿無絕期」當之。既以「長恨」名篇，此兩語自當為點睛之筆。惟僅觀乎此仍苦不明白，曰「此恨綿綿」，曰

「長恨」，究何所恨耶？若以倉卒慘變為恨，則寫至馬嵬已足，何必假設臨邛道士、玉妃太真耶？更何必假設分釵寄語諸豔跡耶？似馬嵬之事不足為恨，而天人修阻為可恨者，抑又何耶？在《長恨歌傳》之末曰：「夫希代之事非遇出世之才潤色之，則與時消沒，不聞於世。樂天深於詩、多於情者也，試為歌之如何？樂天因為〈長恨歌〉，意者不但感其事，亦欲懲尤物，窒亂階，垂於將來也。歌既成，使鴻傳焉。世所不聞者，予非開元遺民不得知；世所知者，有〈明皇本紀〉在。今但傳〈長恨歌〉云爾。」在此明點此歌之作意，主要是感事，次要是諷諫。夫事既非真，感之何為？則其間必明明有一事在焉，非寓言假託之匹。云將引為後人之大戒，則其事殆醜惡，非風流佳話也。樂天為有唐之詩史，所謂以出世之才記希代之事，豈以欣羨豪奢、描畫燕昵為能事哉？遇其平鋪直敘處，俱不宜正看。所謂繁華，其淫縱也；所謂風流，其醜惡也。按而不斷，其意自明。陳鴻作傳，惟恐後人不明，故點破之。

　　至作傳之故，在此亦已明言。若非甚珍奇之事，則只作一歌可矣，只作一傳亦可矣，初不必作歌之傳，屋上架屋，床上疊床也。使事雖珍奇而歌意能盡且易知者，則傳雖不作亦可也。惟其兩不然，此傳之所以作也。可分三層述之：歌之作意，非傳將不明，一也；事既隱曲，以散文敘述較為明白，二也；傳奇之文體，其時正流行，便於傳佈，三也。其尤可注意者為「世所不聞者」以下數語。其意若曰當時之秘密，我未親見親聞，自不得知；若人人皆知，明皇貴妃之事，則載在正史，又不待我言，我只傳〈長恨歌〉中所述這一段異文而已。總之，白陳二氏僅記其所聞，究竟是否真確，二君自言非開元遺民不得知，遑論今日我輩也？予亦只釋〈長恨歌〉云爾，究

竟歌中本意是否如此，亦無從取證他書，予只自述其所見云爾。

〈長恨歌〉立意於第一句已點明，所謂「漢皇重色思傾國」，是明皇不負楊妃，負國家耳。開門見山，斷語老辣。至於敘述，若華清宮、馬嵬坡皆陪襯之筆，因既載〈明皇本紀〉，為世所知，所感者必另有所在而非僅此等事，陳鴻之言本至明白。結語所謂此恨綿綿，標題所謂長恨，乃國家之恨，非僅明皇太真燕私之恨也。否則太真已仙去，而「天上人間會相見」，是有情之美滿，何恨之有？何長恨之有？論其描畫，敘繁華則近荒，記姝麗則近褻，非無雅筆也，乃故意貶斥耳。傳所謂樂天深於時，觀此良確。綜觀此篇，其結構似疏而實密，似拙而實巧；其詞筆似笨重而實空虛；其事蹟似可喜而實可醜。家弦戶誦已千年矣，而皆被古人瞞過了，至為可惜。

旁證缺乏，茲姑以本文明之。此篇起首四句即是史筆：「漢皇重色思傾國」，自取滅亡也。「楊家有女初長成，養在深閨人未識」，明明真人面前打謊語，史稱開元二十三年冬十二月冊壽王妃楊氏，至天寶四載秋七月冊壽王妃韋氏，八月以楊太真為貴妃。太真為壽王妃十餘年之久，始嬪於明皇，乃曰「初長成」「人未識」，非惡斥而何？若曰回護，則上諱尊者方宜含糊掩飾，何必申申作反語哉？今既云云，則惟恐後人忽視耳。且其言與傳意枘鑿。傳云：「詔高力士潛搜外宮，得宏農楊元琰女於壽邸，既笄矣。」其中亦有曲筆，如不曰壽王妃而曰楊女，不曰既嬪而曰既笄；然外宮與深閨其不同亦甚矣。讀者或以「宛轉蛾眉」之句，疑玉環若未死於馬嵬，則於文義為抵牾，請以此喻之，試觀此二語，亦可如字解否？

可知〈長恨歌〉中本有些微詞曲筆，非由一二人之私見傅會而云然，以下所言始不病其穿鑿。上半節鋪排處均內含諷

刺，人所習知，惟關係尚少。最先宜觀其敘述馬嵬之變。歌曰：「六軍不發無奈何，宛轉蛾眉馬前死。花鈿委地無人收，翠翹金雀玉搔頭。君王掩面救不得，回看血淚相和流。」傳曰：「上知不免而不忍見其死，反袂掩面，使牽之而去，蒼黃輾轉，竟就絕於尺組之下。」其所敘述有兩點相同，可注意：（一）傳稱不忍見其死，反袂掩面，使牽之去，是玉環之死，明皇未見也；歌中有「君王掩面」之言，是白陳二氏說同。（二）歌稱「宛轉蛾眉馬前死，」即傳之「蒼黃輾轉竟就絕於尺組之下」也。宛轉即輾轉，而傳意尤明白。蒼黃輾轉，似極其匆忙搗亂。而竟就絕於尺組之下者，與夫死於馬前之蛾眉，究竟是否貴妃，其孰知之哉？而明皇固掩面反袂未見其死也。歌中「花鈿」句，似有微意。此二句就文法言，當云花鈿、翠翹、金雀、玉搔頭委地無人收。詩中云云，葉律倒置耳，諸飾物狼藉滿地，似人蟬脫而去者然。〈太真外傳〉云：「妃之死日，馬嵬媼得錦韈一隻，相逢過客一玩百錢，前後獲錢無數。」不特諸飾物紛墮，並錦韈亦失其一，豈不異哉？使如正史所記，命力士縊殺貴妃於佛堂，輿屍置驛庭，召玄禮等入觀之，其境況殆不至如此也。

　　竊以為當時六軍譁潰，玉環直被劫辱，掙扎委頓，故鈿釵委地、錦韈脫落也。明皇則掩面反袂，有所不忍見，其為生為死，均不及知之。詩中明言「救不得」，則賜死之詔旨當時殆決無之。傳言「使牽之而去」，大約牽之去則有之，使乎使乎？未可知也。後人每以馬嵬事訾三郎之負玉環，冤矣。其人既杳，自不得不覓一替死鬼，於是「蛾眉」苦矣。既可上覆君王，又可下安六軍，驛庭之屍俾眾入觀者，疑即此君也。或謂玄禮當識貴妃，何能指鹿為馬？然玄禮既身預此變而又不能約束亂

兵，則裝聾做啞，含糊了局，亦在意中；故陳屍入視，即確有
其事，亦不足破此說。至〈太真外傳〉述其死狀甚悉，樂史宋
人，其說固後也，殆演正史而為之。

　　玉環以死聞，明皇自無力根究，至回鑾改葬，始證實其未
死。改葬之事，傳中一字不提，歌中卻說得明明白白：「馬嵬坡
下泥土中，不見玉顏空死處。」夫僅言馬嵬坡下不見玉顏，似
通常憑弔口氣；今言泥土中不見玉顏，是屍竟烏有矣，可怪孰
甚焉？後人求其說而不得，從而為之辭，曰肌膚消釋，（〈太真
外傳〉）曰亂軍踐踏，曰屍解（均見上）其實皆牽強不合。予
謂〈長恨歌〉分兩大段，自首至「東望都門信馬歸」為前段，
自「歸來池苑皆依舊」至尾為後段；而此兩句實為前後段大關
鍵。覓屍既不得，則臨邛道士之上天下地為題中應有之義矣。
其實明皇密遣使者訪問太真，臨邛道士鴻都客則託辭耳；歌言
「漢家天子使」，傳言「使者」，可證此意。

　　觀其訪問之跡，又極其奇詭。傳曰：「方士乃竭其術以索
之，不至；又能遊神馭氣，出天界、沒地府以求之，不見；又
旁求四虛上下，東極大海，跨蓬壺，見最高仙山上多樓闕，西
廂下有洞戶東向，闔其門，署曰玉妃太真院。」歌曰：「排空馭
氣奔如電，升天入地求之遍。上窮碧落下黃泉，兩處茫茫皆不
見。忽聞海上有仙山，山在虛無縹渺間。樓閣玲瓏五雲起，其
中綽約多仙子。中有一人字太真，雪膚花貌參差是。」最不可
解者為碧落黃泉皆無蹤跡，而乃得之海山。人死為鬼宜居黃
泉，即詩人之筆不忍以絕代麗質付之沉淪，升之碧落可矣，奚
必海山哉？且歌、傳之旨俱至明晰。傳云旁求四虛，明未曾升
仙作鬼，仍居人間也；歌云兩處茫茫皆不見，意亦正同；「忽
聞」以下，尤可注意。自「海上有仙山」至「花貌參差是」，皆

方士所聞也。使玉妃真居仙山，則孰見之而孰言之？孰言之而孰聞之耶？豈如《長生殿》所言天孫告楊通幽耶？夫馬嵬坡下泥土中既失其屍矣，碧落黃泉既不得其魂魄矣，則羈身海山之太真，仙乎、鬼乎、人乎？明眼人必能辨之。且歌中此節，多狡獪語。「山在虛無縹渺間」，是言此亦人間一境耳，非必真有如此之海上仙山也；「其中綽約多仙子」，似群雌粥粥，太真蓋非清淨獨居，唐之女道士院跡近倡家，非佳語也；「中有一人字太真」，上甫云多仙子，而此偏曰中有一人，明明點出一「人」字；「雪膚花貌參差是」，是方士來去以前，且有人見太真矣。其境界如何，不難想見。

　　寫方士之見太真，正值其睡起之時。傳曰：「碧衣云：玉妃方寢，請少待之。於是雲海沈沈，洞天日晚；瓊戶重闔，悄然無聲。方士屏息斂足，拱手門下，久之而碧衣延入。」歌曰：「聞道漢家天子使，九華帳裡夢魂驚。攬衣推枕起徘徊，珠箔銀屏迤邐開。雲髻半偏新睡覺，花冠不整下堂來。」依傳言，方士待之良久；依歌言，玉妃起得極倉皇。既曰「夢魂驚」，而「雲髻」「花冠」兩句又似釵橫鬢亂矣；其間有無弦外微音，不敢妄說。

　　傳為傳奇體，小說家言或非信史；而白氏之歌行實詩史之巨擘，若所聞非實，又有關礙本朝，烏得而妄記耶？至少，宜信白氏之確有所聞，而所聞又愜合乎情理；否則，於尚論古人有所難通。吾輩既謂方士覓魂之說為非全然無稽，則可進一步考察其曾見楊妃與否；因使覓楊妃是一事，而覓著與否又是一事。依歌、傳所描寫，委婉詳盡明畫如斯，似真見楊妃矣，然姑置不論。方士（姑以方士名之）持回之鐵證有二：一為鈿盒金釵，二為天寶十載密誓之語。夫釵盒或可偷盜拾取，（近人有

以「翠鈿委地」句為鈿盒之來源，亦未必然。）而密誓殊難臆造。觀傳曰：「夜殆半，休侍衛於東西廂，獨侍上。上憑肩而立，因仰天感牛女事，密相誓心，願世世為夫婦；此獨君王知之耳。」歌曰：「七月七日長生殿，夜半無人私語時。」曰「獨侍」，曰「憑肩」，曰「無人私語」，是非方士所能竊聽也。竊聽既不得，臆造又不能，是方士確已見太真也。鈿盒金釵人間之物，今分攜而返，是且於人世見太真也。至於「天上人間會相見」，則以空言結再生之緣耳，正如玉溪生所云「海外徒聞更九洲，他生未卜此生休」，非有其他深意；「昭陽殿裡恩愛絕，蓬萊宮中日月長」，明謂生離，不謂死別；況太真以貴妃之尊乃不免風塵之劫，貽闈壺之玷，可恨孰甚焉？故結之曰「天長地久有時盡，此恨綿綿無絕期」，言其恥辱終古不泯也。否則，馬嵬之變，死一婦人耳，以長恨名篇，果何謂耶？

明皇知太真之在人間而不能收覆水，史乘之事勢甚明，不成問題。況傳曰：「使者還奏太上皇，皇心震悼，日日不豫，其年夏四月南宮晏駕」。是明皇所聞本非佳訊，即卒於是年（肅宗寶應元年），而太真之死或且後於明皇也。按，依章實齋氏所考，則其時太真亦一媼矣，而猶搖曳風情如此，亦異聞矣。吾以為其人大似清末之賽金花，而〈彩雲曲〉實〈長恨歌〉之嫡系也。惟此等說法，大有焚琴煮鶴之誚耳。

爬梳本文，實頗明白而鮮疑滯，惟缺旁證為可憾耳。杜少陵之〈哀江頭〉亦傳太真事，曰：「明眸皓齒今何在？血污遊魂歸不得。清渭東流劍閣深，去住彼此無消息。」曰去住，曰彼此，不知何指。若以此說解之，則上二句疑其已死，下二句又疑其或未死，兩說並存歟？惟舊注以上指妃子游魂，下指明皇幸蜀，其說可通，故不宜曲為比附，取作佐證。且此事隱秘，

事後漸流布於世，若樂天時聞之，在少陵時未必即有所聞也。他日如於其他記載續有所得，更當補訂，以成信說。

今日僅有本文之直證，而無他書之旁證，只可傳疑，未能取信。要之，當年之實事如何是一事，所傳聞如何另是一事；故即使以此新說解釋長恨歌傳十分圓滿，亦不過自圓其說而已，至多亦不過揣得作歌傳之本旨而已（即此已頗誇大）。若求當年之秘事，則當以陳鴻語答之曰：「世所不聞者，予非開元遺民不得知。」

（附記一）明皇與肅宗先後卒於同年，肅宗先病而明皇之卒甚驟，疑李輔國懼其復辟而弒之，觀史稱輔國猜忌明皇，逼遷之於西內，流放高力士，不無蛛絲馬跡。唐人亦有疑之者。韋絢《戎幕閒談》曰：「時肅宗大漸，輔國專朝，意西內之復有變故也。」此事與清季德宗西後之卒極相似，亦珍聞也。

（附記二）又宋王銍《默記》：「元獻（晏元獻）因為僚屬言唐小說：唐玄宗為上皇遷西內，李輔國令刺客夜攜鐵槌擊其腦，玄宗臥未起，中其腦，皆作磬聲。上皇驚謂刺者曰：『我固知命盡於汝手，然葉法善勸我服玉，今我腦骨皆成玉，且法善勸我服金丹，今有丹在首，固自難死，汝可破腦取丹，我乃可死矣。』刺客如其言，取丹乃死。」孫光憲《續通錄》云：「玄宗將死，云：『上帝命我作孔升真人。』爆然有聲，視之崩矣。亦微意也。」此亦可與上節參看。

十六年十一月十五日（留）

這是一篇很聰明的文章——對不對卻是另一回事——同時也是一

篇很自知分際的文章。此文末節所說甚誠實,我們生在百千年以後,
要體會百千年以前的曲喻,只可以玩弄聰明,卻不可以補苴信史也。

第八節 口說的史料對著文的史料

此一對當,自表面看來,我們自然覺得口說無憑,文書有證,其
優劣之判別像是很簡單的。然而事實亦不儘然。筆記小說雖是著於文
字的材料,然性質實在是口說,所以口說與著文之對當在此範圍內,
即等於上文第二節所論列,現在不需再說,但說專憑口說傳下來的史
料。

專憑口說傳下來的史料,在一切民族的初級多有之。《國語》(《左
傳》一部分材料在內)之來源即是口說的史料,若干戰國子家所記的
故事多屬於此類。但中國的文化,自漢魏以來,有若干方面以文字為
中心。故文字之記載被人看重,口說的流傳不能廣遠;而歷代新興的
民間傳說,亦概因未得文人為之記錄而失遺。宮幃遺聞,朝野雜事,
每不能憑口說傳於數十年之後。反觀古昔無文字之民族,每有巫祝一
特殊階級,以口說傳史,竟能經數百年,未甚失其原樣子者。(《舊
約》書之大部分由於口傳,後世乃以之著史)故祝史所用之語,每非
當時之普通語言,而是早若干時期之語言。此等口傳的史料,每每將
年代、世系、地域弄得亂七八糟,然亦有很精要的史事為之保留,轉
為文書史料所不逮。漢籍中之《蒙古源流》,即其顯例也。

古代及中世之歐洲民族所有之口傳史料,因文化之振興及基督教
之擴張而亡遺,獨其成為神話作為詩歌者,以其文學之價值而得倖
存,然已非純粹之口傳史事矣。近代工業文明尤是掃蕩此等口傳文學
與史事者,幸百年之前,德俄諸國已有學者從事搜集,故東歐西亞之
此等文學與史料,尚藉此著於文字者不少,而伊蘭高加索斯拉夫封建
之故事,民族之遺跡,頗有取資於此,以成今日史事知識者焉。

中國歷史分期之研究

　　凡研治「依據時間以為變遷」之學科，無不分期別世，以釐紛繁，地質史有「世紀」「期」「代」之判，人類進化史有「石世」「銅世」「鐵世」「電世」之殊，若此類者，皆執一事以為標準，為之判別年代，一則察其遞變之跡，然後得其概括；一則振其綱領之具，然後便於學者。通常所謂歷史者，不限一端，而以政治變遷，社會遞嬗為主體。試為之解，則人類精神之動作，現於時間，出於記載，為歷史。尋其因果，考其年世，即其時日之推移，審其升沉之概要，為歷史之學。歷史學之所有事，原非一端，要以分期，為之基本。置分期於不言，則史事雜陳，樊然淆亂，無術以得其簡約，疏其世代，不得謂為歷史學也。世有以歷史分期為無當者，謂時日轉移，無跡可求，必於其間，斫為數段，純是造作。不知變遷之跡，期年記之則不足，奕世計之則有餘。取其大齊，以判其世，即其間轉移歷史之大事，以為變遷之界，於情甚合，於學甚便也。

　　西洋歷史之分期，所謂「上世」「中世」「近世」者，與夫三世之中，所謂Subdivisions在今日已為定論。雖史家著書，小有出入，大體固無殊也。返觀中國，論時會之轉移，但以朝代為言。不知朝代與世期，雖不可謂全無關涉，終不可以一物視之。今文《春秋》有「見聞」「傳聞」之辯，其歷史分期之始乎？春秋時代過短，判別年限，又從刪述者本身遭際而言，非史書究竟義，後之為史學者，僅知朝代之辯，不解時期之殊，一姓之變遷誠不足據為分期之准也。日本桑原藏氏著《東洋史要》（後改名《支那史要》），始取西洋上古中古近古之說以分中國歷史為四期。近年出版歷史教科書，概以桑原氏為准，未見有變

更其綱者。尋桑原氏所謂四期，一曰上古，斷至秦始皇一統，稱之為漢族締造時代。二曰中古，自秦始皇一統至唐亡，稱之為漢族極盛時代。三曰近古，自五代至明亡，稱之為漢族漸衰，蒙古族代興時代。四曰近世，括滿清一代為言，稱之為歐人東漸時代。似此分期，較之往日之不知分期，但論朝代者，得失之差，誠不可量。然一經中國著史學教科書者儘量取用，遂不可通。桑原氏書，雖以中華為主體，而遠東諸民族自日本外，無不系之。既不限於一國，則分期之誼，宜統合殊族以為斷，不容專就一國歷史之升降，分別年世，強執他族以就之。所謂漢族最盛時代，蒙古族最盛時代，歐人東漸時代者，皆遠東歷史之分期法，非中國歷史之分期法。中國學者強執遠東歷史之分期，以為中國歷史之分期，此其失固由桑原，又不盡在桑原也。且如桑原所分，尤有不可通者二端：一則分期標準之不一，二則誤認歷來所謂漢族者為古今一貫。請於二事分別言之。凡為一國歷史之分期者，宜執一事以為標準。此一事者，一經據為標準之後，便不許複據他事別作標準。易詞言之，據以分割一國歷史時期之標準，必為單一，不得取標準於一事以上。如以種族之變遷分上世與中古，即應據種族之變遷分中世與近世，不得更據他事若政治改革、風俗易化者以分之。若既據種族以為大別，不得不別據政治以為細界，取政治以為分本者，但可於「支分」中行之（Subdivision）。不容與以種族為分別者平行齊列。今桑原氏之分期法，始以漢族升降為別，後又以東西交通為判，所據以為分本者，不能上下一貫，其弊一也。

中國歷史上所謂「諸夏」「漢族」者，雖自黃唐以來，立名無異。而其間外族混入之跡，無代不有。隋亡陳興之間，尤為升降之樞紐。自漢迄唐，非由一系。漢代之中國與唐代之中國，萬不可謂同出一族。更不可謂同一之中國，取西洋歷史以為喻，漢世猶之羅馬帝國，隋唐猶之查里曼後之羅馬帝國，名號相衍，統緒相傳，而實質大異。

今桑原氏泯其代謝之跡，強合一致，名曰「漢族極盛時代」，是為巨謬（說詳次節）。其弊二也。凡此二弊，不容不矯。本篇所定之分期法，即自矯正現世普行桑原氏之分期法治。

以愚推測所及者言之，欲重分中國歷史之期世，不可不注意下列四事。

一　宜知中國所謂漢族於陳隋之間大起變化

唐虞三代以至秦漢，君天下者皆號黃帝子孫。雖周起岐，汧秦起邠渭，與胡虜為鄰，其地其人，固不離於中國。故唐虞以降，下迄魏晉，二千餘年間，政治頻革，風俗迥異，而有一線相承，歷世不變者，則種族未改是世。其間北狄南蠻，入居邊境，同化於漢族者，無代無有。然但有向化，而無混合。但有變夷，而無變夏。於漢族之所以為漢族者，無增損也。至於晉之一統，漢族勢力已成外強中乾之勢，永嘉建寧之亂，中原舊壤，淪於朔胡，舊族黎民，僅有孑遺，故西晉之亡，非關一姓之盛衰，實中原之亡也。重言之，周秦漢魏所傳之中國，至於建興而亡也。所幸者，江東有孫氏，而後締造經營，別立國家，雖風俗民情，稍與中原異貫，要皆「中國之舊衣冠禮樂之所就，永嘉之後，江東貴焉」。為其纂承統緒，使中國民族與文化不隨中原以俱淪也。江東之於中原，雖非大宗，要為入祧之別子。迄於陳亡，而中國盡失矣。王通作《元經》，書陳亡，而具晉宋齊梁陳五國，著其義曰：「衣冠文物之舊……君子與其國焉，曰，猶我中國之遺民也。」（《元經》卷九）故長城公喪其國家，不僅陳氏之亡，亦是江東衣冠道盡（改用陳叔寶語），江東衣冠道盡，是中國之亡，周秦漢魏所傳之中國，至於建興而喪其世守之城，至於禎明而亡其枝出之邦。禎明之在中國，當升降轉移之樞紐，尤重於建興，談史者所不可忽也。

　　繼陳者隋，隋外國也。繼隋者唐，唐亦外國也。何以言之？君主者，往昔國家之代表也。隋唐皇室之母系，皆出自魏虜，其不純為漢族甚明。唐之先公，曾姓大野，其原姓李氏，而賜姓大野歟？抑原姓大野，而冒認李姓歟？後人讀史，不能無疑也。此猶可曰，一姓之事，無關中國也。則請舉其大者言之。隋唐之人，先北朝而後南朝，正魏周而偽齊陳，直認索虜為父，不復知南朝之為中國，此猶可曰，史家之詞，無關事實也。則請舉其更大者言之。隋唐將相，鮮卑姓至多，自負出於中國甲族之上；而皇室與當世之人，待之亦崇高於華人，此猶可曰，貴族有然，非可一概論也。則請舉其民俗言之。琵琶卑語，胡食胡服（見〈顏氏家訓〉《中華古今注》等書），流行士庶間，見於載記，可考者甚繁。於此可知，隋唐所謂中華，上承拓跋宇文之遺，與周漢魏晉不為一貫。不僅其皇室異也。風俗政教，固大殊矣。為史學者，不於陳亡之日，分期判世，而強合漢唐以一之，豈知漢唐兩代民族頗殊，精神頓異，漢與周秦甚近，而與唐世甚遠。唐與宋世甚近，而與南朝甚遠。此非以年代言也。以歷朝所以立國，所以成俗之精神，察之然後知其不可強合。今吾斷言曰，自陳以上為「第一中國」，純粹漢族之中國也。自隋至宋亡為「第二中國」，漢族為胡人所挾，變其精神，別成統系，不蒙前代者也。

二　宜知唐宋兩代有漢胡消長之跡　南宋之亡又為中國歷史一大關鍵

　　自隋迄宋，為「第二中國」，既如上所述矣。此八百年中，雖為一線相承，而風俗未嘗無變。自隋至於唐代，（五代之名，甚不可通，中原與十國，地醜德齊，未便尊此抑彼。其時猶是唐之叔世，與其稱為五代，不如稱為唐代，可包南北一切列國，說詳拙著札記）胡運方

盛，當時風俗政教，漢胡相雜，雖年世愈後，胡氣愈少，要之胡氣未
能盡滅。讀唐世文家所載，說部所傳，當知愚言之不妄也。至於周
宋，胡氣漸消，以至於無有。宋三百年間，盡是漢風。此其所以異於
前代者也。就統緒相承以為言，則唐宋為一貫，就風氣異同以立論，
則唐宋有殊別，然唐宋之間，既有相接不能相隔之勢，斯惟有取而合
之，說明之曰「第二中國」，上與周漢魏晉江右之中國，對待分別可
也。此「第二中國」者，至於靖康而喪其中原，猶晉之永嘉，至於祥
興而喪其江表，猶陳之禎明。祥興之亡，第二中國隨之俱亡，自此以
後全為胡虜之運，雖其間明代光復故物，而為運終不長矣。祥興於中
國歷史之位置，尤重於禎明。誠漢族升降為一大關鍵也。

三　宜據中國種族之變遷升降為分期之標準

如上所云，「第一中國」「第二中國」者，皆依漢族之變化升降以
立論者也。陳亡隋代，為漢族變化之樞紐。宋亡元代，為漢族升降之
樞紐。今為歷史分期，宜取一事以為標準，而為此標準者，似以漢族
之變化升降為最便。研究一國歷史，不得不先辨其種族，誠以歷史一
物，不過種族與土地相乘之積，種族有其種族性，或曰種族色者
（Racial colour），具有主宰一切之能力，種族一經變化，歷史必頓然改
觀。今取漢族之變化升降以為分期之標準，既合名學「分本必一之
說」，又似得中國歷史上變化之扼要，較之桑原氏忽以漢族盛衰為言，
忽以歐人東漸為說者，頗覺簡當也。

四　宜別作「枝分」（Subdivision）勿使與初分相混

如上所言既以漢族之變化與升降為上世、中世、近世分期之標

準，而每世之中，為年甚長，政俗大有改易，不可不別作「枝分」，使之綱目畢張。茲以政治變遷為上世枝分之分本，風俗改易為中世枝分之分本，種族代替為近世枝分之分本，合初分與枝分，圖為下表，而說明之。（見下表）

中國歷史

甲　上世
（一）上世第一期，周平王元年以前。
（二）上世第二期，起周平王元年至秦始皇二十六年。
（三）上世第三期，起秦始皇二十六年至晉建興五年。
（四）上世第四期，起晉建興五年至陳禎明三年。

乙　中世
（五）中世第一期，起陳禎明三年，即隋開皇九年，至後周顯德六年。
（六）中世第二期，起宋建興元年，即顯德六年之次年，至祥興二年。

丙　近世
（七）近世第一期，起宋祥興二年，即元至元十六年，至正二十四年。
（八）近世第二期，起元至正二十四年，即韓氏龍鳳十年，至明永曆十五年。
（九）近世第三期，起明永曆十五年，即清順治十八年，至宣統三年。

丁　現世──民國建元以來。

說明上世中世近世之所由分，與中世第一第二兩期之所由分，俱詳前。

　　周平王東遷以前，世所謂唐虞三代，此時期中，雖政治不無變化，而其詳不可得聞，既無編年之史（《竹書紀年》不足信），又多傳疑之說（夏殷無論，即如兩周之文王受命，周公居東，厲王失國諸事，異說紛歧，所難折中。）惟有比而同之，以為「傳疑時代」。蓋平王以降，始有信史可言也。

　　東周數百年間，政治風俗，上與西周有別，下與秦漢異趣。其時學術思想昌明，尤為先後所未有。故自為一期。

　　上古第三期，括秦漢魏西晉四朝，為其政治成一系也。

　　上古第四期，括東晉宋齊梁陳五朝，為其政治成一系，風俗成一貫也。

　　近世第一期，括蒙古一代。第二期括明朝始終。第三期括滿清一代。近世獨以朝代為分者，以朝代之轉移，即民族勢力之轉移故也。

　　分世別期，最難於斷年。前期與後期交接之間，必有若干年歲，為過渡轉移時代。合於前世，既覺未安，合於後期，更覺不可，今為畫一之故，凡過渡時代均歸前期。如上世中世之交，有數朝為過渡轉移期，全以歸於上世。必於陳亡之後，始著中世。又如上古第一期與第二期之交，周赧入秦，與秦始皇一統間，數十年為過渡期。今以附於第一期，必俟六國次第以亡，然後著第二期。一切分期，除近世第一期外，俱仿此。近世第一期所以獨為例外者，以元人入中國，與往例不同。未入中國時，固在朔漠，號稱大汗。既擯出之後，又復其可汗之名，此於中國純為侵入，故第二第三期間，以吳始建國為斷，不以順帝北去為斷。

　　分中國歷史為如是三世，固覺有奇異之感焉。則三世者，各自為一系，與上不蒙，而上世中世又有相似之平行趨向是也。北魏北周第二期之締造時，與上不相蒙者也。遼金第三期之締造時，與上不相蒙者也。中世之隋唐，猶上世之秦漢，同為武功極盛在世。隋之一統與

秦之一統，差有相似之點。中世之北宋，猶上世之魏晉，同為內政安人，外功不張之世。中世之南宋，猶上世之江左，同為不競之世。南宋之亡，尤類陳亡。此上世中世平行之趨向，不待詳言者也。中世與近世，趨向絕殊，固由承宇文者為隋，代完顏者為元，遼與魏，金與周，已不可強同。元隋更大異其性。此後之歷史，遂毫無相似者矣。簡言之，上世一系之中，所有朝代，但有相傳，而無相滅；中世一系之中，亦但有相傳，而無相滅；近世一系之中，但有相滅，而無相傳。是非以帝族言也。以其立國之道，察之如是云爾。

　　余為此分期法，讀者宜有所疑，以謂「梁陳不競，半虜之隋唐，代承統緒，本漢族甚不名譽之事，如今日通行之分期法，合漢唐而一之，此醜可掩。今分而為二，非所以揚歷史之光榮也」。余將答此說曰，學問之道，全在求是。是之所在，不容諱言其醜。今但求是而已，非所論於感情。余深察漢唐兩代，實不能比而同之，縱使違心徇情，比而同之，讀史者自可發覺，欺人無益也。陳隋間之往事，曷嘗不堪發憤。要不可與研究史學之真相，混合言之。

　　　　　　（原刊民國七年四月十七日至廿三日，《北京大學日刊》）

與顧頡剛論古史書

頡剛足下：

我這幾年到歐洲，除最初一段時間外，竟不曾給你信，雖然承你累次的寄信與著作。所以雖在交情之義激如我們，恐怕你也輕則失望，重則為最正當之怒了。然而我卻沒有一天不曾想寫信給你過，只是因為我寫信的情形受牛頓律的支配，「與距離之自成方之反轉成比例」，所以在柏林朋友尚每每通信以代懶者之行步，德國以外已少，而家信及國內朋友信竟是稀得極厲害，至於使老母髮白。而且我一向懶惰，偶然以刺激而躁動一下子，不久又回復原狀態。我的身體之壞如此，這麼一個習慣實有保護的作用救了我一條命。但因此已使我三年做的事不及一年。我當年讀嵇叔夜的信說他自己那樣懶法，頗不能瞭解，現在不特覺得他那樣是自然，並且覺得他懶得全不盡致。我日日想寫信給你而覺得拿起筆來須用舉金箍棒之力，故總想「明天罷」。而此明天是永久不來的明天，明天，明天……至於今天；或者今天不完，以後又是明天，明天，明天……這真是下半世的光景！對於愛我的朋友如你，何以為情！

私事待信末談，先談兩件《努力週報》上事物。在當時本發憤想寫一大篇寄去參加你們的論戰，然而以懶的結果不曾下筆而「努力」下世。我尚且仍然想著，必然寫出寄適之先生交別的報登，竊自比季子掛劍之義，然而總是心慕者季子，力困若叔夜，至今已把當時如泉湧的意思忘到什七八。文章是做不成的了，且把尚能記得者寄我頡剛。潦草，不像給我頡剛的信，但終差好於無字真經。只是請你認此斷紅上相思之字，幸勿舉此遐想以告人耳。

　　第一件是我對於丁文江先生的〈歷史人物與地理的關係〉一篇文章的意見。（以下見〈評丁文江歷史人物與地理的關係〉文，不覆載。）

　　其二，論頡剛的古史論。三百年中，史學、文籍考訂學，得了你這篇文字，而有「大小總匯」。三百年中所謂漢學之一路，實在含括兩種學問：一是語文學，二是史學、文籍考訂學。這兩以外，也更沒有什麼更大的東西；偶然冒充有之，也每是些荒謬物事，如今文家經世之論等。拿這兩樣比著看，量是語文學的成績較多。這恐怕是從事這類的第一流才力多些，或者也因為從事這科，不如從事史學、文籍考訂者所受正統觀念限制之多。談語言學者盡可謂「亦既覯止」之覯為交媾，「握椒」之為房中藥。漢宋大儒，康成、元晦如此為之，並不因此而失掉他的為「大儒」。若把「聖帝明王」之「真跡」布出，馬上便是一叛道的人。但這一派比較發達上差少的史學、考訂學，一遇到頡剛的手裡，便登時現出超過語文學已有的成績之形勢。那麼，你這個古史論價值的大還等我說嗎？這話何以見得呢？我們可以說道，頡剛以前，史學、考訂學中真正全是科學家精神的，只是閻若璩、崔述幾個人。今文學時或有善言，然大抵是些浮華之士；又專以門戶為見，他所謂假的古文，固大體是假，他所謂真的今文，亦一般的不得真。所有靠得住的成績，只是一部古文尚書和一部分的左氏周官之惑疑（這也只是提議，未能成就）；而語文那面竟有無數的獲得。但是，這語文學的中央題目是古音，漢學家多半「考古之功多，審音之功淺」，所以最大的成績是統計的分類通轉，指出符號來，而指不出實音來。現在尚有很多的事可作；果然有其人，未嘗不可凌孔覼軒而壓倒王氏父子。史學的中央題目，就是你這「累層地造成的中國古史」，可是從你這發揮之後，大體之結構已備就，沒有什麼再多的根據物可找。前見《晨報》上有李玄伯兄一文，謂古史之定奪要待後來之掘地。誠然掘地

是最要事，但不是和你的古史論一個問題。掘地自然可以掘出些史前的物事，商周的物事，但這只是中國初期文化史。若關於文籍的發覺，恐怕不能很多。（殷墟是商社，故有如許文書的發現。這等事例豈是可以常希望的。）而你這一個題目，乃是一切經傳子家的總鎖鑰，一部中國古代方術思想史的真線索，一個周漢思想的攝鏡，一個古史學的新大成。這是不能為後來的掘地所掩的，正因為不在一個題目之下。豈特這樣，你這古史論無待於後來的掘地，而後來的掘地卻有待於你這古史論。現存的文書如不清白，後來的工作如何把他取用。偶然的發現不可期，系統的發掘須待文籍整理後方可使人知其地望。所以你還是在寶座上安穩的坐下去罷，不要怕掘地的人把你陷了下去。自然有無量題目要仔細處置的，但這都是你這一個中央思想下的布列。猶之乎我們可以造些動力學的Theorem，但這根本是Newton的。我們可以研究某種動物或植物至精細，得些貫通的條理，但生物學的根本基石是達爾文。學科的範圍有大小，中國古史學自然比力學或生物學小得多。但他自是一種獨立的、而也有價值的學問。你在這個學問中的地位，便恰如牛頓之在力學，達爾文之在生物學。去年春天和志希從吾諸位談，他們都是研究史學的。「頡剛是在史學上稱王了，恰被他把這個寶貝弄到手；你們無論再弄到什麼寶貝，然而以他所據的地位在中央的原故，終不能不臣於他。我以不弄史學而倖免此危，究不失為『光武之故人也』。幾年不見頡剛，不料成就到這麼大！這事原是在別人而不在我的頡剛的話，我或者不免生點嫉妒的意思，吹毛求疵，硬去找爭執的地方；但早晚也是非拜倒不可的。」

　　頡剛，我稱讚你夠了嗎！請你不要以為我這話是因為朋友間的感情；此間熟人讀你文的，幾乎都是這意見。此時你應做的事，就是趕快把你這番事業弄成。我看見的你的文並不全，只是《努力告報》的《讀書雜誌》第九、十、十一、十二、十四期（十三期未見過，十四期

也未見過）所登的。我見別處登有你題目，十四期末又注明未完；且
事隔已如此之久，其間你必更有些好見解，希望你把你印出的文一律
寄給我一看。看來禹的一個次敘，你已找就了，此外的幾個觀念，如
堯、舜、神農、黃帝、許由、倉頡等等，都仔細照處理禹的辦法處
置。又如商湯、周文、周公雖然是真的人，但其傳說也是歷時變的。
龜甲文上成湯並不稱成湯。〈商頌〉裡的武王是個光大商業、而使上帝
之「命式於九圍」的，克夏不算重事。周誥裡周公說到成湯，便特別
注重他的「革夏」，遂至結論到周之克殷，「於湯有光」的滑稽調上去
（此恰如滿酋玄曄詼諦孝陵的話）。到了孟子的時代想去使齊梁君主聽他
話，尤其是想使小小滕侯不要短氣，便造了「湯以七十裡興，文王以
百里興」的話頭，直接與《詩·頌》矛盾。到了嵇康之薄湯武，自然
心中另是一回事。至於文王、周公的轉變更多。周公在孔子正名的時
代，是建國立制的一個大人物。在孟子息邪說距詖行的時代，是位息
邪說距詖行的塚相。在今文時代，可以稱王。在王莽時代，變要居
攝。到了六朝時，真個的列爵為五、列卿為六了，他便是孔子的大哥
哥，謝夫人所不滿意事之負責任者。（可惜滿清初年不文，不知「文以
詩書」，只知太后下嫁。不然，周公又成滿酋多爾袞；這恐怕反而近
似。）這樣變法，豈有一條不是以時代為背景。尤其要緊的，便是一
個孔子問題。孔子從《論語》到孔教會翻新了的梁漱溟，變了真正
七十二，而且每每是些劇烈的變化，簡直摸不著頭腦的。其中更有些
非常滑稽的，例如蘇洵是個訟棍，他的《六經論》中的聖人（自然是
孔子和其他），心術便如訟棍。長素先生要做孔老大，要改制，便做一
部孔子改制托古考；其實新學偽經，便是漢朝的康有為做的。梁漱溟
總還勉強是一個聰明人，只是所習慣的環境太陋了，便挑了一個頂陋
的東西來，呼之為「禮樂」，說是孔家真傳：主義是前進不能，後退不
許，半空吊著，簡直使孔丘活受罪。這只是略提一二例而已，其實妙

文多著哩。如果把孔子問題弄清一下，除去歷史學的興味外，也可以減掉後來許多梁漱溟，至少也可以使後來的梁漱溟但為梁漱溟的梁漱溟，不復能為孔家店的梁漱溟。要是把歷來的「孔丘七十二變又變……」寫成一本書，從我這不莊重的心思看去，可以如歐洲教會教條史之可以解興發噱。從你這莊重的心思看去，便一個中國思想演流的反射分析鏡，也許得到些中國歷來學究的心座（Freudian Complexes）來，正未可料。

你自然先以文書中選擇的材料證成這個「累層地」。但這個累層地的觀念大體成後，可以轉去分析各個經傳子家的成籍。如此，則所得的效果，是一部總括以前文籍分析，而啟後來實地工作的一部古史，又是一部最體要的民間思想流變史，又立一個為後來證訂一切古籍的標準。這話是虛嗎？然則我謂他是個「大小總匯」，只有不及，豈是過稱嗎？

大凡科學上一個理論的價值，決於他所施作的度量深不深，所施作的範圍廣不廣，此外恐更沒有甚麼有形的標準。你這個古史論，是使我們對於周漢的物事一切改觀的，是使漢學的問題件件在他支配之下的，我們可以到處找到他的施作的地域來。前年我讀你的文時，心中的意思如湧泉。當時不動筆，後來忘了一大半。現在且把尚未忘完的幾條寫下。其中好些只是你這論的演繹。

一　試想幾篇戴記的時代

大小戴記中，材料之價值不等，時代尤其有參差，但包括一部古儒家史，實應該從早分析研究一回。我從到歐洲來，未讀中國書，舊帶的幾本早已丟去。想《戴記》中最要四篇，〈樂記〉〈禮運〉〈大學〉〈中庸〉，當可背誦，思一理之。即一思之，恨《樂記》已不能背。見

你文之初，思如湧泉，曾於一晚想到〈大學〉〈中庸〉之分析。後來找到《戴記》一讀，思想未曾改變。又把〈禮運〉一分量，覺得又有一番意思。今寫如下：

〈大學〉　《孟子》說：「人有恆言，皆曰天下國家。天下之本在國，國之本在家，家之本在身。」可見孟子時尚沒有〈大學〉這一種完備發育的「身家國天下系統哲學」。孟子只是始提這個思想。換言之，這個思想在孟子時是胎兒，而在〈大學〉時已是成人了。可見孟子在先，〈大學〉在後。〈大學〉老說平天下，而與孔子、孟子不同。孔子時候有孔子時候的平天下，「九合諸侯，一匡天下」，如桓文之霸業是也。孟子時候有孟子時候的平天下，所謂「以齊王」是也。列國分立時之平天下，總是講究天下定於一。姑無論是「合諸侯，匡天下」，是以公山弗擾為「東周」，是「以齊王」，總都是些國與國間的關係。然而〈大學〉之談「平天下」，但談理財。理財本是一個治國的要務；到了理財成了平天下的要務，必在天下已一之後。可見大學不見於秦皇。〈大學〉引〈秦誓〉。《書》是出於伏生的，我總疑心《書》之含〈秦誓〉是伏生為秦博士的痕跡。這話要真，〈大學〉要後於秦代了。且〈大學〉末後大罵一陣聚斂之臣。漢初兵革擾擾，不成政治，無所謂聚斂之臣。文帝最不會用聚斂之臣，而景帝也未用過。直到武帝時才大用而特用，而〈大學〉也就大罵而特罵了。〈大學〉總不能先於秦，而漢初也直到武帝才大用聚斂之臣。如果〈大學〉是對時而立論，意者其作於孔桑登用之後，輪台下詔之前乎？且〈大學〉中沒有一點從武帝後大發達之炎炎奇怪的今文思想，可見以斷於武帝時為近是。不知頡剛以我這鹽鐵論觀的〈大學〉為何如？

〈中庸〉　〈中庸〉顯然是三個不同的分子造成的，今姑名為甲部、乙部、丙部。甲部〈中庸〉從「子曰君子中庸」起，到「子曰父母其順矣乎」止。開頭曰中庸，很像篇首的話。其所謂中庸，正是兩

端之中，庸常之道，寫一個Petit bourgeois之人生觀。「妻子好合，如鼓瑟琴；兄弟既翕，和樂且耽」。不述索隱行怪而有甚多的修養，不談大題而論社會家庭間事，顯然是一個世家的觀念（其為子思否，不關大旨），顯然是一個文化甚細密中的東西，——魯國的東西，顯然不是一個發大議論的筆墨，——漢儒的筆墨。從「子曰鬼神之為德」起，到「治國其如示諸掌乎」止，已經有些大言了，然而尚不是大架子的哲學。此一節顯然像是甲部、丙部之過渡。至於第三部，從「哀公問政」起到篇末，還有頭上「天命之謂性」到「萬物育焉」一個大帽子，共為丙部，純粹是漢儒的東西。這部中所謂中庸，已經全不是甲部中的「庸德之行，庸言之謹」，而是「中和」了。中庸本是一家之小言，而這一部中乃是一個會合一切，而謂其不衝突——太和——之哲學。蓋原始所謂中者，乃取其中之一點而不從其兩端；此處所謂中者，以其中括合其兩端，所以仲尼便祖述堯舜（法先王），憲章文武（法後王），上律天時（羲和），下襲水土（禹）。這比孟子稱孔子之集大成更進一步了。孟子所謂「金聲玉振」尚是一個論德性的話，此處乃是想孔子去包羅一切人物：孟荀之所以不同，儒墨之所以有異，都把他一爐而熔之。「九經」之九事，在本來是矛盾的，如親親尊賢是也；今乃並行而不相悖。這豈是晚周子家所敢去想的。這個「累層地」，你以為對不對？

然而〈中庸〉丙部也不能太後，因為雖提禎祥，尚未入緯。

西漢人的思想截然和晚周人的思想不同。西漢人的文章也截然與晚周人的文章不同。我想下列幾個標準可以助我們決定誰是誰。

（一）就事說話的是晚周的，做起文章來的是西漢的。

（二）研究問題的是晚周的，談主義的是西漢的。

（三）思想也成一貫，然不為系統的鋪排的是晚周，為系統的鋪排的是西漢。

（四）凡是一篇文章或一部書，讀了不能夠想出他時代的背景來的，就是說，發的議論對於時代獨立的，是西漢。而反過來的一面，就是說，能想出他的時代的背景來的卻不一定是晚周。因為漢朝也有就事論事的著作家，而晚周卻沒有憑空成思之為方術者。

《呂覽》是中國第一部一家著述，以前只是些語錄。話說得無論如何頭腦不清，終不能成八股。以事為學，不能抽象。漢儒的八股，必是以學為學，不窺園亭，遑論社會。

〈禮運〉 〈禮運〉一篇，看來顯系三段。「是謂疵國，故政者之所以藏身也」（應於此斷，不當從鄭）以前（但其中由「言偃復問曰」到「禮之大成」一節須除去）是一段，是淡淡魯生的文章。「夫政必本於天……」以下是一段，是炎炎漢儒的議論，是一個漢儒的系統玄學。這兩段截然不同。至於由「言偃復問曰」到「禮之大成」一段，又和上兩者各不同，文詞略同下部而思想則不如彼之侈。「是為小康」，應直接「舍魯何適矣」。現在我們把禮運前半自為獨立之一篇，併合其中加入之一大節去看，魯國之鄉曲意味，尚且很大。是論兵革之起，臣宰之僭，上規湯武，下薄三家的仍類於孔子正名，其說先王仍是空空洞洞，不到易傳實指其名的地步。又談禹湯文武成王周公而不談堯舜，偏偏所謂「大道之行也」云云即是後人所指堯舜的故事。堯舜禹都是儒者之理想之Incarnation，自然先有這理想，然後再Incarnated到誰和誰身上去。此地很說了些這個理想，不曾說是誰來，像是這篇之時之堯舜尚是有其義而無其詞，或者當時堯舜俱品之傳說未定，尚是流質呢。所談禹的故事，反是爭國之首，尤其奇怪。既不同雅頌，又不如後說，或者在那個禹觀念進化表上，這個禮運中的禹是個方域的差異。我們不能不承認傳說之方域的差異，猶之乎在言語學上不能不承認方言。又他的政治觀念如「老有所終」以下一大段，已是孟子的意思，只不如《孟子》詳。又這篇中所謂禮，實在有時等

於《論語》上所謂名。又「升屋而號」恰是墨子引以攻儒家的。又「玄酒在室」至「禮之大成也」一段，不亦樂乎的一個魯國的Petit bourgeois之Kultur。至於「嗚呼哀哉」以下，便是正名論。春秋戰國間大夫紛紛篡諸侯，家臣紛紛篡大夫，這篇文章如此注意及此，或者去這時候尚未甚遠。這篇文章雖然不像很舊，但看來總在《易‧系》之前。

《易‧系》總是一個很遲的東西，恐怕只是稍先於太史公。背不出，不及細想。

二　孔子與六經

玄同先生這個精而了然的短文，自己去了許多雲霧。我自己的感覺如下：

《易》　《論語》：「夏禮吾能言之，杞不足徵也。殷禮吾能言之，宋不足徵也。文獻不足故也；足，則吾能徵之矣。」〈中庸〉：「吾說夏禮，杞不足徵也。吾學殷禮，有宋存焉。吾學周禮，今用之，吾從周。」〈禮運〉：「吾欲觀夏道，是故之杞，而不足徵也，吾得夏時焉。吾欲觀殷道，是故之宋，而不足徵也，吾得坤乾焉。坤乾之義，夏時之等，吾以是觀之。」附《易》於宋，由這看來，顯系後起之說。而且現在的《易》是所謂《周易》，乾上坤下，是與所謂《歸藏》不同。假如《周易》是孔子所訂，則傳說之出自孔門，絕不會如此之遲，亦不會如此之矛盾紛亂。且商瞿不見於《論語》，《論語》上孔子之思想絕對和《易‧系》不同。

《詩》　以《墨子》證詩三百篇，則知詩三百至少是當年魯國的公有教育品，或者更普及（墨子，魯人）。看《左傳》、《論語》所引《詩》大同小異，想見其始終未曾有定本。孔子於刪詩何有焉。

《書》　也是如此。但現在的《今文尚書》，可真和孔子和墨子的書不同了。現在的今文面目，與其謂是孔子所刪，毋寧謂是伏生所刪。終於〈秦誓〉，顯出秦博士的馬腳來。其中真是有太多假的，除虞夏書一望而知其假外，周書中恐亦不少。

《禮》《樂》　我覺玄同先生所論甚是。

《春秋》　至於《春秋》和孔子的關係，我卻不敢和玄同先生苟同。也許因為我從甚小時讀孔廣森的書，印下一個不易磨滅的印像，成了一個不自覺的偏見。現在先別說一句。從孔門弟子到孔教會梁漱溟造的那些孔教傳奇，大別可分為三類：一、怪異的，二、學究的，三、為人情和社會歷史觀念所絕對不能容許的。一層一層的剝去，孔丘真成空丘（或云孔，空）了。或者人竟就此去說孔子不是個歷史上的人。但這話究竟是笑話。在哀公時代，魯國必有一個孔丘字仲尼者。那末，困難又來了。孔子之享大名，不特是可以在晚周儒家中看出的，並且是在反對他的人們的話中證到的。孔子以什麼緣由享大名雖無明文，但他在當時享大名是沒有問題的。也許孔子是個平庸人，但平庸人享大名必須機會好；他所無端碰到的一個機會是個大題目，如劉盆子式的黎元洪碰到武昌起義是也。所以孔丘之成名，即令不由於他是大人物，也必由於他借到大題目，總不會沒有原因的。不特孔丘未曾刪定六經，即令刪定，這也並不見得就是他成大名的充足理由。在衰敗的六朝，雖然窮博士，後來也以別的緣故做起了皇帝。然當天漢盛世，博士的運動尚且是偏於乘障落頭一方面；有人一朝失足於六藝，便至於終其身不得致公卿。只是漢朝歷史是司馬氏、班氏寫的，頗為儒生吹吹，使後人覺得「像煞有介事」罷了。但有時也露了馬腳，所謂「主上所戲弄，流俗所輕，優倡之所蓄」也。何況更在好幾百年以前。所以孔丘即令刪述六經，也但等於東方朔的誦四十四萬言，容或可以做哀公的幸臣，尚決不足做季氏的塚宰，更焉有馳名列

國的道理？現在我們舍去後來無限的孔子追加篇，但憑《論語》及別
的不多的記載，也可以看出一個線索來。我們說，孔丘並不以下帷攻
《詩》《書》而得勢，他於《詩》、《書》的研究與瞭解實在遠不及
二千四百年後的顧頡剛，卻是以有話向諸侯說而得名。他是游談家的
前驅。游談家靠有題目，游談家在德謨克拉西的國家，則為演說家，
好比雅典的Demosthenes（狄摩西尼），羅馬的Cicero（西塞羅），都不
是有甚深學問，或甚何Originality的人。然而只是才氣過人，把當時時
代背景之總匯抓來，做一個大題目去吹擂，於是乎「泰山北斗」，公卿
折節了。孔丘就是這樣。然則孔丘時代背景的總匯是什麼？我想這一
層《論語》上給我們一個很明白的線索。周朝在昭穆的時代尚是盛的
時候，後來雖有一亂，而宣王弄得不壞。到了幽王，不知為何原因，
來了一個忽然的瓦解，如漁陽之變樣的。平王東遷後的兩個局面，是
內面上陵下僭，「團長趕師長，師長趕督軍」；外邊是四夷交侵，什麼
「紅禍白禍」，一齊都有。這個局面的原始，自然也很久了，但成了一
個一般的風氣，而有造成一個普遍的大劫之勢，恐怕是從這時起。大
夫專政，如魯之三桓，宋之華氏，都是從春秋初年起。晉以殺公族，
幸把這運命延遲上幾世。（其實曲沃並晉已在其時，而六卿增勢也很
快。）至於非文化民族之來侵，楚與魯接了界，而有滅周宋的形勢；
北狄滅了邢衛，殖民到伊川，尤其有使文化「底上翻」之形勢。應這
局面而出來的人物，便是齊桓、管仲、晉文、舅犯。到孔子時，這局
面的迫逼更加十倍的厲害，自然出來孔子這樣人物。一面有一個很好
的當時一般文化的培養，一面抱著這個扼要的形勢，力氣充分，自然
成名。你看《論語》上孔子談政治的大節，都是指這個方向。說正名
為成事之本，說三桓之子孫微，說陪臣執國命，論孟公綽，請討田
氏，非季氏之兼併等等，尤其清楚的是那樣熱烈的稱讚管仲。「管仲相
桓公，九合諸侯，……微管仲，吾其披髮左衽矣」。但雖然這般稱許管

仲，而於管仲犯名分的地方還是一點不肯放過。這個綱目，就是內裡整綱紀，外邊攘夷狄，使一個亂糟糟的世界依然回到成周盛世的文化上，所謂「如有用我者，吾其為東周乎」？借用一位不莊者之書名，正所謂《救救文明》（Salvaging the Civilization）。只有這樣題目可以挪來為大本；也只有這個題目可以挪來說諸侯；也只有以這個題目的緣故，列國的君王聽著動聽，而列國的執政大臣都個個要趕他走路了。

頡剛：你看我這話是玩笑嗎？我實在是說正經。我明知這話裡有許多設定，但不這樣則既不能解孔子緣何得大名之謎，又不能把一切最早較有道理的孔子傳說聯合貫穿起來。假如這個思想不全錯，則《春秋》一部書不容一筆抹殺，而《春秋》與孔子的各類關係不能一言斷其為無。現在我們對於《春秋》這部書，第一要問他是魯史否？這事很好決定，把書上日食核對一番，便可馬上斷定他是不是當時的記載。便可去問，是不是孔子所筆削。現在我實在想不到有什麼確據去肯定或否定了，現在存留的材料實在是太少了。然把孔子「論其世」一下，連串其《論語》等等來，我們可以說孔子訂《春秋》，不見得不是一個自然的事實。即令《春秋》不經孔子手定，恐怕也是一部孔子後不久而出的著作，這著作固名為《春秋》或即是現在所存的「斷爛朝報」。即不然，在道理上當與現在的「斷爛朝報」同類。所以才有孟子的話。這書的思想之源泉，總是在孔子的。既認定綱領，則如有人說「孔子作《春秋》」，或者說「孔子後學以孔子之旨作《春秋》」，是沒有原理上的分別。公羊家言亦是屢變。傳，繁露，何氏，各不同。今去公羊家之迂論與「泰甚」，去枝去葉，參著《論語》，旁邊不忘孟子的話，我們不免覺得，這公羊學的宗旨是一個封建制度正名的，確尚有春秋末的背景，確不類戰國中的背景，尤其不類漢。三世三統皆後說，與公羊本義無涉。大凡一種系統的偽造，必須與造者廣義的自身合拍，如古文之與新朝政治是也。公羊家言自然許多是漢朝物事，然他不泰

不甚的物事實不與漢朝相干。

大凡大家看不起《春秋》的原因，都是後人以歷史待他的原故，於是乎有「斷爛朝報」之說。這話非常的妙。但知《春秋》不是以記事為本分，則他之為斷爛朝報不是他的致命傷。這句絕妙好詞，被梁任公改為「流水帳簿」，便極其俗氣而又錯了。一、春秋像朝報而不像帳簿；二、流水帳簿只是未加整理之賬，並非斷爛之賬。斷爛之帳簿乃是上海新聞大家張東蓀先生所辦時事新報的時評，或有或無，全憑高興，沒有人敢以這樣的方法寫流水帳的。「史」之成一觀念，是很後來的。章實齋說六經皆史，實在是把後來的名詞，後來的觀念，加到古人的物事上而齊之，等於說「六經皆理學」一樣的不通。且中國人於史的觀念從來未十分客觀過。司馬氏、班氏都是自比於孔子而作經。即司馬君實也是重在「資治」上。鄭夾漈也是要去貫天人的。嚴格說來，恐怕客觀的歷史家要從顧頡剛算起罷。其所以有魯之記載，容或用為當時貴族社會中一種倫理的設用，本來已有點筆削，而孔子或孔子後世借原文自寄其筆削褒貶，也是自然。我們終不能說《春秋》是絕對客觀。或者因為當時書寫的材料尚很缺乏，或者因為忌諱，所以成了《春秋》這麼一種怪文體，而不得不成一目錄，但提醒其下之微言大義而已。這類事正很近人情。魯史紀年必不始於隱公，亦必不終於哀公，而《春秋》卻始於東遷的平王，被弒的隱公，終於獲麟或孔丘卒，其式自成一個終始。故如以朝報言，則誠哉其斷爛了；如以一個倫理原則之施作言，乃有頭有尾的。

孟子的敘《詩》和《春秋》雖然是「不科學的」，但這話雖錯而甚有注意的價值。從來有許多錯話是值得注意的。把《詩》和倫理混為一談，孔子時已成習慣了。孔子到孟子百多年，照這方面「進化」，不免到了「《詩》亡《春秋》作」之說。孟子說：「其事則齊桓晉文，其文則史，其義則丘竊取之矣。」頭一句頗可注意。以狹義論，《春秋》

中齊桓晉文事甚少。以廣義論，齊桓晉文之事為霸者之征伐會盟，未嘗不可說《春秋》之「事則齊桓晉文」。孔子或孔子後人作了一部書，以齊桓晉文之事為題目，其道理可想。又「其文則史，其義則丘竊取之矣」。翻作現在的話，就是說，雖然以歷史為材料，而我用來但為倫理法則之施用場。

《春秋》大不類孟子的工具。如孟子那些「於傳有之」的秘書，湯之圍，文王之圍，舜之老弟，禹之小兒，都隨時為他使喚。只有這《春秋》，大有些不得不談，談卻於他無益的樣子。如謂《春秋》絕殺君，孟子卻油油然發他那「誅一夫」、「如寇仇」、「則易位」的議論。如謂「《春秋》道名分」，則孟子日日談王齊。《春秋》之事則齊桓晉文，而孟子則謂「仲尼之徒無道桓文之事者」。這些不合拍都顯出這些話裡自己的作用甚少，所以更有資助參考的價值。

當年少數人的貴族社會，自然有他們的標準和輿論，大約這就是史記事又筆削的所由起。史絕不會起於客觀的記載事蹟。可以由宗教的意思，後來變成倫理道德的意思起；可以由文學的意思起。《國語》自然屬下一類，但《春秋》顯然不是這局面，孔子和儒宗顯然不是戲劇家。

總括以上的設想，我覺得《春秋》之是否孔子所寫是小題，《春秋》傳說的思想是否為孔子的思想是大題。由前一題，無可取證。由後一題，大近情理。我覺得孔子以抓到當年時代的總題目而成列國的聲名，並不是靠什麼六藝。

孔子、六藝、儒家三者的關係，我覺得是由地理造成的。鄒魯在東周是文化最深密的地方。六藝本是當地的風化。所以孔子與墨子同誦《詩》《書》，同觀列國《春秋》。與其謂孔子定六藝，毋寧謂六藝定孔子。所以六藝實在是魯學。或者當時孔子有個國際間的大名，又有好多門徒，魯國的中產上流階級每牽引孔子以為榮，於是各門各藝都

「自孔氏」。孔子一生未曾提過《易》，而商瞿未一見於〈論語〉，也成了孔門弟子了。孔門弟子列傳一篇，其中真有無量不可能的事。大約是司馬子長跑到魯國的時候，把一群虛榮心造成的各「書香人家」的假家譜抄來，成一篇「孔子弟子列傳」。我的意思可以最簡單如此說：六藝是魯國的風氣，儒家是魯國的人們；孔子所以與六藝儒家生關係，因為孔子是魯人。與其謂六藝是儒家，是孔學，毋寧謂六藝是魯學。

世上每每有些名實不符的事。例如後來所謂漢學，實在是王伯厚、晁公武之宋學；後來所謂宋學，實在是明朝官學。我想去搜材料，證明儒是魯學，經是漢定（今文亦然）。康有為但見新學有偽經，不見漢學有偽經。即子家亦是漢朝給他一個定訂。大約現行子書，都是劉向一班人為他定了次敘的。墨子一部書的次敘，竟然是一個儒家而頗蕪雜的人定的；故最不是墨子的居最先。前七篇皆儒家言，或是有道家言與墨絕端相反者（如太盛難寄），知大半子書是漢朝官訂本（此意多年前告適之先生，他未注意），則知想把古書古史整理，非清理漢朝幾百年一筆大賬在先不可也。

三 在周漢方術家的世界中幾個趨向

我不贊成適之先生把記載老子、孔子、墨子等等之書呼作哲學史。中國本沒有所謂哲學。多謝上帝，給我們民族這麼一個健康的習慣。我們中國所有的哲學，盡多到蘇格拉底那樣子而止，就是柏拉圖的也尚不全有，更不必論到近代學院中的專技哲學，自貸嘉、萊布尼茲以來的。我們若呼子家為哲學家，大有誤會之可能。大凡用新名詞稱舊物事，物質的東西是可以的，因為相同；人文上的物事是每每不可以的，因為多是似同而異。現在我們姑稱這些人們（子家）為方術

家。思想一個名詞也以少用為是。蓋漢朝人的東西多半可說思想了，而晚周的東西總應該說是方術。

　　禹、舜、堯、伏羲、黃帝等等名詞的真正來源，我想還是出於民間。除黃帝是秦俗之神外，如堯，我擬是唐國（晉）民間的一個傳說。舜，我擬是中國之虞或陳或荊蠻之吳民間的一個傳說。堯舜或即此等地方之君（在一時）。顓頊為秦之傳說，嚳為楚之傳說，或即其圖騰。帝是仿例以加之詞（始只有上帝，但言帝），堯舜都是綽號。其始以民族不同方域隔膜而各稱其神與傳說；其後以互相流通而傳說出於本境，遷土則變，變則各種之裝飾出焉。各類變更所由之目的各不同，今姑想起下列幾件：

　　（一）理智化──一神秘之神成一道德之王。

　　（二）人間化──一抽象之德成一有生有死之傳。

　　又有下列一種趨勢可尋：

　　滿意於周之文化尤其是魯所代表者（孔子）；

　　不滿意於周之文化而謂孔子損益三代者；

　　舉三代盡不措意，薄征誅而想禪讓，遂有堯舜的化身。

　　此說又激成三派：

　　（一）並堯舜亦覺得太有人間煙火氣，於是有許由、務光。──與這極端反背的便是「誅華士」，《戰國策》上請誅於陵仲子之論。

　　（二）寬容一下，並堯舜湯武為一系的明王。（孟子）

　　（三）爽性在堯舜前再安上一個大帽子，於是有神農、黃帝、伏羲等等。

　　這種和他種趨勢不是以無目的而為的。

　　上條中看出一個古道宗思想與古儒宗思想的相互影響，相互為因果。自然儒宗道宗這名詞不能安在孔子時代或更前，因為儒家一名不過是魯國的名詞，而道家一名必然更後，總是漢朝的名詞，或更在漢

名詞「黃老」以後。《史記》雖有申不害學「黃老刑名以干昭侯」的話，但漢初所謂黃老實即刑名之廣義，申不害學刑名而漢人以當時名詞名之，遂學了黃老刑名。然而我們總可為這兩個詞造個新界說，但為這一段的應用。我們第一要設定的，是孔子時代已經有一種有遺訓的而又甚細密的文化，對這文化的處置可以千殊萬別，然而大體上或者可分為兩項：

一、根本是承受這遺傳文化的，但願多多少少損益於其中。我們姑名此為古儒宗的趨勢。

二、根本上大不承認，革命於其外。我們姑名此為古道宗的趨勢。

名詞不過界說的縮短，切勿執名詞而看此節。我們自不妨虛位的定這二事為AB，但這種代數法，使人不快耳。造這些名詞如堯、舜、許由、務光、黃（這字先帶如許後來道士氣）帝、華士、神農和《莊子》書中的這氏那氏，想多是出於古道宗，因為這些人物最初都含些道宗的意味。《論語》上的舜，南面無為。許行的神農，是並耕而食。這說自然流行也很有力，儒宗不得不取適應之法。除為少數不很要緊者造個謠言，說「這正是我們的祖師所誅」（如周公誅華士）外，大多數已於民間有勢力者是非引進不可了。便把這名詞引進，加上些儒家的意味。於是乎絕世的許由成了士師的皋陶（這兩種人也有共同，即是俱為忍人）；南面無為的舜，以大功二十而為天子；並耕的神農本不多事，又不做買賣，而《易·系》的神農「耒耜之利，以教天下」，加上做買賣，雖許子亦應覺其何以不憚煩也。照儒宗的人生觀，文獻征者征之，本用不著造這些名詞以自苦；無如這些名詞先已在民間成了有勢力的傳說，後又在道宗手中成了寄理想的人物，故非取來改用不可。若道宗則非先造這些非歷史的人物不能資號召。既造，或既取用，則儒宗先生也沒有別法對付，只有翻著面過來說，「你所謂者正是

我們的『於傳有之』，不過我們的真傳所載與你這邪說所稱名一而實全不同，詞一而謂全不同」。反正彼此都沒有龜甲鐘鼎做證據，誰也莫奈得誰何。這種方法，恰似天主教對付外道。外道出來，第一步是不睬。不睬不能，第二步便是加以誅絕，把這書們加入「禁書錄」上。再不能，第三步便是揚起臉來說，「這些物事恰是我們教中的」。當年如此對付希臘哲學，近世如此對付科學。天主教刑了蓋理律，而近中天文學算學在教士中甚發達。

我這一篇半笑話基於一個假設，就是把當年這般物事分為二流，可否？我想大略可以的，因為在一個有細密文化久年遺訓的社會之下，只有兩個大端：一是於這遺訓加以承認而損益之，一是於遺訓加以否認。一般的可把歐洲千年來的物事（直至十九世紀末為止）分為教會的趨向與反教會的趨向。

何以必須造這一篇半笑話？我想，由這一篇半笑話可以去解古書上若干的難點。例如〈論語〉一部書，自然是一個「多元的宇宙」，或者竟是好幾百年「累層地」造成的。如「鳳鳥不至」一節，顯然是與緯書並起的話，但所說堯、舜、禹諸端，尚多是抽象以寄其理想之詞，不如孟子為舜象作一篇越人讓兄陳平盜嫂合劇。大約總應該在孟子以前，也應該是後來一切不同的有事蹟的人王堯舜禹論之初步。且看〈論語〉裡的堯、舜、禹，都帶些初步道宗的思想。堯是「無能名」，舜是「無為」。禹較兩樣些，「禹無間然」一段也頗類墨家思想之初步。然卑居處，薄食服，也未嘗違於道宗思想。至於有天下而不與，卻是與舜同樣的了。凡這些點兒，都有些暗示我們：堯舜一類的觀念起源應該在鄰於道宗一類的思想，而不該在鄰於儒宗一類的思想。

堯舜等傳說之起，在道理上必不能和禹傳說之起同源，此點顧剛言之詳且盡。我想禹與墨家的關係，或者可以如下：禹本是一個南方民族的神道，一如顧剛說。大約宗教的傳佈，從文化較高的傳入文化

較低的民族中，雖然也多，然有時從文化較低的傳到文化較高的，反而較易。例如耶穌教之入希臘羅馬；佛教之由北印民族入希臘文化殖民地，由西域入中國；回教之由阿拉伯入波斯（此點恐不盡由武力征服之力）。大約一個文化的社會總有些不自然的根基，發達之後，每每成一種矯揉的狀態，若干人性上初基的要求，不能滿足或表現。故文化越繁豐，其中越有一種潛流，頗容易感受外來的風氣，或自產的一種與上層文化不合的趨向。佛教之能在中國流行，也半由於中國的禮教、道士、黃巾等，不能滿足人性的各面，故不如禮教、道士、黃巾等局促之佛教，帶著迷信與神秘性，一至中國，雖其文化最上層之皇帝，亦有覺得中國之無質，應求之於印度之真文。又明末天主教入中國，不多時間，竟沿行於上級士大夫間，甚至皇帝受了洗（永曆皇帝），滿洲時代，耶穌會士竟快成玄曄的國師。要不是與政治問題混了，後來的發展必大。道光後，基督教之流行，也很受了外國經濟侵略武力侵略之害。假如天主耶穌無保護之強國，其銷路必廣於現在。我們誠然不能拿後來的局面想到春秋初年，但也難保其當年不有類似的情形。這一種禹的傳說，在頭一步傳到中國來，自然還是個神道。但演進之後，必然向別的方面走。大約墨家這一派信仰，在一般的社會文化之培養上，恐不及儒家。《墨子》雖然也道《詩》、《書》，但這究竟不是專務雅言。這些墨家，抓到一個禹來作人格的標榜，難道有點類似佛教入中國，本國內自生宗派的意思嗎？儒家不以孔名，直到梁漱溟才有孔家教；而墨家卻以墨名。這其中或者是暗示墨子造作，孔丘沒有造作，又墨經中傳有些物理學、幾何學、工程學、文法學、名學的物事。這或者由於當年儒家所吸收的人多半是些中上社會，只能談人文的故事，雅言詩書執禮。為墨家所吸收的，或者偏於中下社會，其中有些工匠技家，故不由得包含著這些不是閑吃飯的物事下來，並非墨家思想和這些物事有何等相干。大約晚周的子家最名顯

的，都是些游談之士，大則登卿相，小則為清客，不論其為是儒家或
道家，孟軻或莊周。儒家是吸收不到最下層人的，頂下也是到士為
止。道家也是Leisured階級之清談。但如許行等等卻很可以到了下層社
會。墨家卻非行到下層社會不為功。又墨家獨盛於宋，而戰國子家說
到傻子總是宋人，這也可注意。或者宋人當時富於宗教性，非如周鄭
人之有Sophistry鄒魯人之有Conventional？

　　至於漢朝思想趨勢中，我有兩個意思要說：一、由今文到緯書是
自然之結果。今文把孔子抬到那樣，舍成神道以外更無別法。由《易
經》到《緯書》不容一發。今文家把他們的物事更民間化些，更可以
共喻而普及，自然流為緯學。信今文必信孔子之超人入神；信孔子如
此加以合俗，必有禎祥之思想。二、由今文及動出古文，是思想的進
步。造偽經在現在看來是大惡，然當時人借此寄其思，誠恐不覺其
惡，因為古時著作人觀念之明白決不如後人重也。但能其思想較近，
不能以其造偽故而泯其為進步。古文材料雖偽，而意思每比今文合理
性。

　　不及詳敘，姑寫為下列兩表：

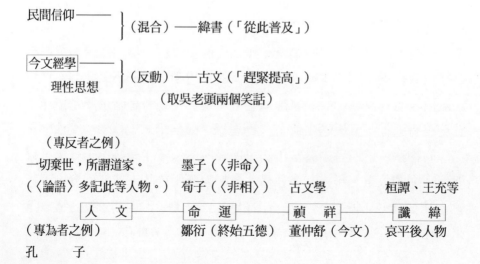

四　殷周間的故事

十年前，我以子貢為紂申冤一句話，想起桀紂傳說之不可信，因疑心桀紂是照著幽王的模型造的，有褒姒故有妲己等等。這固是少時一種怪想。後來到英國，見英國爵雖五等而非一源，因而疑心中國之五等爵也有參差，有下列涉想（德國爵亦非一源）：

公　公不是爵名，恐即與「君」字同義。三公周召宋公及王畿世卿都稱公，而列國諸侯除稱其爵外亦稱公。公想是泛稱人主之名，特稍尊耳。猶英語之Lord一稱，自稱上帝以至於世族無爵者之妻或僕稱其夫或主。如德國語之Herr亦自上帝稱到一切庶人。宋是殷後，王號滅猶自與周封之諸侯不同，故但有泛稱而無諸侯之號。其所以列位於會盟間次於伯而先於其他一切諸侯者，正因其為殷後，不因其稱公。如若傳說，一切諸侯自稱公為僭，則〈魯頌〉「乃命周公，俾侯於東」，豈非大大不通。

子　遍檢《春秋》之子爵，全無姬姓（除吳）。姬姓不封子，而封子爵者，凡有可考，立國皆在周前，或介戎狄，不與中國同列。莒子，郯子，邾子，杞子，古國也。潞子，驪子，不與中國之列者也。楚子，一向獨立之大國也。吳子雖姬姓，而建國亦在周前。見殷有箕子微子，我遂疑子是殷爵，所謂子自是王子，同姓之號，及後來漸成諸侯之號，乃至一切異姓亦如此稱。我疑凡號子者大多是殷封之國，亦有蠻夷私效之。要均與周室無關係。（吳子、楚子解見後）

且看子一字之降級：

諸　　　侯——微　子，箕　子。
諸侯之大夫——季文子，趙簡子。
士　　　人——孔　子，孟　子。
乃　至　于——小　子，婊　子。

這恰如老爺等名詞之降級。明朝稱閣學部院曰老爺，到清朝末年雖縣知事亦不安於此而稱大老爺。

侯　至於侯，我們應該先去弄侯字古來究如何寫法，如何講法。殷亦有鬼侯、鄂侯、崇侯。鬼、鄂、崇，皆遠方之邑，或者所謂侯者如古德意志帝國（神聖羅馬帝國）之邊侯（Markgraf）。在殷不特不見得侯大於子，而且微子箕子容或大於鬼侯鄂侯。周定後，不用子封人而一律用侯。以「新鬼大，故鬼小」之義及「周之宗盟，異姓為後」之理，侯遂跑到子上。

同姓侯甚多，凡姬姓的非侯即伯。其異姓之侯，如齊本是大國，另論；如陳是姻戚，如薛也是周（先封），都是些與周有關係的。

伯　這一件最奇。伯本與霸同字，應該很大。且受伯封者，如燕伯，召公之國也。如曹伯，「文之昭也」。如鄭伯，平王依以東遷者也。如秦伯，周室留守，助平王東遷者也。然而爵均小於侯，豈不可怪。我疑心伯之後於侯，不是由於伯之名後於侯，而是由於封伯爵者多在後；或者伯竟是一個大名，愈後封而號愈濫，遂得大名，特以後封不能在前耳。

男　苦想只想到一個許男，或者由來是諸侯之諸侯？

以上的話只是憑空想，自然不能都對；但五等爵絕非一源，且甚參差耳。

太伯入荊蠻，我疑心是倫常之變。倫常之變，本是周室「拿手好戲」，太王一下，周公一下，平王又一下。因太伯不得已而走，或者先跑到太王之大仇殷室，殷室封他為子爵，由他到邊疆啟土，所以武王伐紂時特別提出這件事，「唯四方之多罪逋逃，是崇是用」。言如此之痛，正因有他之伯祖父在也。（〈牧誓〉亦正不可信，此地姑為此戲想耳。）吳既不在周列，周亦莫內他何，遂於中國封虞。吳仍其子爵，至於壽夢。吳民必非中國種，只是君室為太伯虞仲後耳。虞仲應即是

吳仲。

　　齊太公的故事，《史記》先舉三說而不能斷。我疑心齊本是東方大國，本與殷為敵，而於周有半本家之雅（厥初生民，時惟姜嫄），又有親戚（爰及姜女，聿來胥宇），故連周而共敵殷。〈商頌〉「相土烈烈，海外有截」，當是有湯前已有了北韓遼東，久與齊逼。不然，箕子以敗喪之餘，更焉能越三千里而王朝鮮；明朝鮮本殷地，用兵力所不及，遂不臣也。齊於周諸侯中受履略大，名號最隆──尚父文王師一切傳說，必別有故。且《孟子》、《史記》均認齊太公本齊人，後來即其地而君之。且《史記》記太公世家，太公後好幾世，直到西周中晚，還是用殷法為名，不同周俗，可見齊自另一回事，與周之關係疏稀。〈檀弓〉所謂太公五世返葬於周，為無稽之談也。（如果真有這回事，更是以死骨為質的把戲。）齊周夾攻殷，殷乃不支，及殷被堪定，周莫內齊何，但能忙於加大名，而周公自命其子卜鄰焉。

　　世傳紂惡，每每是紂之善。紂能以能愛亡其國，以多力亡其國，以多好亡其國，誠哉一位戲劇上之英雄，雖Siegfired何足道哉！我想殷周之際事可做一齣戲：紂是一大英雄，而民疲不能盡為所用，紂想一削「列聖恥」，討自�父以下的叛虜，然自己多好而縱情，其民老矣，其臣迂者如比干，鮮廉寡恥如微子，箕子則為清談，諸侯望包藏陰謀，將欲借周自取天下，遂與周合而夾攻，紂乃以大英雄之本領與運命爭，終於不支，自焚而成一壯烈之死。周之方面，毫無良德，父子不相容，然狠而有計算，一群的北虜自有北虜的品德。齊本想不到周能聯一切西戎南蠻，〈牧誓〉一舉而定王號。及齊失望，尚想武王老後必有機會，遂更交周。不料後來周公定難神速，齊未及變。周公知破他心，遂以伯禽營少昊之墟。至於箕子，於亡國之後，尚以清談歸新朝，一如王夷甫。而微子既如譙周之勸降，又覺紂死他有益耳。

　　這篇笑話，自然不是辯古史，自然事實不會如此。然遺傳的殷周

故事，隆周貶紂到那樣官樣文章地步，也不見得比這笑話較近事實。

　　越想越覺世人貶紂之話正是頌紂之言。人們的觀念真不同；偽
〈孔五子之歌〉上說：「內作色荒，外作禽荒，甘酒嗜音，峻宇雕牆。」
此正是歐洲所謂Prince之界說，而東晉人以為「有一必亡」。內作色荒
是聖文，外作禽荒是神武，甘酒嗜音是享受文化，峻宇雕牆是提倡藝
術，有何不可，但患力不足耳。

　　周之號稱出於後稷，一如匈奴之號稱出於夏氏。與其信周之先世
曾竄於戎狄之間，毋寧謂周之先世本出於戎狄之間。姬姜容或是一支
之兩系，特一在西，一在東耳。

　　魯是一個古文化的中心點，其四圍有若干的小而古的國。曲阜自
身是少昊之墟。昊容或為民族名。有少昊必有太昊，猶大宛小宛，大
月氏小月氏也。我疑及中國文化本來自東而西：九河濟淮之中，山東
遼東兩個半島之間，西及河南東部，是古文化之淵源。以商興而西了
一步，以周興而更西了一步。不然，此地域中何古國之多也。齊容或
也是一個外來的強民族，遂先於其間成大國。

　　齊有齊俗，有齊宗教，雖與魯近，而甚不同。大約當年鄒魯的文
化人士，很看不起齊之人士，所以孟子聽到不經之談，便說是「齊東
野人之語也」；而笑他的學生時便說：「子誠齊人也，知管仲、晏子而
已矣。」正是形容他們的坐井觀天的樣子。看來當年齊人必有點類似現
在的四川人，自覺心是很大的，開口蘇東坡，閉口諸葛亮，誠不愧為
夜郎後世矣。魯之儒家，迂而執禮。齊之儒家，放而不經。如淳于鄒
衍一切荒唐之詞人，世人亦謂為儒家。

　　荊楚一帶，本另是些民族，荊或者自商以來即是大國，亦或者始
受殷號，後遂自立。楚國話與齊國話必不止方言之不同，不然，何至
三年莊岳然後可知？孟子罵他們鴃舌，必然聲音很和北方漢語不類。
按楚國話語存在者，只有「謂乳穀、謂虎於菟」一語。乳是動詞，必

時有變動；而虎是靜詞，尚可資用。按吐蕃語虎為Stag，吐蕃語字前之S每在同族語中為韻。是此字易有線索，但一字決不能為證耳。又漢西南夷君長稱精夫，疑即吐蕃語所謂Rgyal-po，唐書譯為贊普者。《漢書・西南夷傳》有幾首四字詩對記，假如人能精於吐蕃語、太語、緬甸語，必有所發現。這個材料最可寶貴。楚之西有百濮，今西藏自稱曰濮。又蠻閩等字音在藏文為人，或即漢語民字之對當？總之，文獻不足，無從證之。

秦之先世必是外國，後來染上些晉文化，但俗與宗教想必同於西戎。特不解西周的風氣何以一下子精光？

狄必是一個大民族。《左傳》《國語》記他們的名字不類單音語。且說到狄，每加物質的標記，如赤狄、白狄、長狄等等。赤白又長，竟似印度日爾曼族的樣子，不知當時吐火羅等人東來，究竟達到什麼地方。

應該是中國了，而偏和狄認親（有娀，簡狄）。這團亂糟糟的樣子，究竟誰是諸夏，誰是戎狄？

中國之有民族的、文化的、疆域的一統，至漢武帝始全功，現在人曰漢人，學曰漢學，土曰漢土，俱是最合理的名詞，不是偶然的。秦以前本不一元，自然有若干差別。人疑生莊周之土不應生孔丘。然如第一認清中國非一族一化，第二認清即一族一化之中亦非一俗，則其不同亦甚自然。秦本以西戎之化，略收點三晉文俗而統一中國。漢但接秦，後來魯國齊國又漸於文化上發生影響。可如下列看：

統一中國之國家者——秦。

統一中國之文教者——魯。

統一中國之宗教者——齊。

統一中國之官術者——三晉。

此外未得發展而壓下的東西多得很啦。所以我們覺得漢朝的物事

少方面，晚周的物事多方面。文化之統一與否，與政治之統一與否相為因果；一統則興者一宗，廢者萬家。

五　補說（《春秋》與《詩》）

承頡剛寄給我《古史辨》第一冊，那時我已要從柏林起身，不及細看。多多一看，自然不消說如何高興讚歎的話，前文已說盡我所能說，我的沒有文思使我更想不出別的話語來說。現在只能說一個大略的印象。

最可愛是那篇長敘，將來必須更仔細讀他幾回。後面所附著第二冊擬目，看了尤其高興，盼望的巴不得馬上看見。我尤其希望的是頡剛把所辨出的題目一條一條去仔細分理，不必更為一般之辨，如作《原經》一類的文章。從第二冊擬目上看來，頡剛這時注意的題目在《詩》，稍及《書》。希望頡剛不久把這一堆題目弄清楚，俾百詩的考偽孔後更有一部更大的大觀。

我覺得《春秋》三傳問題現在已成熟，可以下手了。我們可以下列的路線去想：

（一）《春秋》是不是魯史的記載？這個問題很好作答，把二百多年中所記日食一核便妥了。

（二）左氏經文多者是否劉歆偽造？幸而哀十四年有一日食，且去一核，看是對否。如不對，則此一段自是後人意加。如對，則今文傳統說即玄同先生所不疑之「劉歆偽造」墮地而盡。此點關係非常之大。

（三）孔子是否作《春秋》？此一點我覺得竟不能決，因沒有材料。但這傳說必已很久，而所謂公羊春秋之根本思想實與《論語》相合。

（四）孟子所謂《春秋》是否即今存之斷爛朝報？此一段並非不成

問題。

（五）春秋一名在戰國時為公名，為私名？

（六）公羊傳思想之時代背景。

（七）公羊大義由傳，繁露，到何氏之變遷，中間可於斷獄取之。

（八）穀梁是仿公羊而制的，或者是一別傳？

（九）《史記》與《國語》的關係。

（十）《史記》果真為古文家改到那個田地嗎？崔君的黨見是太深的，絕不能以他的話為定論。

（十一）《左氏傳》在劉歆製成定本前之歷史。此一端非常重要。《左傳》絕不是一時而生，諒亦不是由劉歆一手而造。我此時有下一個設想：假定漢初有一部《國語》，又名《左氏春秋》，其傳那個斷爛朝報者實不能得其解，其間遂有一種聯想，以為《春秋》與《國語》有關係，此為第一步。不必兩書有真正之銀丁扣，然後可使當時人以為有關係；有此傳說，亦可動當時人。太史公恐怕就是受這個觀念支配而去於《史記》中用其材料的。這個假設小，康、崔諸君那個假設太大。公羊學後來越來越盛，武帝時幾乎成了國學。反動之下，這傳說亦越進化，於是漸漸地多人為〈國語〉造新解，而到劉向、劉歆手中，遂成此「左氏傳」之巨觀。古文學必不是劉歆一手之力，其前必有一個很長的淵源。且此古文學之思想亦甚自然。今文在當時成了斷獄法，成了教條，成了讖緯陰陽，則古文之較客觀者起來作反動，自是近情，也是思想之進化。

（十二）《左傳》並不於材料上是單元。《國語》存本可看出，《國語》實在是記些語。《左傳》中許多並不是語，而且有些矛盾的地方。如呂相絕秦語文章既不同，而事實又和《左傳》所記矛盾。必是當年作者把《國語》大部分採來作材料，又加上好些別的材料，或自造的材料。我們要把他分析下去的。

（十三）《左傳》、《國語》文字之比較。《左傳》、《國語》的文字很有些分別，且去仔細一核，其中必有提醒人處。

（十四）東漢左氏傳說之演進。左氏能勝了公羊，恐怕也有點適者生存的意思。今文之陋而誇，實不能滿足甚多人。

（十五）古竹書之面目。

現在我只寫下這些點。其實如是自己作起功來，所有之假設必然時時改變。今文、古文之爭，給我們很多的道路和提醒。但自莊孔劉宋到崔適，都不是些極客觀的人物，我們必須把他所提醒的道路加上我們自己提醒的道路。

現在看《詩》，恐怕要但看白文。訓詁可參考而本事切不可問，大約本事靠得住的如碩人之說莊姜是百分難得的；而極不通者一望皆是。如君子偕老為刺衛宣姜，真正豈有此理！此明明是稱讚人而惜其運命不濟，故曰「子之不淑」，猶云「子之不幸」。但論白文，反很容易明白。

《詩》的作年，恐怕要分開一篇一篇的考定，因為現在的「定本」，樣子不知道經過多少次的改變，而字句之中經流傳而成改變，及以今字改古字，更不知有多少了。〈頌〉的作年，古文家的家論固已不必再討論。玄同先生的議論，恐怕也還有點奉今文家法罷？果如魏默深的說法，則宋以泓之敗績為武成，說「深入其阻，裒荊之旅」，即令自己不覥厚臉皮，又如何傳得到後人。且殷武之武，如為抽象詞，則哀公亦可當之，正不能定。如為具體詞，自號武王是湯號。且以文章而論，〈商頌〉的地位顯然介於鄒魯之間，〈周頌〉自是這文體的初步，〈魯頌〉已大豐盈了。假如作〈商頌〉之人反在作〈魯頌〉者之後，必然這個人先有摹古的心習，如宇文時代制誥仿〈大誥〉，石鼓仿〈小雅〉，然後便也。但即令宋人好古，也未必有這樣心習。那麼，〈商頌〉果真是哀公的東西，則〈魯頌〉非僖公時物了。玄同先生信中所引王

靜安先生的話，「時代較近易於摹擬」，這話頗有意思，並不必如玄同先生以為臆測。或者摹擬兩個字用得不妙。然由〈周頌〉到〈商頌〉，由〈商頌〉到〈魯頌〉，文體上詞言上是很順敘，反轉則甚費解。

〈七月〉一篇必是一遺傳的農歌；以傳來傳去之故，而成文句上極大之Corruption，故今已不順理成章。這類詩最不易定年代，且究是〈豳風〉否也未可知。因為此類農歌，總是由此地傳彼地。〈鴟鴞〉想也是一個農歌；為鳥說話，在中國詩歌中有獨無偶。〈東山〉想系徂東征戍者之詞，其為隨周公東征否則未可知。但〈豳風〉的東西大約都是周的物事，因為就是〈七月〉裡也有好些句與〈二南〉〈小雅〉同。〈大雅〉〈小雅〉，十年前疑為是大京調小京調。風雅本是相對名詞，今人意云雅而曰風雅，實不詞（杜詩「別裁偽體親風雅」），今不及詳論矣。

〈破斧〉恐是東征罷敝國人自解之言。如是後人追敘，恐無如此之實地風光。〈破斧〉如出後人，甚無所謂。下列諸疑擬釋之如下：

如云是周公時物，何以周誥如彼難解，此則如此易解？答：誥是官話，這官話是限於小範圍的，在後來的語言上影響可以很小。詩是民間通俗的話，很可以為後來通用語言之所自出。如蒙古白話上諭那末不能懂，而元曲卻不然，亦復一例。且官書寫成之後，便是定本，不由口傳。詩是由口中相傳的，其陳古的文句隨時可以改換，故顯得流暢。但雖使字句有改換，其來源卻不以這字句的改換而改換。

周公東征時稱王，何以……（未完）

抄到此地，人極倦，而船不久停，故只有付郵。尾十多張，待於上海發。

抄的既潦草，且我以多年不讀中國書後，所發議論必不妥者多，妥者少。希望不必太以善意相看。

弟　斯年

　　頡剛案，傅孟真先生此書，從一九二四年一月寫起，寫到一九二六年十月卅日船到香港為止，還沒有完。他歸國後，我屢次催他把未完之稿寫給我；無奈他不忙便懶，不懶便忙，到今一年餘還不曾給我一個字。現在週刊需稿，即以此書付印。未完之稿，只得過後再催了。書中看不清的草書字甚多，恐有誤抄，亦俟他日校正。

　　　　　　　　　　　　　　　　一九二八年一月二日

史記研究

一　史記研究參考品類

　　《史記》一部書之值得研究處，大致有四個方面意義。第一，《史記》是讀古書治古學的門徑，我們讀漢武帝以前之遺文，沒有一書不用把他來作參考。他自己既是一部金聲玉振的集大成書，又是一部很有別擇力的書，更是一部能夠多見闕疑，並存異說的書，且是漢武帝時代的一部書，還沒有被著後來治古文學者一套的「向壁虛造」之空氣，雖然為劉子駿等改了又改，確已引行了很多「向壁虛造」去，究竟因矛盾可見其增改，又已早為劉申受等所識破。在恰好的時代，以壯大的才力，寫了這一部集合他當年所及見一切書的書，在現在竟作了我們治古學之入門了。第二，史記研究可以為治古書之訓練，將《史記》和經傳子籍參校，可以做出許多有意義的工夫。且《史記》一書後人補了又補，改了又改，因此出了許多考證學的問題，拿來試作若干，引人深思遠想。第三，太史公既有大綜合力，以整齊異說，又有獨到的創見，文詞星曆，綜於一人，八書、貨殖諸傳之作，竟合近代史體，非希臘羅馬史學家所能比擬，所以在史學上建樹一個不朽的華表，在文辭上留給後人一個偉壯的製作，為史記研究史記，也真值得。第四，《史記》作於漢武時，記事迄於天漢（考詳後）。武帝時代正是中國文化史政治史上一個極重要的時代，有他這一部書，為當年若干事作含譏帶諷的證據，我們借得不少知識。

　　然而《史記》不是容易研究的書，所有困難，大概可以別為三類：

第一，太史公書百三十篇，當他生時本未必已寫定本，「既死後，其書稍出，宣布時，遷外孫平通侯楊惲祖述其書，遂宣布焉」，而惲又遭戮，同產棄市。其後褚少孫等若干人補之，劉歆等若干人改之，楊終等刪之，至於唐時，已經無數轉改，現在竟成古籍中最紊亂者。第二，太史公所據之書，現在無不成問題者，《世本》已佚，《戰國策》是否原本，吳摯甫對之成一有價值之設論，《尚書》則今文各篇，現在惟憑附偽孔傳而行，而《左氏春秋》尤成莫大之糾紛，今只有互校互訂，以長時間，略尋出若干端緒。第三，《史記》一書之整理，需用若干專門知識，如語言學天文學等，必取資以考春秋左氏者，亦即是史記一書之問題，不僅辨章史事，考訂章句而已。雖然工作之趣，在與困難奮鬥時，不在怡然理順之後，史記研究既有此價值，則冒此困難，畢竟值得。

如果想以一人之力，成《史記》之考訂，是辦不到的。幸而近代二百年中，學者對於史記中大節細事，解決不少，提議的問題尤多，如能集合之加以整理，益以新觀點，所得已經不少。又八書中若干事，及匈奴大宛諸傳之考實，巴黎沙萬君於翻譯時增甚多考釋，極為有價值，而今古學之爭，自劉逢祿至崔適，雖不免會著甚多「非常異義，可怪之論」，究竟已經尋出好多東西來，這都是我們的憑藉，且他地尚有若干學者，我們可以通函詢問。我們第一步自然是把史記從頭到尾細讀一遍，這是我們設這一課的第一個目的。第二步是找出若干問題，大家分別研究去。第三步，如果大家長期努力，或將《史記》一書中若干頭緒，整理出不少來，共同寫成一書，也是一番事業。

司馬子長生世第一

《史記・太史公自序》　因每人須備史記一部，故不抄錄。

《漢書・司馬遷傳》　僅錄班氏抄完自序以後之文。

《魏志・王肅傳》　錄一段

　　王國維〈太史公行年考〉　按自乾嘉時，孔氏莊氏以來之今文說，王氏俱不採。此等今文說誠有極可笑者，然亦有不可易者。王君既挾此成見，則論《史記》直有所蔽，如「從孔安國問故」「十歲讀古文」等，為之空證紛紜矣。

二　老子申韓列傳第三

　　　　老子者，

　　《禮記・曾子問》鄭注：「老聃者古壽考者之號也，與孔子同時。」老非氏非地，壽考者皆可稱之，如今北方稱「老頭子」。儋，聃，老萊子，三名混而為一，恐正由此稱之不為專名。

　　　　楚苦縣厲鄉曲仁里人也。

　　苦縣之名始於何時，不可知。苦邑未必始於秦漢，然苦縣之名容是秦滅楚為郡後改從秦制者也。楚稱九縣，仍是大名，郡縣未分小大。（郡即君之邑，七國時關東亦封君，楚初稱公如葉公，後亦稱君，如春申君。至於縣是否六國亦用之，待考。漢人書固有敘六國地稱縣者，然漢人每以當時之稱稱古，未可即據也。後來秦置守尉，郡存而君亡矣。郡縣「縣附之義」乃封建之詞，而後來竟成與封建相對之制。）苦在漢屬淮陽，淮陽時為國，時為郡。東漢改為陳郡，蓋故陳地也。（見《漢書・地理志》陳分野節。）《史記・十二諸侯年表》，敬王四十一年，即魯哀公十六年，楚惠王十年，陳湣公二十三年，楚滅陳，其年孔子卒。故如老子是楚人，則老子乃戰國人，不當與孔子同時，老子如與孔子同時，乃苦之老子，非楚人也。又漢人稱楚每括故

楚諸郡，不專指彭城等七縣，太史公蓋以漢之楚稱加諸春秋末戰國初人耳。

姓李氏，

按姓氏之別，在春秋末未泯，戰國末始大亂，說詳顧亭林〈原姓篇〉，論世本一節中當詳引之。太史公心中是敘說一春秋末人，而曰姓某氏，蓋姓氏之別，戰國漢儒多未察，太史公有所謂軒轅氏高陽氏者，自近儒考證學之精辨衡之，疏陋多矣。（〈論語〉稱夏曰夏后氏，稱殷曰殷人，蓋殷雖失王，有宋存焉，夏則無一線紹述立國，杞一別支而已，必當時列國大夫族氏中有自稱出自夏后者，遂有夏后氏之稱，固與夏氏甚不同義。如顧氏所考，王室國君均有姓無氏也。）

名耳，字伯陽，諡曰聃。

《史記志疑》二十七：「案：老子是號，生即皓然，故號老子（見三國葛孝先〈道德經序〉），耳其名（〈神仙傳〉名重耳），聃其字（《呂覽》不二、重言兩篇作老耽），非字伯陽。字而曰諡者，讀若王褒賦諡為洞簫之諡，非諡法也（說在〈孟嘗君傳〉）。蓋伯陽父乃周幽王大夫，見《國語》，不得以老子當之。又《墨子·所染》《呂氏春秋·常染》並稱舜染於許由伯陽，則別一人，並非幽王時之伯陽父。乃高誘注呂，於〈當染篇〉以伯陽為老子，舜師之（呂本意篇，堯舜得伯陽續耳也）；而於重言篇以老耽為論三川竭之伯陽，孔子師之（《周紀集解》引唐固亦云，伯陽甫老子也）：豈不謬哉？但《索隱》本作名耳字聃，無『伯陽諡曰』四字；與後書桓紀延熹八年注引史合。並引許慎云，聃，耳漫也，故名耳，字聃，有本字伯陽，非正。老子號伯陽父，此

傳不稱，則是後人惑於神仙家之傅會，妄竄史文。《隸釋・老子銘》〈神仙傳〉《抱樸子・雜應》《唐書・宗室表》《通志・氏族略》四《路史後紀》七，並仍其誤耳。至《路史》載老子初名元祿（注謂出《集真錄》），《酉陽玉格》言老子具三十六號，七十二名，又有九名，俱屬荒怪，儒者所不道。」按：梁說是也，惟謂老子生即皓然，恐仍是魏晉以來神仙家之說，陸德明亦採此，蓋唐代尊老子，此說在當時為定論矣。

孔子適周，將問禮於老子。

〈孔子世家〉云：「魯南宮敬叔言魯君曰，請與孔子適周，魯君與之一乘車兩馬一豎子，俱適周，問禮，蓋見老子云。辭去，而老子送之，曰『吾聞富貴者送人以財，仁人者送人以言。吾不能富貴，竊仁人之號，送子以言，曰，聰明深察而近於死者，好議人者也，博辯廣大危其身者，發人之惡者也，為人臣者毋以有己，為人子者毋以有己』。」與此處所敘絕異。此蓋道家紬儒學之言，彼乃儒家自認之說，故分存之也。孔子見老子否，說詳後。

至關，關令尹喜曰：「子將隱矣，強為我著書。」

關尹、老聃：《莊子・天下篇》並稱之，蓋一派也。其書在漢志所著錄者久佚，今傳本乃唐宋所為，宋濂以來，辯之已詳。

莫知其所終。

此為後來化胡諸說所依據，太史公如此言，彼時道家已雜神仙矣（《淮南子》一書可見）。

　　或曰老萊子亦楚人也。

　　《莊子‧外物篇》舉孔子問禮事，即明稱老萊子。

　　以其修道而養壽也。

　　黃老之學，原在陰謀術數及無為之論，雜神仙後始有此說。

　　自孔子死之後百二十九年，而史記周太史儋見秦獻公。

　　此事見周本紀烈王二年，及秦本紀獻公十一年，上溯孔子卒于敬王四十一年，為百有六年，與百二十九年之數不合。「故與秦國合」，謂西周時秦馬蕃息汧渭間也。「離」，謂東周遷也。「離五百歲而復合」，謂秦滅周也。「合七十歲而霸王者出」，霸王當指秦皇，然赧王之世，秦皇乃生，西周滅後，至秦皇立，恰十年，非七十年。此說在《史記》四見、周紀、秦紀、封禪書、老子傳，或作十七，或作七十，或作七十七。無論如何算，皆不合。恐實是十歲，兩七字皆衍，或則讖語本不可確切求之也。

　　此所謂史記當是秦史記，彼時秦早有王天下之心，故箕子抱祭器適周之說，有擬之者矣。

　　　　或曰儋即老子，或曰非也，世莫知其然否。老子，隱君子也。

　　子長時，老子傳說必極複雜矛盾，子長能存疑，不能自決。（孔子弟子列傳亦書兩老子為孔子所嚴事者，此外尚有蘧伯玉、晏平仲、孟

公緽、長弘、師襄，又是後人增之者。子長此處但憑書所記者列舉
之，正無考核及倫次也。）

　　　世之學老子者則絀儒學，儒學亦絀老子。

　　老子儒學之爭，文景武世最烈。轅固生幾以致死（見《儒林
傳》），武帝初年，竇嬰、田蚡、王綰皆以儒術為竇太后所罷。及武帝
實秉政，用公孫宏、董仲舒言，黃老微矣。談先黃老而後六經，遷則
儒家，然述父學，故於老氏儒家之上下但以道不同不相為謀了之耳。

　　　與梁惠王齊宣王同時。

　　如此則亦孟子同時人。

　　　然其要本歸於老子之言。

　　老莊不同，〈天下篇〉自言之。陰謀術數之學，莊書中俱無之，莊
書中有敷衍道德五千言之旨者，亦有直引五千言中文句者（如「故曰
魚不可脫於淵，國之利器不可以示人」）。然莊書不純，不能遽以此實
其為老子之學也。子長之時，莊非顯學，傳其書者，恐須托黃老以自
重，故子長所見多為比附老氏者。

　　　作漁父、盜蹠、胠篋，以詆孔子之徒，以明老子之術。
　　　畏累虛亢桑子之屬，皆空語，無事實。

　　今本《莊子》，西晉人向秀所注，郭象竊之，附以秋水諸篇之注，

而題為郭象注者（見《晉書》）。此本以外者，今並不存，但有甚少類書等所引可輯耳。子長所舉諸篇，在今本莊子中居外篇雜篇之列，而子長當時竟特舉之，蓋今本莊子乃魏晉間人觀念所定，太史公時，老氏絀儒學，儒學絀老氏，故此數篇獨重。司馬貞云：「按，莊子，畏累虛，篇名也，即老聃弟子畏累。」今本無此篇，僅庚桑楚云，老聃之役有庚桑楚者，遍得老聃之道以北居畏累之山。此與司馬子正所見不合矣。是子正猶及見與向郭注本不同之《莊子》也。

　　京人也。

《左傳》隱元年：「請京，使居之，謂之京城大叔」，或中子鄭之京人也。

　　本於黃老，而主刑名。

黃老一說，恐漢初始有之，《孟子》論楊墨，《莊子・天下篇》，《韓非・顯學篇》，以及《呂覽》，均不及此詞。蓋申實刑名之學，漢世述之者自附於黃老，故子長見其原子道德之意。

　　而其本歸於黃老。

如可據今本韓子論，韓子乃歸於陰謀權數之黃老耳。

　　人或傳其書，至秦，秦王見孤憤、五蠹之書，曰：「嗟乎，寡人得見此人，與之遊，死不恨矣。」

此所記恰與子長報任少卿書所云「韓非囚秦，說難孤憤」相悖，彼是此必非。今本五蠹、孤憤、說難等篇，皆無囚秦之跡可指，大約報任少卿書所云正亦子長發憤之詞耳（《呂覽》成書，懸金國門，絕非遷蜀後事）。

　　申子卑卑。

言其專致綜核名實之小數也。

　　皆原於道德之意。

刻薄寡恩，而皆原於道德之意，此甚可思之辭也。道德一詞，儒用之為積極名詞，道用之為中性名詞。故儒不談凶德，而道談盜者之道。韓文公云，道與德為虛位，仁與義為定名，此非儒者說，五千文中之說耳。刑名比附於道德五千言，韓子書中亦存解老喻老，雖「其極慘礉」，仍是開端於五千文中。故曰，皆原於道德之意。

按〈老子申韓列傳〉，在唐以宗老子故，將老子一節升在伯夷上，為列傳第一，今存宋刻本猶有如此者。此至可笑之舉，唐之先世是否出於隴西，實未明瞭，在北周時，固用胡姓大野矣，而自托所宗於老子。當時人笑之者已多，所謂聖祖玄元皇帝，誠滑稽之甚。

黃老刑名相關處甚多，故老莊申韓同傳。三騶子比傅儒家言，而齊之方士又稱誦習孔子之業（〈始皇本紀〉扶蘇語），故三騶與孟荀同傳，亦以稷下同地故也。

三　十篇有錄無書說敘

　　《漢書》〈司馬遷傳〉云：「十篇缺，有錄無書。」張晏曰：「遷沒之後，亡景紀、武紀、禮書、樂書、兵書、漢興以來將相年表、日者列傳、三王世家、龜策列傳、傅靳列傳。元成之間，褚先生補缺，作武帝紀，三王世家，龜策日者列傳，言辭鄙陋，非遷本意也。」又十篇有錄無書說，亦見於漢《藝文志》。東漢人引《史記》，無與此相反者。衛宏漢《舊儀注》云「太史公作景帝紀，極言其短，及武帝過，武帝怒而削去」。〈魏志・王肅傳〉云：「帝（明帝）又問，司馬遷以受刑之故，內懷隱切，著史記，非貶孝武，令人切齒。對曰，司馬遷記事不虛美，不隱惡，劉向揚雄稱其善敘事，有良史之材，謂之實錄。漢武帝聞其述史記，取孝景及己本紀覽之，於是大怒，削而投之，於今此兩紀有錄無書。後遭李陵事，遂下蠶室。此為隱切在孝武而不在於史遷也。」按，衛宏所記，每多虛妄（如謂太史公位在丞相上），明帝之語，有類小說，固不可遽信，然必東漢魏人不見景紀，然後可作此說，否則縱好游談，亦安得無所附麗乎？子長沒後三百年中，十篇缺亡，一旦徐廣、裴駰竟得之，在趙宋以後，刻板盛行，此例猶少，在漢魏之世，書由絹帛，藏多在官，亡逸更易，重見實難，三百年中一代宗師所不見，帝王中秘所不睹，而徐裴獨獲之於三百年後，無是理也。故十篇無書之說，實不可破，而張晏所舉，景紀外固無疑問，景紀之亡，則衛說王傳皆證人也。今本十篇之續貂俱在，清儒多因而不信張晏說，即《史記志疑》之作者梁君，幾將《史記》全書三分之二認為改補矣，反獨以景紀、傅傳為不亡，是其疏也。今試分述十篇續貂之原，以疏張晏之論。

　　景紀　景紀之亡，有衛書王傳為證，無可疑者。然梁君曰：「此紀

之文，亦有詳於《漢書》者，如三年徙濟北王以下五王，五年徙廣川
王為趙王，六年封中尉趙縮為建陵侯，至梁楚二王皆薨，班書皆無
之，則非取彼以補也。蓋此紀實未亡爾。」不知此類多過《漢書》之
處，皆別見《史記・漢興以來諸侯表》，惠景間侯者表中，記載偶有出
入，然彼長此短，若更據漢書各表各傳以校之，恐今本《史記》無一
句之來歷不明也。補書有工拙，此書之補固工於禮樂諸書，然十篇之
補不出一人，詎可以彼之拙，遂謂工者非補書耶？且張晏舉補者之
名，僅及一紀一世家二傳，未云其他有補文，則此十篇今本非出於一
手甚明矣。

　　武紀　此書全抄封禪書，題目亦與自敘不合。太史公未必及見世
宗之卒，而稱其諡，此為其偽不待辯也。錢大昕《考異》云：「余謂少
孫補史，皆取史公所闕，意雖淺近，詞無雷同，未有移甲以當乙者
也，或魏晉以後，少孫補篇亦亡，鄉里妄人取此以足其數耳。」

　　漢興以來將相年表梁云：「案表云，孝景元年置司徒官，不知哀帝
始改丞相為大司徒，光武去大乃稱司徒，孝景時安得有此官（此說自
清官本始），又述事至孝成鴻嘉元年，殆目表其非材妄續耶？」按，梁
說是也。此篇當是據《漢書・百官公卿表》所記，參乙太史公自敘，
「國有賢相良將，民之師表也。維見漢興以來將相名臣年表，賢者記其
治，不賢者彰其事，作漢興以來將相名臣年表第十。」諸語敷衍而成
者。其中竟有大事記，作表有此，本紀何為者？（又國除削爵亡卒，
在他表均不倒文，在此篇獨倒，明其為後人所為也。）

　　禮書樂書　禮書抄自《荀子・禮論》，樂書抄自《樂記》，篇前均
有太史公曰一長段，容可疑此書僅存一敘，然禮樂兩書之敘，體裁既
與封禪等書不合，且其中實無深義，皆摹仿太史公文以成之敷衍語。
即如樂書之敘，開頭即是摹十二諸侯表敘語，然彼則可緣以得魯詩之
遺，此則泛泛若無所謂。是此兩敘皆就《漢書・禮樂志》中之故實，

摹子長之文意,而為之,今如將此兩篇與諸表之敘校,即見彼多深刻之言,存漢初年儒者之說,此則敷衍其詞,若無底然,亦無遺說存乎其中,更將此兩篇與《漢禮樂志》校,又宜見其取材所自也。

兵書　今本目中題律書,然就自敘所述之意論之,固為兵書也,今本乃竟專談律,又稱道「聞疑」,強引孫吳,以合自敘,愈見其不知類。此篇初論兵家,次論陰陽,末述律呂,雜亂無比。漢魏人樂書多不存,惜不能就其所據之材料而校核之也。張晏稱之曰兵書,蓋及見舊本,顏書據今本律書駁之,不看自序文義,疏誤之甚。

三王世家　三王世家之來源,褚先生自說之,其文云:

> 臣幸得以文學為侍郎……而解說之。

乃今本三王世家竟有太史公曰一段,且謂燕齊之事無足採者,為此偽者真不通之至。子長著書之時,三王年少,無世可紀,無事可錄,故但取其策文,今乃曰其事無足採者,是真不知子長為何時人,三王當何年封矣(三王當元狩六年封)。

此篇「王夫人者……」以下,不知又是何人所補,然此實是漢世掌故及傳說之混合,與禮樂諸書有意作偽者不同也。

日者列傳　此書之補,褚先生曰以下者,應在先,司馬季主一長段,又就褚少孫所標之目,採合占家之游談,以足之者也。此篇中並引老子、莊子於一處,而所謂莊子者不見今《莊子》書,意者此段之加,在晉初,彼時老莊已成一切清談所托,而向、郭定本《莊子》猶未及行耶?

龜策列傳　此亦刺取雜占卜者之辭為之,「褚先生曰」以下,當是舊補(但直接褚先生曰數句頗疑割裂),其前一大段,及記宋之王事,又是敷衍成文,刺取傳說以成此篇未缺之形式者,應為後來所補。日

者、龜策兩篇文詞鄙陋，張晏、司馬貞俱言之。

　　傳靳周列傳　此全抄《漢書》者，未敷衍毫無意義之贊以實之。稍多於《漢書》處，為封爵，然此均見《史記》《漢書》諸表者。周傳高祖十二年以為鄺成侯，在擊陳豨前，然擊豨在十年，《漢書》不倒，抄者誤也。

　　綜上以觀，褚先生之補並非作偽，特欲足成子長之書，故所述者實是材料及事實之補充，且明題褚曰，以為識別。若此諸篇之「太史公曰……」者，乃實作偽之文，或非張晏所及見。補之與作偽不可不別也。褚補史記不止此數篇，然他處補者尚有子長原文，褚更足之，此數篇中有錄無書，故補文自成一篇，張晏遂但舉此也。故此十篇中有褚補者，有非褚補者，非褚補者乃若作偽然，或竟是晉人所為，蓋上不見於張晏，下得入於裴書耳。偽書頗有一種重要用處，即可據以校古書。有時近本以流傳而有訛謬，偽書所取尚保存舊面目者，據以互校，當有所得矣。

四　論太史公書之卓越

　　太史公書之文辭，是絕大創作，當無異論。雖方望溪、姚姬傳輩，以所謂桐城義法解之，但識碔砆，竟忘和璧，不免大煞風景，然而子長文辭究不能為此種陋說所掩。今不談文學，但談史學，子長之為奇才，有三端焉：一、整齊殊國紀年。此雖有春秋為之前驅，然彼仍是一國之史，若列國所記，則各於其黨，「欲一觀諸要難」（十二諸侯表中語）。年代學Chronology乃近代史學之大貢獻，古代列國並立，紀年全不統一，子長獨感其難，以為十二諸侯六國各表，此史學之絕大創作也。我國人習於紀年精詳之史，不感覺此功之大，若一察希臘年代學未經近代人整理以前之狀態，或目下印度史之年代問題，然後

知是表之作，實史學思想之大成熟也。二、作為八書。八書今亡三篇，張晏已明言之，此外恐尚有亡佚者，即可信諸篇亦若未經殺青之功。然著史及於人事之外，至於文化之中禮、樂、兵、曆、天官、封禪、河渠、平准各為一書，斯真睹史學之全，人文之大體矣。且所記皆涉漢政（天官除外），並非承襲前人，亦非誦稱書傳，若班氏所為者。其在歐洲，至十九世紀始有如此規模之史學家也。凡上兩事，皆使吾人感覺子長創作力之大，及其對於史學觀念之真（重年代學括文化史），希臘羅馬史家斷然不到如此境界。皆緣子長並非守文之儒，章句之家，遊蹤遍九域，且是入世之人，又其職業在天官，故明習曆譜，洞徹人文。子長不下帷而成瑋著，孟堅但誦書而流迂拘，材之高下固有別矣。三、「疑疑亦信」。能言夏禮，杞不足徵，能言殷禮，宋不足徵，文獻不足，闕文尚焉，若能多見闕疑，慎言其餘，斯為達也。子長於古代事每並舉異說，不雅馴者不取，有不同者並存之，其在〈老子傳〉云：「或曰，儋即老子，或曰非也，世莫知其然否，老子，隱君子也」，或疑其胸無倫類，其實不知宜為不知，後人據不充之材料，作逾分之斷定，豈所論於史學乎？子長蓋猶及史之闕文也，今亡逸夫！

五　論司馬子長非古史學乃今史學家

　　孟堅敘子長所取材，曰，「司馬遷據左氏國語，採世本戰國策，述楚漢春秋，接其後事，訖於天漢。其言秦漢詳矣。至於採經摭傳，分散數家之事，甚多疏略，或有抵牾。」此信論也。子長實非古史家，採取詩書，並無心得。其紀五帝三代事，但求折中六藝耳，故不雅馴者不及，然因仍師說，不聞斷制，恐譙周且笑之矣。《史記》記事，入春秋而差豐，及戰國而較詳，至漢而成其燦然者矣。其取《國語》，固甚

有別擇，非一往抄寫。《戰國策》原本今不見，今本恐是宋人補輯者
（吳汝綸始為此說），故不能據以校其取捨。楚漢春秋止記秦楚漢之
際，子長采之之外，補益必多，項劉兩紀所載，陸賈敢如是揶揄劉季
乎？今核其所記漢事，誠與記秦前事判若兩書，前則「疏略抵牾」，後
則「文直事核」矣。彼自謂迄於獲麟止（元狩元年），而三王之封，固
在元狩六年，已列之世家，是孟堅以《史記》迄於天漢之說差合事實。
其記漢事，「不虛美，不隱惡」，固已愈後愈詳，亦復愈後愈見其別擇
與文采。若八書之作，子長最偉大處所在，所記亦漢事也。又子長問
故當朝，遊跡遍九域，故者未及詳考，新者乃以行旅多得傳聞。以調
查為史，亦今史之方，非古史之術。蓋耳聞之古史，只是神話，耳聞
之近事，乃可據以考核耳。

戰國子家敘論

一　論哲學乃語言之副產品　西洋哲學即印度日耳曼語言之副產品　漢語實非哲學的語言　戰國諸子亦非哲學家

世界上古往今來最以哲學著名者有三個民族：一、印度之亞利安人；二、希臘；三、德意志。這三個民族有一個共同點，就是在他的文化忽然極高的時候，他的語言還不失印度日耳曼系語言之早年的繁瑣形質。思想既以文化提高了，而語言之原形猶在，語言又是和思想分不開的，於是乎繁豐的抽象思想，不知不覺地受他的語言之支配，而一經自己感覺到這一層，遂為若干特殊語言的形質作玄學的解釋了。以前有人以為亞利安人是開闢印度文明的，希臘人是開闢地中海北岸文明的，這完全是大錯而特錯。亞利安人走到印度時，他的文化，比土著半黑色的人低，他吸收了土著的文明而更增高若干級。希臘人在歐洲東南也是這樣，即地中海北岸賽米提各族人留居地也比希臘文明古得多多，野蠻人一旦進於文化，思想擴張了，而語言猶昔，於是乎憑藉他們語言的特別質而出之思想當做妙道玄理了。今試讀漢語翻譯之佛典，自求會悟，有些語句簡直莫名其妙，然而一旦做些梵文的工夫，可以化艱深為平易，化牽強為自然，豈不是那樣的思想很受那樣的語言支配嗎？希臘語言之支配哲學，前人已多論列，現在姑舉一例：亞里斯多德所謂十個範疇者，後人對之有無窮的疏論，然這都是希臘語法上的問題，希臘語正供給我們這麼些觀念，離希臘語而

談範疇，則範疇斷不能是這樣子了。其餘如柏拉圖的辯論，亞里斯多德的分析，所謂哲學，都是一往彌深的希臘話。且少談古代的例，但論近代。德意志民族中出來最有聲聞的哲人是康德，此君最有聲聞的書是《純理評論》。這部書所談的不是一往彌深的德語嗎？這部書有辦法翻譯嗎？英文中譯本有二：一、出自於馬克斯・謬勒之手，他是大語言學家；二、出自於麥克・爾江，那是很信實的翻譯。然而他們的翻譯都有時而詞窮，遇到好些名詞須以不譯了之。而專治康德學者，還要諄諄勸人翻譯不可用，只有原文才信實；異國雜學的注釋不可取，只有本國語言之標準義疏始可信。哲學應是邏輯的思想，邏輯的思想應是不局促於某一種語言的，應是和算學一樣的容易翻譯，或者說不待翻譯，然而適得其反，完全不能翻譯。則這些哲學受他們所由產生之語言之支配，又有什麼疑惑呢？即如Ding an Sich一詞，漢語固不能譯他，即英文譯了亦不像；然在德文中，則an Sich本是常語，故此名詞初不奇怪。又如最通常的動詞，如Sein，及Werden及與這一類的希臘字曾經在哲學上做了多少崇，習玄論者所共見。又如戴卡氏之妙語「Cogito ergo Sum」，翻譯成英語已不像話，翻譯成漢語更做不到。算學思想，則雖以中華與歐洲語言之大異，而能渙然轉譯；哲學思想，則雖以英德語言之不過方言差別，而不能翻譯。則哲學之為語言的副產物，似乎不待繁證即可明白了。印度日爾曼族語之特別形質，例如主受之分，因致之別，過去及未來，已完及不滿，質之與量，體之與抽，以及各種把動詞變作名詞的方式，不特略習梵文或希臘文方知道，便是略習德語也就感覺到這麻煩。這些麻煩便是看來「仿佛很嚴重」的哲學分析之母。

　　漢語在邏輯的意義上，是世界上最進化的語言（參看葉斯波森著各書），失掉了一切語法上的煩難，而以句敘（Syntax）求接近邏輯的要求。並且是一個實事求是的語言，不富於抽象的名詞；而抽象的觀

念，凡有實在可指者，也能設法表達出來。文法上既沒有那麼多的無意識，名詞上又沒有那麼多的玄虛，則哲學斷難在這個憑藉發生，是很自然的了。

「斐洛蘇非」，譯言愛智之義，試以西洋所謂愛智之學中包有各問題與戰國秦漢諸子比，乃至下及魏晉名家、宋明理學比，像蘇格拉底那樣的愛智論，諸子以及宋明理學是有的；像柏拉圖所舉的問題，中土至多不過有一部分，或不及半；像亞里斯多德那樣竟全沒有；像近代的學院哲學自戴卡以至康德各宗門，一個動詞分析到微茫，一個名詞之語尾變化牽成溥論（如Causality觀念之受Instrumental或Ablative字位觀念而生者），在中土更毫無影響了。拿諸子名家理學各題目與希臘和西洋近代哲學各題目比，不相干者如彼之多，相干者如此之少，則知漢土思想中原無嚴意的斐洛蘇非一科，「中國哲學」一個名詞本是日本人的賤製品，明代譯拉丁文之高賢不曾有此，後來直到嚴幾道、馬相伯先生兄弟亦不曾有此。我們為求認識世事之真，能不排斥這個日本賤貨嗎？

那麼，周、秦、漢諸子是些什麼？答曰：他們是些方術家。自《莊子・天下篇》至《淮南・鴻烈》、枚乘〈七發〉皆如此稱。這是他們自己稱自己的名詞，猶之乎西洋之愛智者自己稱自己為斐洛蘇非。這是括稱，若分言，則戰國子家約有三類人：

一、宗教家及獨行之士；

二、政治論者；

三、「清客」式之辯士。

例如墨家大體上屬於第一類的，儒者是介於一二之間的，管、晏、申、韓、商、老是屬於第二類的，其他如惠施、莊周、鄒衍、慎到、公孫龍等是侯王、朝廷、公子、卿大夫家所蓄養之清客，作為辯談以悅其「府主」的。這正合於十七八世紀西歐洲的樣子，一切著文

之人，靠朝廷風尚，貴族栽培的，也又有些大放其理想之論於民間
的。這些物事，在西洋皆不能算做嚴格意義下之哲學，為什麼我們反
去借來一個不相干的名詞，加在些不相干的古代中國人們身上呀？

二　論戰國諸子除墨子外皆出於職業

　　《七略》《漢・志》有九流十家皆出於王官之說。其說曰：儒家者
流蓋出於司徒之官，道家者流蓋出於史官，陰陽家者流蓋出於羲和之
官，法家者流蓋出於理官，名家者流蓋出於禮官，墨家者流蓋出於清
廟之守，縱橫家者流蓋出於行人之官，雜家者流蓋出於議官，農家者
流蓋出於農稷之官，小說家者流蓋出於稗官。胡適之先生駁之，說見
所著《中國古代哲學史・附錄》。其論甚公直，而或者不盡揣得其情。
謂之公直者，出於王官之說實不可通；謂之不盡揣得其情者，蓋諸子
之出實有一個物質的憑藉，以為此物質的憑藉即是王官者誤，若忽略
此憑藉，亦不能貫澈也。百家之說皆由於才智之士在一個特殊的地域
當一個特殊的時代憑藉一種特殊的職業而生。現在先列為一表，然後
擇要疏之。

家　名	地　域	時　代	職　業	附　記
孔丘	魯　其說或有源於宋者	春秋末	教人	
卜商	由魯至魏	春秋戰國間	教人	
曾參	魯	春秋戰國間	教人	
言偃	吳	春秋戰國間	教人	
孔伋	由魯至宋	春秋戰國間	教人亦曾在宦	
顓孫師	陳	春秋戰國間	教人	

家　名	地　域	時　代	職　業	附　記
漆雕開	今本家語云蔡人	春秋戰國間		近於俠
孟軻	鄒魯游於齊梁	戰國中期	教人亦為諸侯客	近於游談
荀卿	趙	戰國末期	教人	
				以上儒宗
墨翟	宋　或由魯反動而出	春秋戰國間	以墨子書中情形斷之，則亦業教人之業者	
禽滑釐	曾學於魏仕於宋	戰國初期		
孟勝	仕於荊	戰國初期	墨者鉅子，為陽城君守而死	
田襄	宋	戰國初期	墨者鉅子	
腹䵍	居秦	戰國中期	墨者鉅子	
田俅	齊	戰國中期		
相里勤	南方			
相夫氏	南方			
鄧陵子	南方			
苦獲	南方			
已齒	南方			
				以上墨宗
宋鈃	或是宋人，然作為華山之冠必游於秦矣	戰國中期	遊說止兵	
尹文				
				以上近墨者
史鰌	衛	春秋末	太史	
陳仲	齊	戰國中期	獨行之士	

家 名	地 域	時 代	職 業	附 記
許行	楚	戰國中期	獨行之士	
				以上獨行之士
管仲	齊	管仲春秋中季人，然托之著書者至早在戰國初	齊相	
晏嬰	齊	晏嬰春秋末人，然托之者至早在戰國初	齊相	
老聃即太史儋	周	戰國初	太史	
關喜或太史儋同時人	周	戰國初	關尹	
商鞅	衛韓秦	戰國初然托之著書至早在戰國中	秦相	
申不害	韓	戰國初	韓相	
韓非	韓	戰國末	韓國疏族	
				以上政論
蘇秦	周人而仕六國	戰國中	六國相	蘇秦張儀書皆為縱橫學者所托
張儀	魏人而仕秦	戰國中	秦相	
				以上縱橫之士
魏牟	魏	戰國中	魏卿	
莊周	宋	戰國中	諸侯客或亦獨行之士	
惠施	仕魏	戰國中	魏卿	
公孫龍	趙	戰國中	諸侯客	

家 名	地 域	時 代	職 業	附 記
鄧析	鄭	春秋末		
彭蒙	齊			
鄒忌	齊	戰國初	齊卿	
鄒衍	齊	戰國中	諸侯客	
淳于髡	齊	戰國中	齊稷下客	
慎到	趙	戰國中	齊稷下客	
田駢	齊	戰國中	齊稷下客	
接子	齊	戰國中	齊稷下客	
環淵	楚	戰國中	齊稷下客	

以上以言說侈談於諸侯朝廷，若後世所謂「清客」者

附　記

一、列子雖存書，然偽作，其人不可考，故不錄入。

二、一切為東漢後人所偽託之子家不錄入。

三、《呂氏春秋》之眾多作者皆不可考，且是類書之體，非一家之言，故不列入。

就上表看，雖不全不盡，然地方、時代、職業三事之與流派有相關係處，已頗明顯。現在更分論之。

一、所謂儒者乃起於魯流行於各地之「教書匠」。儒者以孔子為准，而孔子之為「教書匠」，在《論語》中甚明顯。

> 子曰：學而時習之，不亦說乎？
>
> 子曰：弟子，入則孝，出則悌，謹而信，泛愛眾，而親

仁。行有餘力，則以學文。

子謂子夏曰：女為君子儒，無為小人儒。

子曰：默而識之，學而不厭，誨人不倦，何有於我哉？

子曰：德之不修，學之不講，聞義不能徙，不善不能改，是吾憂也。

子曰：志於道，據於德，依於仁，游於藝。

子曰：自行束脩以上，吾未嘗無誨焉。

子曰：不憤不啟，不悱不發，舉一隅不以三隅反，則不復也。

子曰：興於詩，立於禮，成於樂。

子疾病，子路使門人為臣。病間，曰：久矣哉，由之行詐也！無臣而為有臣，吾誰欺？欺天乎？

子曰：小子何莫學夫詩？詩，可以興，可以觀，可以群，可以怨，邇之事父，遠之事君，多識於鳥獸草木之名。

子路使子羔為費宰，子曰：賊夫人之子！子路曰：有民人焉，有社稷焉，何必讀書，然後為學？子曰：是故惡夫佞者。

上文不過舉幾個例，其實一部《論語》三分之二是教學生如何治學，如何修身，如何從政的。孔子誠然不是一個啟蒙先生，但他既不是大夫，又不是眾民，開門授徒，東西南北，總要有一個生業。不為匏瓜，則只有學生的束脩；季孟齊景衛靈之「秋風」，是他可資以免於「繫而不食」者。不特孔子如此，即他的門弟子，除去那些做了官的以外，也有很多這樣。《史記・儒林傳・敘》：「自孔子卒後，七十子之徒，散游諸侯，大者為師傅卿相，小者友教士大夫，或隱而不見。故子路居衛，子張居陳，澹臺子羽居楚，子夏居西河，子貢終於齊。如田子方、段干木、吳起、禽滑釐之屬，皆受業於子夏之倫，為王者

師。」這樣進則仕，退則教的生活，既是儒者職業之所托，又是孔子成大名之所由。蓋一群門弟子到處教人，即無異於到處宣傳。儒者之仕宦實不達，在魏文侯以外沒有聽說大得意過，然而教書的成績卻極大。詩、書、禮、樂、春秋本非儒者之專有物，而以他們到處教人的緣故，弄成孔子刪述六經啦。

二、墨為儒者之反動，其一部分之職業與儒者同，其另一部分則各有其職業。按：墨為儒者之反動一說，待後詳論之。墨與儒者同類而異宗，也在那裡上說世主，下授門徒。但墨家是比儒者更有組織的，而又能吸收士大夫以下之平民。既是一種宗教的組織，則應有以墨為業者，而一般信徒各從其業。故儒、縱橫、刑、名、兵、法皆以職業名，墨家獨以人名。

三、縱橫刑法皆是一種職業，正所謂不辯自明者。

四、史官之職，可成就些多識前言往行、深明世故精微之人。一因當時高文典冊多在官府，業史官者可以看到；二因他們為朝廷作記錄，很可了澈些世事。所以把世故人情看得最深刻的老聃出於史官，本是一件自然的事。

五、若一切不同的政論者，大多數是學治者之言，因其國別而異趨向。在上列的表內管、晏、關、老、申、商、韓非之列中，管、晏、商君都不會自己作書的，即申不害也未必能自己著書，這都是其國後學從事於學政治者所托的。至於刑名之學，出於三晉周鄭官術，更是一種職業的學問，尤不待說了。

六、所有一切名家辯士，雖然有些曾做到了卿相的，但大都是些諸侯所養的賓客，看重了便是大賓，看輕了便同於「優倡所蓄」。這是一群大閒人，專以口辯博生活的。有這樣的職業，才成就這些辯士的創作；魏齊之廷，此風尤盛。

綜括前論，無論有組織的儒墨顯學，或一切自成一家的方術論

者，其思想之趨向多由其職業之支配。其成家之號，除墨者之稱外，如縱橫名法等，皆與其職業有不少關聯。今略變《漢·志》出於王官之語，或即覺其可通。若九流之分，本西漢中年現象，不可以論戰國子家，是可以不待說而明白的。

流　別	《七略》所釋	今　釋
儒家者流	出於司徒之官	出於「教書匠」
道家者流	出於史官	有出於史官者，有全不相干者。 「漢世」道家本不是單元。按道家一詞，入漢始聞
陰陽家者流	出於羲和之官	出於業文史星曆卜祝者
法家者流	出於理官	法家非單元，出於齊晉秦等地之學政習法典刑者
名家者流	出於禮官	出於諸侯朝廷中供人欣賞之辯士
墨家者流	出於清廟之守	出於向儒者之反動，是宗教的組織
縱橫家者流	出於行人之官	出於遊說形勢者
雜家者流	出於議官	「雜」固不成家，然漢世淮南東方卻成此一格，其源出於諸侯朝廷廣置方術殊別之士，採者不專主一家，成雜家矣
小說家者流	出於稗官	出於以說故事為職業之諸侯客以上所謂「名」「雜」「小說」三事，簡言之，皆出於所謂「清客」

故《七略》《漢志》此說，其辭雖非，其意則似無謂而有謂。

三 論只有儒墨為有組織之宗派，其餘雖多同聲相應、同氣相求者，然大體是自成一家之言

諸子百家中，墨之組織為最嚴整，有鉅子以傳道統，如加特力法皇達喇喇嘛然。又制為一切墨者之法而自奉之，且有死刑。（《呂氏春秋・去私篇》腹䵍為墨者鉅子，居秦，其子殺人。秦惠王曰：「先生之年長矣，非有他子也。寡人已令吏弗誅矣，先生之以聽寡人也。」腹䵍對曰：「墨者之法，殺人者死，傷人者刑，此所以禁殺傷人也。」云云）此斷非以個人為單位之思想家，實是一種宗教的組織自成一種民間的建置，如所謂「早年基督教」者是。所以墨家的宗旨，一條一條固定的，是一個系統的宗教思想。（尚賢、尚同、兼愛、非攻、節用、節葬、天志、明鬼、非樂。）又建設一個模範的神道，（三過家門而不入之禹）作為一切墨家的制度。雖然後來的墨者分為三（或不止三），而南方之墨者相謂別墨，到底不至於如儒墨以外之方術家，人人自成一家。孟子謂楊墨之言盈天下，墨為有組織之宗教，楊乃一個人的思想家，此言應云，如楊朱一流人者盈天下，而墨翟之徒亦盈天下。蓋天下之自私自利者極多，而為人者少，故楊朱不必作宣傳，而天下滔滔皆楊朱；墨宗則非宣傳不可。所以墨子之為顯學，歷稱於孟、莊、荀、衛、呂、劉、司馬父子，《七略》《漢・志》，而楊朱則只孟子攻之，〈天下篇〉所不記，〈非十二子〉所不及，〈五蠹〉顯學所不括，《呂覽》《淮南》所不稱，六家、九流所不列。這正因為「縱情性、安恣睢、禽獸行」之它囂魏牟固楊朱也。莊子之人生觀，亦楊朱也。所以儒墨俱為傳統之學，而楊朱雖號為言盈天下，其人猶在若有若無之間。至於其他儒墨以外各家，大別可分為四類。

一、獨行之士　此固人自為說，不成有組織的社會者，如陳仲、史鰌等。

二、個體的思想家　此如太史儋之著五千言，並非有組織的學派。（但黃老之學至漢初年變為有組織之學派。）

三、各地治「治術」一種科學者　此如出於齊之管仲晏子書，出於三晉之李悝書，出於秦之商子書，出於韓之申子書及自己著書之韓公子非。這都是當年談論政治的「科學」。

四、諸侯朝廷之「清客」論　所謂一切辯士，有些辯了並不要實行的，有些所辯並與行事毫不相干的（如「白馬非馬」），有些全是文士。這都是供諸侯王之精神上之娛樂者。梁孝王朝武帝朝猶保存這個戰國風氣。

四　論春秋戰國之際為什麼諸家並興

在回答這個問題之前，我們先要問諸子並興是不是起於春秋戰國之際？近代經學家對於中國古代文化的觀念大別有兩類：一類以為孔子有絕大的創作力，以前樸陋得很。江永、孔廣森和好些今文學家都頗這樣講；而極端例是康有為，幾乎以為孔子以前的東西都是孔子想像的話，諸子之說，皆創於晚周。一類以為至少西周的文化已經極高，孔子不過述而不作，周公原是大聖，諸子之說皆有很長的淵源。戴震等乾嘉間大師每如此想，而在後來代表這一說之極端者為章炳麟。假如我們不是在那裡爭今古文的門戶，理當感覺到事情不能如此簡單。九流出於王官，晚周文明只等於周公制作之散失之一說，雖絕對不可通，然若西周春秋時代文化不高，孔老戰國諸子更無從憑藉以生其思想。我們現在關於西周的事知道的太不多了，直接的材料只有若干金文，間接的材料只有《詩》、《書》兩部和些不相干的零碎，所以若想斷定西周時的文化有幾多高，在物質的方面還可盼望後來的考古學有大成功，在社會人文方面恐怕竟要絕望於天地之間了。但西周

晚年以及春秋全世，若不是有很高的人文，很細的社會組織，很奢侈的朝廷，很繁豐的訓典，則直接春秋時代而生之諸子學說，如《論語》中之「人情」，《老子》中之「世故」，墨子之向衰敗的文化奮抗，莊子之把人間世看作無可奈何，皆都若無所附麗。在春秋戰國間書中，無論是述說朝士典言的《國語》（《左傳》在內），或是記載個人思想的《論語》，或是把深刻的觀察合著沉鬱的感情的《老子》五千言，都只能生在一個長久發達的文化之後，周密繁豐的人文之中。且以希臘為喻，希臘固是一個新民族，在他的盛時一切思想家並起，仿佛像是前無古人者。然近代東方學發達之後，希臘人文承受於東方及埃及之事件愈現愈多，其非無因而光大，在現在已全無可疑。東周時中國之四鄰無可向之借文化者，則其先必有長期的背景，以醞釀這個東周的人文，更不能否認。只是我們現在所見的材料，不夠供給我們知道這個背景的詳細的就是了。然而以不知為不有，是談史學者極大的罪惡。

《論語》有「述而不作」的話，《莊子》稱述各家皆冠以「古之道術有在於是者」。這些話雖不可固信，然西周春秋總有些能為善言嘉訓，如史佚、周任，歷為後人所稱道者。

既把前一題疏答了，我們試猜春秋戰國間何以諸子並起之原因。既已書缺簡脫，則一切想像，無非求其為合理之設定而已。

一、春秋戰國間書寫的工具大有進步。在春秋時，只政府有力作文書者，到戰國初年，民間學者也可著書了。西周至東周初年文籍現在可見者，皆是官書。《周書》、〈雅〉〈頌〉不必說，即如〈國風〉及〈小雅〉若干篇，性質全是民間者，其著於簡篇當在春秋之世。《國語》乃由各國材料拼合而成於魏文侯朝，仍是官家培植之著作，私人無此力量。《論語》雖全是私家記錄，但所記不過一事之細，一論之目，稍經輾轉，即不可明瞭。禮之寧儉，喪寧戚，或至以為非君子之言，必當時著書還甚受物質的限制，否則著書不應簡括到專生誤會的地步。

然而一到戰國中期，一切豐長的文辭都出來了，孟子的長篇大論，鄒衍的終始五德，莊子的卮言日出，惠施的方術五車，若不是當時學者的富力變大，即是當時的書具變廉，或者兼之。這一層是戰國子家記言著書之必要的物質憑藉。

　　二、封建時代的統一固然不能統一得像郡縣時代的統一，然若王朝能成文化的中心，禮俗不失其支配的勢力，總能有一個正統的支配力，總不至於異說紛紜。周之本土既喪於戎，周之南國又亡於楚，一入春秋，周室只是亡國。所謂「尊天子」者，只是諸侯並爭不得其解決之遁詞，外族交逼不得不團結之口號。宋以亡國之餘，在齊桓晉文間竟恢復其民族主義（見〈商頌〉）；若〈魯頌〉之魯，也是儼然以正統自居的。二等的國家已這樣，若在齊楚之富，秦晉之強，其「內其國而外諸夏」，更不消說。政治無主，傳統不能支配，加上世變之紛繁，其必至於摩擦出好些思想來，本是自然的。思想本是由於精神的不安定而生。「天下惡乎定？曰，定於一」；思想惡乎生？曰，生於不一。

　　三、春秋之世，保持傳統文化的中原國家大亂特亂，四邊幾個得勢的國家卻能大啟土宇。齊盡東海，晉滅諸狄，燕有遼東，以魯之不強也還在那裡開淮泗；至於秦楚吳越之本是外國，不過受了中國文化，更不必說了。這個大開拓、大兼併的結果，第一，增加了全民的富力，繁殖了全民的生產。第二，社會中的情形無論在經濟上或文化上都出來了好些新方面，更使得各國自新其新，各人自是其是。第三，春秋時代部落之獨立，經過這樣大的擴充及大兼併不能保持了，漸由一切互謂蠻夷互謂戎狄的，混合成一個難得分別「此疆爾界」的文化，絕富於前代者。這自然是出產各種思想的肥土田。

　　四、因上一項所敘之擴充而國家社會的組織有變遷。部落式的封建國家進而為軍戎大國，則刑名之論當然產生。國家益大，諸侯益

佟，好文好辯之侯王，如枚乘〈七發〉中對越之太子，自可「開第康
莊，修大夫之列」，以養那些食飽飯沒事幹、專靠人以口給的。於是惠
施、公孫龍一派人可得養身而托命。且社會既大變，因社會之大變而
生之深刻觀察可得豐衍，如《老子》。隨社會之大變而造之系統倫理，
乃得流行，如墨家。大變大紛亂時，出產大思想大創作；因為平時看
得不遠，亂時刺得真深。

綜括上四項：第一，著書之物質的憑藉增高了，古來文書仕官，
學不下庶人，到戰國不然了；第二，傳統的宗主喪失了；第三，因擴
充及混合，使得社會文化的方面多了；第四，因社會組織的改變，新
思想的要求乃不可止了。歷傳的文獻只足為資，不能復為師，社會的
文華既可以為用，復可以為戒。紛紜擾亂，而生摩擦之力；方面複
繁，而促深澈之觀。方土之初交通，民族之初混合，人民經濟之初向
另一面拓張，國家社會根本組織之初變動，皆形成一種新的壓力，這
壓力便是逼出戰國諸子來的。

五　論儒為諸子之前驅，亦為諸子之後殿

按，儒為諸子中之最前者，孔子時代尚未至於百家並鳴，可於
《論語》、《左傳》、《國語》各書得之。雖《論語》所記的偏於方域，《國
語》所記的不及思想，但在孔丘的時代果然諸子已大盛者，孔丘當不
至於無所論列。孔丘以前之儒，我們固完全不曾聽說是些什麼東西，
而墨起於孔後，更不成一個問題。其餘諸子之名中，管、晏兩人之名
在前，但著書皆是戰國時人所托，前人論之已多。著書五千言之「老
子」乃太史儋，汪容甫、畢秋帆兩人論之已長；此外皆戰國人。則儒
家之興，實為諸子之前驅，是一件顯然的事實。孔子為何如人，現在
因為關於孔子的真材料太少了，全不能論定。但《論語》所記他仍是

春秋時人的風氣，思想全是些對世間務的思想，全不是戰國諸子的放言高論。即以孟、荀和他比，孟子之道統觀、論性說，荀子之治本論、正儒說，都已是系統的思想；而孔丘乃是「毋意」、「毋必」、「毋固」、「毋我」的「學願」。所以孔丘雖以其「教」教出好些學生來，散佈到四方，各自去教，而開諸子的風氣，自己仍是一個春秋時代的殿軍而已。

儒者最先出，歷對大敵三：（一）墨家，（二）黃老，（三）陰陽。儒墨之戰在戰國極劇烈，這層可於孟、墨、韓、呂諸子中看出。儒家黃老之戰在漢初年極劇烈，這層《史記》有記載。漢代儒家的齊學本是雜陰陽的，漢武帝時代的儒學已是大部分糅合陰陽，如董仲舒；以後緯書出來，符命圖讖出來，更向陰陽同化。所以從武帝到光武雖然號稱儒學正統，不過是一個名目，骨子裡頭是陰陽家已篡了儒家的正統。直到東漢，儒學才漸漸向陰陽求解放。

儒墨之戰，儒道之戰，儒均戰勝。儒與陰陽之戰，（此是相化，非爭鬥之戰）儒雖幾乎為陰陽所吞，最後仍能超脫出來。戰國一切子家一律衰息之後，儒者獨為正統，這全不是偶然，實是自然選擇之結果。儒家的思想及制度中，保存部落時代的宗法社會性最多，中國的社會雖在戰國大大的動盪了一下子，但始終沒有完全進化到軍國，宗法制度仍舊是支配社會倫理的。所以黃老之道，申韓之術，可為治之用，不可為社會倫理所從出。這是最重要的一層理由。戰國時代因世家之廢而尚賢之說長，諸子之言興，然代起者仍是士人一個階級，並不是真正的平民。儒者之術恰是適應這個階級之身份、虛榮心及一切品性的。所以墨家到底不能挾民眾之力以勝儒，而儒者卻可挾王侯之力以勝墨，這也是一層理由。天下有許多東西，因不才而可綿延性命。戰國之窮年大戰，諸侯亡秦，楚漢戰爭，都是專去淘汰民族中最精良最勇敢最才智的分子的。所以中國人經三百年的大戰而後，已經

「挫其銳，解其紛，和其光，同其塵」了。淘汰剩下的平凡庸眾最多，於是儒家比上不足、比下有餘的穩當道路成王道了。儒家之獨成「適者的生存」，和戰國之究竟不能全量的變古，實在是一件事。假如楚於城濮之戰滅中原而開四代（夏、商、周、楚），匈奴於景武之際吞區夏而建新族，黃河流域的人文歷史應該更有趣些，儒家也就不會成正統了。又假如戰國之世，中國文化到了楚吳百越而更廣大，新民族負荷了舊文化而更進一步，儒者也就不會更延綿了。新族不興，舊憲不滅，宗法不亡，儒家長在。中國的歷史，長則長矣；人民，眾則眾矣。致此之由，中庸之道不無小補，然而果能光榮快樂乎哉？

六　論戰國諸子之地方性

凡一個文明國家統一久了以後，要漸漸地變成只剩了一個最高的文化中心點，不管這個國家多麼大。若是一個大國家中最高的文化中心點不止一個時，便要有一個特別的原因，也許是由於政治的中心點和經濟的中心點不在一處，例如明清兩代之吳會；也許是由於原舊國家的關係，例如羅馬帝國之有亞歷山大城，胡元帝國之有杭州。但就通例說，統一的大國只應有一個最高的文化中心點的。所以雖以西漢關東之富，吳梁滅後，竟不復聞類於吳苑梁朝者。雖以唐代長江流域之文華，隋煬一度之後，不聞風流文物更熾於漢皋吳會。統一大國雖有極多便宜，然也有這個大不便宜。五代十國之亂，真是中國歷史上最不幸的一個時期了，不過也只有在五代十國那個局面中，南唐西蜀乃至閩地之微，都要和僭亂的中朝爭文明的正統。這還就單元的國家說，若在民族的成分頗不相同的一個廣漠文明區域之內，長期的統一之後，每至消磨了各地方的特性，而減少了全部文明之富度，限制了各地各從其性之特殊發展。若當將混而未融之時，已通而猶有大別之

間，應該特別發揮出些異樣的文化來。近代歐洲正是這麼一個例，或者春秋戰國中也是這樣子具體而微罷？

戰國諸子之有地方性，《論語》《孟子》《莊子》均給我們一點半點的記載，若《淮南・要略》所論乃獨詳。近人有以南北混分諸子者，其說極不可通。蓋春秋時所謂「南」者，在文化史的意義上與楚全不相同，（詳拙論〈南國〉）而中原諸國與其以南北分，毋寧以東西分；雖不中，猶差近。在永嘉喪亂之前，中國固只有東西之爭，無南北之爭（晉楚之爭而不決為一例外）。所以現在論到諸子之地方性，但以國別為限不以南北西東等泛詞為別。

齊燕附　戰國時人一個成見，或者這個成見正是很對，即是談到荒誕不經之人，每說他是齊人。《孟子》，「此齊東野人之語也」；《莊子》，「齊諧者，志怪者也」；《史記》所記鄒衍等，皆其例。春秋戰國時，齊在諸侯中以地之大小比起來，算最富的（至兩漢尚如此），臨淄一邑的情景，假如蘇秦的話不虛，竟是一個近代大都會的樣子。地方又近海，或以海道交通而接觸些異人異地；並且從早年便成了一個大國，不像鄒魯那樣的寒酸。姜田兩代頗出些禮賢下士的侯王。且所謂東夷者，很多是些有長久傳說的古國，或者濟河岱宗以東，竟是一個很大的文明區域。又是民族遷徙自西向東最後一個層次。（以上各節均詳別論）那麼，齊國自能發達他的特殊文化，而成到了太史公時尚為人所明白見到的「泱泱乎大國風」，正是一個很合理的事情。齊國所貢獻於晚周初漢的文化大約有五類（物質的文化除外）。

甲、宗教　試看《史記・秦始皇本紀》〈封禪書〉，則知秦皇、漢武所好之方士，實原自齊，燕亦附庸在內。方士的作禍是一時的，齊國宗教系統之普及於中國是永久的。中國歷來相傳的宗教是道教，但後來的道教造形於葛洪、寇謙之一流人，其現在所及見最早一層的根據，只是齊國的神祠和方士。八祠之祀，在南朝幾乎成國教；而神仙

之論，竟成最普及最綿長的民間信仰。

　　乙、五行論　五行陰陽論之來源已不可考，〈甘誓〉、〈洪範〉顯
係戰國末人書。（我疑〈洪範〉出自齊，伏生所採以入廿八篇者。）現
在可見之語及五行者，以《荀子》〈非十二子篇〉為最多。荀子訾孟子、
子思以造五行論，然今本《孟子》、〈中庸〉中全無五行說。《史記・
孟子荀卿列傳》中卻有一段，記騶衍之五德終始論最詳：

　　　　齊有三騶子。其前騶忌，以鼓琴干威王，因及國政，封為
　　成侯，而受相印，先孟子。其次騶衍，後孟子。騶衍睹有國者
　　益淫侈，不能尚德，若〈大雅〉整之於身施及黎庶矣，乃深觀
　　陰陽消息，而作怪迂之變，〈終始〉、〈大聖〉之篇十餘萬言。
　　其語閎大不經，必先驗小物，推而大之，至於無垠。先序今以
　　上至黃帝，學者所共術，大並世盛衰，因載其禨祥度制，推而
　　遠之，至天地未生，窈冥不可考而原也。先列中國名山、大
　　川、通谷、禽獸，水土所殖，物類所珍，因而推之及海外，人
　　之所不能睹。稱引天地剖判以來，五德轉移，治各有宜，而符
　　應若茲。以為儒者所謂中國者，於天下乃八十一分居其一分
　　耳。中國名曰赤縣神州，赤縣神州內自有九州，禹之序九州是
　　也，不得為州數。　中國外如赤縣神州者九，乃所謂九州也，
　　於是有裨海環之。人民禽獸莫能相通者，如一區中者，乃為一
　　州。如此者九，乃有大瀛海環其外，天地之際焉。其術皆此類
　　也。然要其歸必止乎仁義節儉，君臣上下六親之施，始也濫
　　耳。王公大人初見其術，懼然顧化，其後不能行之。是以騶子
　　重於齊。適梁，梁惠王郊迎，執賓主之禮。適趙，平原君側行
　　撇席。如燕，昭王擁篲先驅，請列弟子之座而受業，築碣石
　　宮，身親往師之，作〈主運〉。

　　鄒子出於齊，而最得人主景仰於燕，燕齊風氣，騶子一身或者是一個表像。鄒子本不是儒家，必戰國晚年他的後學者托附於當時的顯學儒家以自重，於是謂五行之學創自子思、孟軻。荀子習而不察，遽以之歸罪子思、孟軻，遂有〈非十二子〉中之言。照這看來，這個五行論在戰國末很盛行的，諸子《史記》不少證據。且這五行論在戰國晚年不特托於儒者大師，又竟和儒者分不開了。《史記・秦始皇本紀》：

　　盧生說始皇曰：「臣等求芝奇藥仙者常弗遇，類物有害之者。方中，人主時為微行，以辟惡鬼，惡鬼辟，真人至。至人主所居，而人臣知之，則害於神。真人者，入水不濡，入火不爇，陵雲氣，與天地久長。今上治天下，未能恬惔。願上所居宮毋令人知，然後不死之藥殆可得也。」於是始皇曰：「吾慕真人，自謂真人，不稱朕。」乃令咸陽之旁二百里內宮觀二百七十復道甬道相連，帷帳鐘鼓美人充之，各案署，不移徙。行所幸，有言其處者，罪死。始皇帝幸梁山宮，從山上見丞相車騎眾，弗善也。中人或告丞相，丞相後損車騎。始皇怒曰：「此中人泄吾語。」案問，莫服。當是時，詔捕諸時在旁者，皆殺之。自是後莫知行之所在。聽事，群臣受決事，悉於咸陽宮。侯生、盧生相與謀曰：「始皇為人，天性剛戾自用，起諸侯，並天下，意得欲從，以為自古莫及己。專任獄吏，獄吏得親幸。博士雖七十人，特備員弗用。丞相諸大臣皆受成事，倚辨於上。上樂以刑殺為威，天下畏罪，持祿莫敢盡忠。上不聞過而日驕，下懾伏謾欺以取容。秦法，不得兼方，不驗，輒死。然候星氣者至三百人，皆良士，畏忌諱諛，不敢端言其過。天下之事無小大皆決於上，上至以衡石量書，日夜有呈，不中呈，不得休息。貪於權勢至如此，未可為求仙藥。」於是

乃亡去。始皇聞亡，乃大怒曰：「吾前收天下書不中用者盡去
之。悉召文學方術士甚眾，欲以興太平，方士欲練以求奇藥。
今聞韓眾去不報，徐市等費以巨萬計，終不得藥，徒奸利相告
日聞。盧生等吾尊賜之甚厚，今乃誹謗我，以重吾不德也。諸
生在咸陽者，吾使人廉問，或為妖言以亂黔首。」於是使御史
悉案問諸生，諸生傳相告引，乃自除犯禁者四百六十餘人，皆
坑之咸陽，使天下知之，以懲後。益發謫徙邊。始皇長子扶蘇
諫曰：「天下初定，遠方黔首未集，諸生皆誦法孔子，今上皆重
法繩之，臣恐天下不安。惟上察之。」始皇怒，使扶蘇北監蒙
恬於上郡。

　　這真是最有趣的一段史料，分析之如下：
　　一、盧生等只是方士，決非鄒魯之所謂儒；
　　二、秦始皇坑的是這些方士；
　　三、這些方士竟「皆誦法孔子」，而坑方士變作了坑儒。則侈談神
仙之方士，為五行論之諸生，在戰國末年竟儒服儒號，已無可疑了。
這一套的五德終始陰陽消息論，到了漢朝，更養成了最有勢力的學
派，流行之普遍，竟在儒老之上。有時附儒，如儒之齊學，《禮記》中
〈月令〉及他篇中屬入之陰陽論皆是其出產品；有時混道，如《淮南鴻
烈》書中不少此例，《管子》書中也一樣。他雖然不能公然的爭孔老之
席，而暗中在漢武時，已把儒家換羽移宮，如董仲舒、劉向、劉歆、
王莽等，都是以陰陽學為骨幹者。五行陰陽本是一種神道學
（Theology），或曰玄學（Metaphgiscs），見諸行事則成迷信。五行論在
中國造毒極大，一切信仰及方技都受他影響。但我們現在也不用笑他
了，十九世紀總不是一個頂迷信的時代罷？德儒海格爾以其心學之言
盈天下，三四十年前，幾乎統一了歐美大學之哲學講席。但這位大玄

學家撰寫的一篇著作是用各種的理性證據──就是五德終始一流
的──去斷定太陽系行星只能有七，不能有六，不能有八。然他這本
大著出版未一年，海王星之發現宣佈了！至於辨式Dialektik，還不是近
代的陰陽論嗎？至若我們只瞧不起我們兩千年前的同國人，未免太寬
於數十年前的德國哲學家了。

丙、托於管晏的政論　管晏政論在我們現在及見的戰國書中並無
記之者（《呂覽》只有引管子言行處，沒有可以證明其為引今見《管子》
書處），但《淮南》、《史記》均詳記之。我對於《管子》書試作的設
定是：《管子》書是由戰國晚年漢初年的齊人雜著拼合起來的。《晏子》
書也不是晏子時代的東西，也是戰國末漢初的齊人著作。此義在下文
殊方之治術一篇及下一章〈戰國子家書成分分析〉中論之。

丁、齊儒學　這本是一個漢代學術史的題目，不在戰國時期之
內。但若此地不提明此事，將不能認清齊國對戰國所醞釀漢代所造成
之文化的貢獻，故略說幾句。儒者的正統在戰國初漢均在魯國，但齊
國自有他的儒學，骨子裡只是陰陽五行，又合著一些放言侈論。這個
齊學在漢初的勢力很大，武帝時竟奪魯國之席而為儒學之最盛者。政
治上最得意的公孫弘，思想上最開風氣的董仲舒，都屬於齊學一派。
公羊氏《春秋》，齊《詩》，田氏《易》，伏氏《書》，都是太常博士中
最顯之學。魯學小言詹詹，齊學大言炎炎了。現在我們在西漢之殘文
遺籍中，還可以看出這個分別。

戊、齊文辭　戰國文辭，齊楚最盛，各有其他的地方色彩。此事
待後一篇中論之（〈論戰國雜詩體〉一章中）。

魯　魯是西周初年周在東方文明故域中開闢的一個殖民地。西周
之故域既亡於戎，南國又亡於楚，而「周禮盡在魯矣」。魯國人揖讓之
禮甚講究，而行事甚乖戾（太史公語），於是拿詩書禮樂做法寶的儒家
出自魯國，是再自然沒有的事情。蓋人文既高，儀節尤備，文書所存

獨多，又是個二等的國家，雖想好功矜伐而不能。故齊楚之富，秦晉之強，有時很足為師，儒之學發展之阻力，若魯則恰成發展這一行的最好環境。「儒是魯學」這句話，大約沒有疑問罷？且儒學一由魯國散到別處便馬上變樣子。孔門弟子中最特別的是「堂堂乎張」和不仕而俠之漆雕開，這兩個人後來皆成顯學。然上兩個人是陳人，下兩個人是蔡人。孔門中又有個子遊，他的後學頗有接近老學的嫌疑，又不是魯人（吳人）。宰我不知何許人，子貢是衛人，本然都不是魯國願儒的樣子，也就物以類聚跑到齊國，一個得意，一個被殺了。這都是我們清清楚楚地認識出地方環境之限制人。墨子魯人（孫詒讓等均如此考定），習孔子之書，業儒者之業（《淮南·要略》），然他的個性及主張，絕對不是適應於魯國環境的，他自己雖然應當是魯國及儒者之環境逼出來的一個造反者，但他總要到外方去行道，所以他自己的行跡，便也在以愚著聞的宋人國中多了。

宋　宋也是一個文化極高的國家，且歷史的綿遠沒有一個可以同他比；前邊有幾百年的殷代，後來又和八百年之周差不多同長久。當桓襄之盛，大有殷商中興之勢，直到亡國還要稱霸一回。齊人之誇，魯人之拘，宋人之愚，在戰國都極著名。諸子談到愚人每每是宋人，如《莊子》「宋人資章甫而適諸越，越人斷髮文身，無所用之」；《孟子》「宋人有閔其苗之不長而揠之者」；《韓非子》宋人守株待兔。此等例不勝其舉，而《韓非子》尤其談到愚人便說是宋人。大約宋人富於宗教性，心術質直，文化既古且高，民俗卻還淳樸，所以學者輩出，思想疏通致遠，而不流於浮華。墨家以宋為重鎮，自是很自然的事情。

三晉及周鄭　晉國在原來本不是一個重文貴儒提倡學術的國家，「晉所以伯，師武臣之力也」。但晉國接近周鄭，周鄭在周既東之後，雖然國家衰弱，終是一個文化中心，所以晉國在文化上受周鄭的影響多（《左傳》中不少此例）。待晉分為三之後，並不保存早年單純軍國

的樣子了，趙之邯鄲且與齊之臨淄爭奢侈。韓魏地當中原，尤其出來了很多學者，上繼東周之緒，下開名法諸家之盛。這一帶地方出來的學者，大略如下：

　　　太史儋　著所謂《老子》五千言（考詳後）。關尹不知何許人，然既為周秦界上之關尹，則亦此一帶之人。

　　　申不害、韓非　刑名學者。管、晏、申、韓各書皆談治道者，而齊晉兩派絕異。

　　　惠施、鄧析、公孫龍　皆以名理為衛之辯士。據《荀子》，惠施、鄧析，一流人；據《漢》〈志〉，則今本《鄧析子》乃申韓一派。

　　魏牟　放從論者。

　　慎到　稷下辯士。今存《慎子》不可考其由來，但《莊子》中〈齊物論〉一篇為慎到著十二論之一，說後詳。

　　南國　「南國」和「楚」兩個名辭斷不混的。「南國」包陳、蔡、許、鄧、息、申一帶楚北夏南之地，其地在西周晚季文物殷盛（詳說論〈周頌〉篇），在春秋時已經好多部分入楚，在戰國時全入楚境之內了。現在論列戰國事自然要把南國這個名詞放寬些，以括楚吳新興之人眾。但我們終不要忘楚之人文是受自上文所舉固有之南國的。勝國之人文，新族之朝氣，混合起來，自然可出些異樣的東西。現在我們所可見自春秋末年這一帶地方思想的風氣，大略有下列幾個頭緒；

　　　厭世達觀者　如孔子適陳、蔡一帶所遇之接輿、長沮、桀溺、荷蓧丈人等。

　　　獨行之士　許行等。

這一帶地方又是墨家的一個重鎮，且這一帶的墨學者在後來以偏於名辯著聞。

果下文所證所謂苦縣之老子為老萊子，則此一聞人亦是此區域之人。

秦國　秦國若干風氣似晉之初年，並無學術思想可言，不知〈商君書〉一件東西是秦國自生的政論，如管晏政論之為齊學一樣？或者是六國人代擬的呢？

中國之由分立進為一統，在政治上固由秦國之戰功，然在文化上則全是另一個局面，大約說來如下：

齊以宗教及玄學統一中國（漢武帝時始成就）。

魯以倫理及禮制統一中國（漢武帝時始成就）。

三晉一帶以官術統一中國（秦漢皆申韓者）。

戰國之亂，激出些獨行的思想家；戰國之侈，培養了些作清談的清客。但其中能在後世普及者，只有上列幾項。

七　論墨家之反儒學

在論戰國墨家反儒學之先，要問戰國儒家究竟是怎個樣子。這題目是很難答的，因為現存的早年儒家書，如《荀子》、《禮記》，很難分那些是晚周，那些是初漢，《史記》一部書中的儒家史材料也吃這個虧。只有《孟子》一部書純粹，然孟子又是一個「辯士」，書中儒家史料真少。在這些情形之下，戰國儒家之分合，韓非所謂八派之差異，竟是不能考的問題。但他家攻擊儒者的話中，反要存些史料，雖然敵人之口不可靠，但攻擊人者無的放矢，非特無補，反而自尋無趣；所以《墨子》、《莊子》等書中非儒的話，總有著落，是很耐人尋思的。

關於戰國儒者事，有三件事可以說幾句：

一、儒者確曾制禮作樂，雖不全是一個宗教的組織，卻也是自成組織，自有法守。三年之喪並非古制，實是儒者之制，而儒者私居演禮習樂，到太史公時還在魯國歷歷見之。這樣的組織，正是開墨子創教的先河，而是和戰國時一切辯士之諸子全不同的。

二、儒者在魯國根深蒂固，竟成通國的宗教。儒者一至他國，則因其地而變，在魯卻能保持較純淨的正統，至漢而多傳經容禮之士。所以在魯之儒始終為專名，一切散在列國之號為儒者，其中實無所不有，幾乎使人疑儒乃一切子家之通名。

三、儒者之禮云樂云，弄到普及之後，只成了個樣子主義mannerism，全沒有精神，有時竟像詐偽。荀卿在那裡罵賤儒，罵自己的同類，也不免罵他們只講樣子，不管事做。《莊子・外物篇》中第一段形容得尤其好：

> 儒以《詩》、《禮》發塚。（王先謙云：「求《詩》、《禮》發古塚」，此解非是。下文云，大儒臚傳，小儒述《詩》，猶云以《詩》、《禮》之態發塚。郭注云：「《詩》、《禮》者，先王之陳跡也。苟非其人，道不虛行。故夫儒者乃有用之為奸，則跡不足恃也。」此解亦謂以《詩》、《禮》發塚，非謂求《詩》、《禮》發塚）大儒臚傳曰：「東方作矣，事之若何？」小儒曰：「未解裙襦，口中有珠。《詩》固有之曰：『青青之麥，生於陵陂。生不佈施，死何食珠為？』」接其鬢，壓其顪，儒以金椎控其頤，徐別其頰，無傷口中珠！

這是極端刻畫的形容，但禮云樂云而性無所忍，勢至弄出這些怪樣子來的。

墨子出於禮云樂云之儒者環境中，不安而革命，所以墨家所用之

具全與儒同，墨家所標之義全與儒異。儒者稱《詩》、《書》，墨者亦稱《詩》、《書》；儒者道《春秋》，墨者亦道《春秋》（但非止《魯春秋》）；儒者談先王、談堯舜，墨者亦談先王、談堯舜；儒者以禹為大，墨者以禹為至；儒墨用具之相同遠在戰國諸子中任何兩家之上。然墨者標義則全是向儒者痛下針砭。今作比較表如下：

墨者義	儒者義	附記
尚賢《墨子》:「古者聖王甚尊，尚賢而任使能，不黨父兄，不偏貴富，不嬖顏色」	**親親**如孟子所舉舜封弟象諸義，具見儒者將親親之義置於尚賢之前	儒者以家為國，墨子以天下為國。故儒者治國以宗法之義，墨者則以一視同仁為本
尚同一切上同於上，「上同乎天子，而未尚同乎天者，則大菑將猶未止也」	**事有差等** 儒者以為各階級應各盡其道以事上，而不言同乎上，尤不言尚同乎天	尚同實含平等義，儒者無之
兼愛例如「報怨以德」之說。墨子以為人類之間無「此疆爾界」	**愛有等差**例如《孟子》:「有人於此，越人關弓而射之，則己談笑而道之；其兄關弓而射之，則己垂涕泣而道之。」孟子之性善論如此	
非攻非一切之攻戰 **節用** **節葬**	**別義**戰與不義戰 **居儉侈之間** **厚葬**	《韓非子》:「儒者傾家而葬，人主以為孝；墨者薄葬，人主以為儉。」此為儒墨行事最異、爭論最多之點

墨者義	儒者義	附記
天志墨子明言天志，以為「天欲義而惡其不義」	**天命**儒者非謂天無志之自然論者，但不主明切言之。《論語》：「天何言哉？四時行焉，百物生焉。」又每以命為天，《孟子》：「吾之不遇魯侯，天也。」	此兩事實一體。儒者界於自然論及宗教家之中，而以甚矛盾之行事成其不可知之誼
明鬼確信鬼之有者	**敬鬼神而遠之**〈論語〉：「祭如在，祭神如神在。」又「未能事人，焉能事鬼？」	
非樂	**放鄭聲而隆雅樂**	
非命	**有命**《論語》：「道之將行也與？命也！道之將廢也與？命也！公伯寮其如命何？」《孟子》：「吾之不遇魯侯，天也！臧氏之子，焉能使予不遇哉？」儒者平日並不言命，及失敗時，遂強顏談命以諱其失敗。	

　　就上表看，墨者持義無不與儒歧別。其實邏輯說去，儒墨之別常是一個度的問題：例如儒者亦主張任賢使能者，但更有親親之義在上頭；儒者亦非主張不愛人，如魏牟、楊朱者，但謂愛有差等；儒者亦非主戰陣，如縱橫家者，但還主張義戰；儒者亦非無神無鬼論者，但也不主張有鬼。樂、葬兩事是儒墨行事爭論的最大焦點，但儒者亦放鄭聲，亦言「禮與其奢也寧儉，喪與其易也寧戚」。然而持中者與極端論者總是不能合的，兩個絕相反的極端論者，精神上還有多少的同

情；極端論與持中者既不同道，又不同情，故相爭每每最烈。儒者以為凡事皆有差等，皆有分際，故無可無不可。在高賢尚不免於妥協之過，在下流則全成偽君子而已。這樣的不絕對主張，正是儒者不能成宗教的主因；雖有些自造的禮法制度，但信仰無主，不吸收下層的眾民，故只能隨人君為抑揚；不有希世取榮之公孫弘，儒者安得那樣快當的成正統啊！

八　《老子》五千言之作者及宗旨

汪容甫〈老子考異〉一文所論精澈，茲全錄之如下：

《史記・孔子世家》云：「南宮敬叔與孔子俱適周問禮，蓋見老子云。」〈老莊申韓列傳〉云：「孔子適周，問禮於老子。」按老子言行今見於曾子問者凡四，是孔子之所從學者可信也。夫助葬而遇日食，然且以見星為嫌，止柩以聽變，其謹於禮也如是；至其書則曰：「禮者忠信之薄，而亂之首也。」下殤之葬，稱引周召史佚，其尊信前哲也如是；而其書則曰：「聖人不死，大盜不止。」彼此乖違甚矣！故鄭注謂「古壽考者之稱」，黃東發《日鈔》亦疑之，而皆無以輔其說。其疑一也。本傳云：「老子，楚苦縣屬鄉曲仁里人也。」又云：「周守藏室之史也。」按周室既東，辛有入晉（《左傳》昭二十年），司馬適秦（〈太史公自序〉），史角在魯（《呂氏春秋・當染篇》），王官之符，或流播於四方，列國之產，惟晉悼嘗仕於周，其他固無聞焉。況楚之於周，聲教中阻，又非魯鄭之比。且古之典籍舊聞，惟在瞽史，其人並世官宿業，羈旅無所置其身。其疑二也。本傳又云：「老子，隱君子也。」身為王官，不可謂隱。其疑三也。

今按《列子‧黃帝》〈說符〉二篇，凡三載列子與關尹子答問之語。（《莊子‧達生篇》與《列子‧黃帝篇》文同，《呂氏春秋‧審己篇》與《列子‧說符篇》同。）而列子與鄭子陽同時，見於本書。〈六國表〉，「鄭殺其相駟子陽」，在韓列侯二年，上距孔子之歿凡八十二年。關尹子之年世既可考而知，則為關尹著書之老子，其年亦從可知矣。《文子‧精誠篇》引《老子》曰：「秦楚燕魏之歌，異傳而皆樂。」按，燕終春秋之世，不通盟會。〈精誠篇〉稱燕自文侯之後始與冠帶之國（燕世家有兩文公，武公予文公，《索隱》引《世本》作閔公，其事蹟不見於《左氏春秋》，不得謂始與冠帶之國。桓公子亦稱文公，司馬遷稱其予車馬金帛以至趙，約六國為從，與文子所稱時勢正合）。文西元年上距孔子之歿凡百二十六年，老子以燕與秦楚魏並稱，則老子已及見文公之始強矣。又魏之建國，上距孔子之歿凡七十五年，而老子以之與三國齒，則老子已及見其侯矣。《列子‧黃帝篇》載老子教楊朱事，（《莊子‧寓言篇》文同，惟以朱作子居。今江東讀朱如居。張湛注《列子》云：朱字子居。非也）〈楊朱篇〉禽子曰：「以子之言問老聃關尹，則子言當矣；以吾言問大禹墨翟，則吾言當矣。」然則朱固老子之弟子也。又云：「端木叔者，子貢之世也。」又云：「其死也，無瘞埋之資。」又云：「禽滑釐曰：端木叔狂人也，辱其祖矣。段干生曰：端木叔達人也，德過其祖矣。」朱為老子之弟子，而及見於貢之孫之死，則朱所師之老子不得與孔子同時也。《說苑‧政理篇》：「楊朱見梁主，言治天下如運諸掌。」梁之稱王自惠王始，惠王元年上距孔子之歿凡百十八年。楊朱已及見其王，則朱所師事之老子其年世可知矣。〈本傳〉云：「見周之衰，乃遂去，至關。」《抱朴子》以為散關，又以為函谷關。按：散關遠

在岐州，秦函谷關在靈寶縣，正當周適秦之道，關尹又與鄭之列子相接，則以函谷為是。　函谷之置，書無明文。當孔子之世，二崤猶在晉地，桃林之塞，詹瑕實守之。惟賈誼《新書・過秦篇》云：「秦孝公據崤函之固。」則是舊有其地矣。秦自躁懷以後，數世中衰，至獻公而始大，故〈本紀〉獻公二十一年：「與晉戰於石門，斬首六萬。」二十三年：「與魏晉戰少梁，虜其將公孫痤。」然則是關之置，在獻公之世矣。　由是言之，孔子所問禮者，聃也，其人為周守藏室之史，言與行則曾子問所在者是也。周太史儋見秦獻公，〈本紀〉在獻公十一年，去魏文侯之歿十三年，而老子之子宗為魏將，封於段干，（〈魏世家〉：安釐王四年，魏將段幹子請予秦南陽以和。《國策》：華軍之戰，魏不勝秦，明年將使段干崇割地而講。〈六國表〉：秦昭王二十四年，白起擊魏華陽軍。按，是時上距孔子之卒，凡二百一十年）則為儋之子無疑。而言道德之意五千餘言者，儋也。其入秦見獻公，即去周至關之事。〈本傳〉云：「或曰，儋即老子。」其言讎矣。至孔子稱老萊子，今見於太傅禮衛將軍〈文子篇〉，《史記・仲尼弟子列傳》亦載其說，而所云貧而樂者，與隱君子之文正合。老萊之為楚人，又見《漢書・藝文志》，蓋即苦縣屬鄉曲仁里也。而老聃之為楚人，則又因老萊子而誤，故《本傳》老子語孔子「去子之驕色與多欲，態心與淫志」。而《莊子・外物篇》則曰，老萊子謂孔子「去汝躬矜與汝容知」。《國策》載老萊子教孔子語，《孔叢子・抗志篇》以為老萊子語子思，而《說苑・敬慎篇》則以為常樅教老子。（《呂氏春秋・慎大篇》：表商容之閭。高誘注：商容，殷之賢人，老子師也。商常、容樅，音近而誤。《淮南・主術訓》，表商容之閭。　注同。〈繆稱訓〉，老子學商容，見舌而知守柔矣。《呂氏

春秋・離謂篇》，箕子商容以此窮。注：商容，紂時賢人，老子
所從學也）然則老萊子之稱老子也舊矣，實則三人不相蒙也。
若《莊子》載老聃之言，率原於道德之意，而〈天道篇〉載老
子西藏書於周室，尤誤後人。「寓言十九」，固已自揭之矣。

　　容甫將〈老子列傳〉中之主人分為三人，而以著五千文者為史
儋，孔子問禮者為老聃，家於苦縣者為老萊子。此種分析誠未必盡
是，然實是近代考證學最秀美之著作。若試決其當否，宜先審其推論
所本之事實，出自何處。（一）容甫不取《莊子》，以為「寓言十九，
固自揭之」。按，今本《莊子》，實向秀、郭象所定之本，（見《晉書》
本傳）西晉前之《莊子》面目，今已不可得見，郭氏於此書之流行本，
大為刪刈。《經典釋文》卷一引之曰：「故郭子云，一曲之才，妄竄奇
說，若閼奕意修之首，危言遊鳧子胥之篇，凡諸巧雜十分有三。」子玄
非考訂家，其所刪削，全憑自己之理會可知也。《莊子》之成分既雜，
今本面目之成立又甚後，（說詳下文釋《莊子》節）則《莊子》一書本
難引為史料。蓋如是後人增益者，固不足據；如誠是自己所為，則「寓
言十九，固已自揭之」也。《莊子》書中雖有與容甫說相反者，誠未足
破之。（二）容甫引用《列子》文，《列子》固較《莊子》為可信耶？
《列子》八篇之今本，亦成於魏晉時，不可謂其全偽，以其中收容有若
干舊材料也。不可謂其不偽，以其編制潤色增益出自後人也。《列子》
書中所記人事，每每偶一覆核，頓見其謬者。今證老子時代，多取於
此，誠未可以為定論。
　　然有一事足證汪說者。《史記》記老子七代孫假仕漢文朝，假定父
子一世平均相差三十五年不為不多，老子猶不應上於周安王。安王元
年，上距孔子之生猶百餘年。且魏為諸侯在威烈王二十三年（西元前
403），上距孔子之卒（西元前479）七十六年。若老子長於孔子者，老

子之子焉得如此之後？又《莊子・天下篇》（〈天下篇〉之非寓言，當無異論），關尹老聃並舉，關尹在前，老聃在後。關尹生年無可詳考，然周故籍以及後人附會，無以之為在諸子中甚早者。關尹如此，老子可知。《史記》記老子只四事：（一）為周守藏史；（二）孔子問禮；（三）至關見關尹；（四）子宗仕魏。此四事除問禮一事外，無不與儋合。（儋為周史，儋入關見秦獻公，儋如有子，以時代論恰可仕於魏。）容甫所分析宜若不誤也。五千言所談者，大略兩端：一、道術；二、權謀。此兩端實亦一事，道術即是權謀之擴充，權謀亦即道術之實用。「知其雄，守其雌，為天下谿；知其榮，守其辱，為天下谷」；「人皆取先，己獨取後」云云者，固是道術之辭，亦即權謀之用。五千言之意，最洞澈世故人情。世當戰國，人識古今，全無主觀之論，皆成深刻之言。「將欲取之，必故與之」，即荀息滅虢之策，陰謀之甚者也。「夫惟弗居，是以不去」，即所謂「精華既竭，褰裳去之」者之廉也。故《韓非子》書中〈解老〉〈喻老〉兩篇所釋者，誠老子之本旨；談道術乃其作用之背景，陰謀術數乃其處世之路也。「當其無，有車之用」，實帝王之術；「國之利器，不可示人」，亦御下之方。至於柔弱勝剛強，無事取天下，則戰國所托黃帝、殷甲、伊尹、太公皆如此旨。並競之世，以此取敵；並事一朝，以此自得。其言若抽象，若怪譎，其實乃皆人事之歸納，處世之方策。〈解老〉以人間世釋之，〈喻老〉以故事釋之，皆最善釋老者。王輔嗣敷衍旨要，固已不及；若後之侈為玄談，曼衍以成長論，乃真無當於老子用世之學者矣。《史記》稱漢文帝好黃老刑名，今觀文帝行事，政持大體，令不擾民，節用節禮，除名除華，居平勃之上，以無用為用，介強藩之中，以柔弱克之，此非庸人多厚福，乃是帷幄有深謀也。洛陽賈生，雖為斯公再傳弟子，習於刑名，然年少氣盛，侈言高論，以正朔服色動文帝，文帝安用此擾為？竇太后問轅固生《老子》何如，轅云：「此家人言耳。」

可見漢人於《老子》以為處世之論而已，初與侈談道體者大不同，尤與神仙不相涉也。又漢初為老學者曰黃老。黃者或云黃帝，或云黃生（例如夏曾佑說）。黃生漢人，不宜居老之上。而《漢·志》列黃帝者四目，兵家舉黃帝風後力牧者，又若與道家混。是黃老之黃，乃指黃帝，不必有異論。五千文中，固自言「以正治國，以奇用兵，以無事取天下」；則無為之論，權謀術數之方，在戰國時代誠可合為一勢者矣。

綜上所說，約之如下：五千文非玄談者，乃世事深刻歸納。在戰國時代，全非顯學。孔子孟子固未提及，即下至戰國末，荀子非十二子，老氏關尹不與；韓非斥顯學，絕五蠹，道家黃老不及之；僅僅《莊子·天下篇》一及之，然所舉關尹之言乃若論道，所稱老聃之言只是論事。《莊子·天下篇》之年代，蓋差前乎荀卿，而入漢後或遭潤色者（說別詳）。是戰國末、漢初之老學，應以《韓子》〈解〉、〈喻〉兩篇者為正。文帝之治，為其用之效；合陰謀，括兵家，為其域之廣。留侯黃石之傳說，河上公之神話，皆就「守如處女，出如脫兔」之義敷衍之，進為人君治世之衡，退以其說為帝王師，斯乃漢初之黃老面目。史儋以其職業多識前言往行，處六百年之宗主國，丁世變之極殷（戰國初年實中國之大變，顧亭林曾論之），其制五千言固為情理之甚可能者。今人所謂「老奸巨猾」者，自始即號老矣。申韓刑名之學，本與老氏無衝突處；一談其節，一振其綱，固可以刑名為用，以黃老為體矣。此老氏學最初之面目也。

「老學既黃」（戲為此詞），初無須大變老氏旨也。蓋以陰謀運籌帷幄之中，以權略術數決勝千里之外，人主之取老氏者本以此，則既黃而兵家權略皆入之，亦固其所。然黃帝實戰國末漢初一最大神道，儒道方士神仙兵家法家皆托焉，太史公足跡所至，皆聞其神話之跡焉（見〈五帝本紀·贊〉）。則既黃而雜亦自然之勢矣。老學一變而雜神仙

方士，神仙方士初與老氏絕不相涉也（白居易詩「玄元聖祖五千言，不言藥，不言仙，不言白日升青天」）。神仙方士起於燕齊海上，太史公記之如此，本與鄒魯之儒學無涉，周鄭三晉之道論（老子）官術（申韓）不相干。然神仙方術之說來自海濱，無世可紀，不得不比附顯學以自重於當時。戰國末顯學儒墨也（見《韓非子》），故秦始皇好神仙方士，乃東游，竟至鄒嶧山，聚諸生而議之。其後怒求神仙者之不成功，大坑術士，而扶蘇諫曰：「諸生皆誦法孔子，今上皆重法繩之，臣恐天下不安。」坑術士竟成坑儒，則當時術士自附於顯學之儒可知。儒者在戰國時，曾西流三晉，南行楚吳；入漢而微，僅齊魯之故壘不失。文景時顯學為黃老，於是神仙方士又附黃老，而修道養性長壽成丹各說皆與老子文成姻緣，淮南一書，示當時此種流勢者不少。故神仙方士之入於道，時代為之，與本旨之自然演化無涉也。

武帝正儒者之統，行陰陽之教，老學遂微。漢初數十年之顯學，雖式微於上，民間稱號終不可息。且權柄刑名之論，深於世故者好取之，馭下者最便之，故宣帝猶賢黃老刑名，而薄儒術。後世治國者縱慣以儒術為號，實每每陰用黃老申韓焉。又百家廢後，自在民間離合。陰陽五行既已磅礴當世，道與各家不免借之為體。試觀《七略》《漢・志》論次諸子，無家不成雜家，非命之墨猶須順四時而行（陰陽家說），其他可知矣。在此種民間混合中，老子之號自居一位，至於漢末而有黃巾道士，斯誠與漢初老學全不相涉也。

東漢以來，儒術凝結，端異者又清澈之思，王充仲長統論言於前，王弼鐘會注書於後，於是老氏之論復興。然魏晉之老乃莊老，與漢初黃老絕不同。治國者黃老之事，玄談者莊老之事。老莊之別，〈天下篇〉自言之：老乃世事洞明，而以深刻之方術馭之者；莊乃人情練達，終於感其無何奈何，遂「糊裡糊塗以不了了之」者。魏晉間人，大若看破世間紅塵，與時俯仰，通其狂惑（如阮嗣宗），故亦尼言曼

行，「以天下為沉濁不可與莊語」，此皆莊書所稱。若老子則有積極要求，潛藏雖有之，卻並非「不譴是非以與世俗處」者。干令升〈晉紀・總論〉云：「學者以莊老為宗而紲六經」，不言老莊。太史公以莊釋老，遂取莊書中不甚要各篇，當時儒道相紲之詞，特標舉之。甚不知莊生自有其旨。魏晉人又以老釋莊，而五千言文用世之意，於以微焉。例如何平叔者，安知陳張蕭曹之術乎？乃亦侈為清談，超機神而自比於猶龍，志存吳蜀，忘卻肘腋之患，適得子房之反，運籌千里之外，決敗帷幄之中矣。此種清談絕非《老子》之效用也。

　　老學之流變既如上述，若晉人葛洪神仙之說，魏人寇謙之符籙之術，皆黃巾道士之支與裔，與老子絕無涉者。老萊子一人，〈孔子弟子列傳〉既引之，大約漢世乃及戰國所稱孔子問禮之事每以老萊子當之；以老聃當之者，其別說也。孔子事蹟後人附會極多，今惟折中於《論語》，差為近情。《論語》未談孔子問禮事，然記孔子適南時所受一切揶揄之言，如長沮、桀溺、荷蓧丈人、接輿等等，而鳳兮之歎流傳尤多。孔子至楚乃後來傳說，無可考證，若厄陳蔡則系史實。苦為陳邑，孔子卒時陳亡於楚，則老萊子固可為孔子適陳蔡時所遇之隱君子，苦邑人亦可因陳亡而為楚人屬，之與萊，在聲音上同紐，或亦方言之異也。老萊子責孔子以「去汝躬矜與汝容知」之說，容有論事，則老萊亦楚狂一流之人；不然，亦當是憑藉此類故事而生之傳說，初無涉乎問禮。及老聃（或史儋）之學浸浸與顯學之儒角逐，孔老時代相差不甚遠，從老氏以紲儒學者，乃依舊聞而造新說，遂有問禮之論，此固是後人作化胡經之故智。六朝人可將老聃釋迦合，戰國末漢初人獨不可將仲尼老聃合乎？《論語》、《孟子》、《荀子》及〈曲禮〉、〈檀弓〉諸篇，戰國儒家史今存之材料也，其中固無一言及此，惟〈曾子問〉三言之。今觀《曾子・檀弓問》所記，皆禮之曲節，陰陽避忌之言，傅會掌故之語，誠不足當問禮之大事。明堂《戴記》中，除〈曲

禮〉數篇尚存若干戰國材料外，幾乎皆是漢博士著作或編輯，前人固已言其端矣。（太史公、班孟堅、盧植明指王制為漢文時博士作。甚顯之〈中庸〉，亦載「今天下車同軌」及「載華嶽而不重」之言。）

附記：韓文公已開始不信問禮事，〈原道〉云：「老者曰，孔子，吾師之弟子也。為孔子者習聞其說，樂其誕而自小也，亦曰吾師亦嘗師之云爾。不惟舉之於其口，而又筆之於其書。」然《史記》一書雜老學，非專為儒者。

儋、聃為一人，儋、聃亦為一語之方言變異。王船山曰：「老聃亦曰太史儋。儋、聃音蓋相近。」畢沅曰：「古瞻、儋字通。《說文解字》有聃，云：『耳曼也』；又有瞻字，云：『垂耳也，南方瞻耳之國』。《大荒北經》《呂覽》瞻耳字並作儋。又《呂覽》老聃字，《淮南王書》瞻耳字，皆作耽。《說文解字》有耽字，云：『耳大垂也。』蓋三字聲義相同，故並借用之。」此確論也。儋、聃即為一字之兩書。孔子又安得於卒後百餘年從在秦獻公十一年入關之太史儋問禮乎？總而言之，果著五千文者有人可指當為史儋，果孔子適南又受揶揄，當為老萊子也。

上說或嫌頭緒不甚清晰，茲更約述之。

一、《老子》五千言之作者為太史儋，儋即為老聃，後於孔子。此合汪、畢說。

二、儋、聃雖一人，而老萊則另一人，萊、厲或即一語之轉。

三、孔子無問禮事，〈曾子問〉不可據。問禮說起於漢初年儒老之爭。

四、始有孔子受老萊子揶揄之傳說，後將老子代老萊。假定如此。

五、老子書在戰國非顯學，入漢然後風靡一世。

六、老莊根本有別，韓子書中〈解老〉、〈喻老〉兩篇，乃得《老子》書早年面目者。

　　《莊子》書最雜，須先分析篇章然後可述說指歸，待於下篇中詳辨
之。

九　齊晉兩派政論

　　一種政論之生不能離了他的地方人民性，是從古到今再顯明沒有
的事情。例如放任經濟論之起於英，十八世紀自由論之起於法，國家
論及國家社會論起於德，所謂「拜金主義」者之極盛於美，都使我們
覺得有那樣土田，才生那樣草木。中國在春秋戰國間東西各部既通而
未融，既混而未一，則各地政論之起，當因地域發生很不同的傾向，
是自然的事。戰國時風氣最相反的莫如齊秦。一以富著，一以強稱；
一則寬博，一則褊狹；一則上下靡樂，一則人民勇於公戰；一則天下
賢士皆歸之，一則自孝公以來即燔滅詩書（見《韓非子・和氏篇》）。
齊則上下行商賈之利，秦則一個純粹的軍國家。齊之不能變為秦，猶
秦之難於變為齊。秦能滅齊而不能變其俗，秦地到了漢朝，為天下之
都，一切之奢侈皆移於關中，而近秦之巴蜀，山鐵之富甲於世間，然
後其俗少變，然關西猶以出將著聞。（時諺：關東多相，關西多將。）
在這樣的差異之下，齊晉各有其不同的政治，亦即各有其政論是應該
的。

　　但秦在繆公一度廣大之後，連著幾代不振作，即孝公令中所謂
「厲躁簡公出子之不寧」者。及獻、孝兩世，然後又有大志於中國，而
關東賢士，因秦地自然之俗而利導之，如衛鞅。不有關東賢士，無以
啟秦地之質；不有秦地之質，亦無以成關東賢士之用。此樣政治之施
用在秦，而作此樣政論者則由三晉。晉在初年亦全是一個軍國家，和
東方諸侯不同，和秦國歷代姻戚，邊疆密邇，同俗之處想必甚多。即
如晉國最大之趙孟，本是秦之同宗，晉之大夫出奔，每至於秦。晉在

後來既強大，且富庶，漸失其早年軍國的實在。既分為三之後，只有
趙國尚保持早年的武力；韓魏地當中國，無土可啟，（魏始有上郡，後
割於秦，遂失邊境。）有中土之侈靡可學，遂為弱國。在不能開富不
能啟土範圍之內，想把國家弄得強且固，於是造成一種官術論，即所
謂中子之學；而最能實行這些官術論者，仍然是秦。

所以戰國時的政治論，略去小者不言，大別有東西兩派。齊為東
派，書之存於後者有《管子》、《晏子》。這個政論的重要題目，是：
如何用富而使人民安樂，如何行權而由政府得利，如何以富庶致民之
道德，如何以富庶戒士卒之勇敢，如何富而不侈，如何庶而不淫。《管
子》書中論政全是以經濟為政治論，《晏子》書論政全是以杜大國淫侈
為政體論。反觀韓魏官術之論及其行於秦國之跡，則全不是這些話。
富國之術，只談到使民務本事，而痛抑商賈之操縱，執法立信，信賞
必罰，「罰九賞一」「燔滅詩書」，重督責而絕五蠹（〈商君書〉作「六
虱」）。蓋既富之國，應用其富，而經濟政策為先（齊）；既衰之國，
應強其政，而刑名之用為大（韓魏）；新興之國，應成一種力大而易使
之民俗，以為兼併之資，而所謂商君之法者以興。這便是《管子》《晏
子》書對於《商君》《韓非》書絕然不同的原因。

管晏商韓四部書都很駁雜，須待下篇論諸子分析時詳說。此處但
舉齊學晉論幾個重要分素。

齊學　《管子》書沒有一個字能是管子寫的，最早不過是戰國中
期的著作，其中恐怕有好些是漢朝的東西。今姑以太史公所見幾篇為
例。〈牧民〉、〈山高〉、〈乘馬〉、〈輕重〉之旨要，太史公約之云：

　　　管仲既任相齊，以區區之齊在海濱，通貨積財，富國強
　　兵，與俗同好惡。故其稱曰：「倉廩實而知禮節，衣食足而知榮
　　辱，上服度則六親固，四維不張國乃滅亡。下令如流水之原，

令順民心。」故論卑而易行。俗之所欲，因而與之；俗之所否，因而去之。其為政也，善因禍而為福，轉敗而為功。貴輕重，慎權衡。桓公實怒少姬，南襲蔡，管仲因而伐楚，責包茅不入貢於周室。桓公實北征山戎，而管仲因而令燕修召公之政。於柯之會，桓公欲背曹沫之約，管仲因而信之。諸侯由是歸齊。故曰：知「與之為取」，政之寶也。

　　輕重權衡，《管子》書中言之極詳，現在不舉例。《管子》書中義，譎中有正，變中有常，言大而誇，極多絕不切實用者。如〈輕重戊〉一段，思將天下買得大亂，而齊取之；齊雖富，焉能這樣？這固全是齊人的風氣。然其要旨皆歸於開富源以成民德，治民對鄰，皆取一種適宜的經濟政策。《晏子》書文采甚高，陳義除貶孔丘外，皆與儒家義無相左處。齊人好諫，好以諷辭為諫，晏子實淳于髡所慕而為其隱語諷辭者（見《史記》）。齊人後來且以三百篇為諫書。

　　三晉論　齊雖那樣富，「泱泱乎大國風」，但其人所見頗鄙，大有據薑萊而小天下之意。孟子每言齊人所見不廣，妄以自己所有為天下先。如云：「子誠齊人也，知管仲晏子而已矣！」若晉則以密邇東西周之故，可比齊人多知道天下之大，歷史之長。又以歷為百餘年中國伯主，新舊獻典，必更有些製作，故三晉政論當不如齊國之陋，然又未免於論術多而論政少，或竟以術為政。關於刑名之學之所起，《淮南‧要略》說得很好。

　　　申子者，韓昭侯之佐。韓，晉之別國也。地墝民險，而介於大國之間。晉國之故禮未滅，韓國之新法重出，先君之令未收，後君之令又下，新故相反，前後相繆，百官背亂，莫知所用：故刑名之書生焉。（此言亦見《韓子‧定法篇》。《韓子》

書不出一人手，不知此言是誰抄誰者。）

申子刑名之學用於秦晉，用於漢世。此種官術自其小者言之，不過是些行政之規，持柄之要。申子書今雖不可見，然司馬子長以為「申子卑卑施之於名實」。大約還沒有很多的政治通論。不過由綜核名實發軌，自然可成一種溥廣的政論。所以韓子之學，雖許多出於名實之外，然「引繩墨，切事情」，亦即名實之推廣，不必因狹廣分中韓為二；兩人亦皆是韓地的地道出產。申子書今佚，然故書所傳申子昭侯事，頗有可引以證其作用者。

> 申子嘗請仕其從兄，昭侯不許，申子有怨色。昭侯曰：「所為學於子者，欲以治國也。今將聽子之謁，而廢子之術乎？已其行子之術，而廢子之請乎？子嘗教寡人修功勞，視次第。今有所私求，我將奚聽乎？」申子乃辟舍請罪，曰：「君真其人也！」
>
> 昭侯有敝袴，命藏之。侍者曰：「君亦不仁者矣！不賜左右而藏之。」昭侯曰：「吾聞明王愛一顰一笑，顰有為顰，笑有為笑。今袴豈特顰笑哉？吾必待有功者！」（上兩事見《韓子·說苑》等。文從《通鑒》所引。）

《韓非子》的雜篇章多是些申中子之意者，但韓非政論之最精要處在〈五蠹〉、〈顯學〉兩篇，這是一個有本有末的政論，不可僅把他看作是主張放棄儒墨文學俠士者。〈顯學〉已抄在前篇；〈五蠹〉文長，不錄。

〈商君書〉純是申韓一派中物，〈靳令篇〉言「六虱」，即《韓子》中「五蠹」之論。商君絕不會著書，此書當是三晉人士因商君之令而

為之論。《韓非子》說家有其書，則托於商君之著書，戰國末年已甚流行，《韓非子》議論從其出者不少。

我們現在可以申韓商君為一派，而以為其與齊學絕不同者，《韓非子》書中有顯證。

（〈定法〉第四十三）問者曰：「申不害、公孫鞅，此二家之言孰急於國？」應之曰：「是不可程也。人不食十日則死，大寒之隆，不衣亦死，論之衣食孰急於人，則是不可一無也，皆養生之具也。今申不害言術，而公孫鞅為法。術者，因任而授官，循名而責實，操殺生之柄，課群臣之能者也；此人主之所執也。法者，憲令著於官府，賞罰必於民心，賞存乎慎法，而罰加乎奸令者也；此臣之師也。君無術則弊於上，臣無法則亂於下，此不可一無，皆帝王之具也。」

（同篇下文又云）二子之於法術，皆未盡善也。

（〈難二〉第三十七）景公過晏子，曰：「子宮小，近市，請徙子家豫章之圃。」晏子再拜而辭曰：「且嬰家貧，待市食而朝暮趨之，不可以遠。」景公笑曰：「子家習市，識貴賤乎？」是時景公繁於刑。晏子對曰：「踴貴而屨賤。」景公曰：「何故？」對曰：「刑多也。」景公造然變色曰：「寡人其暴乎？」於是損刑五。或曰，「晏子之貴踴，非其誠也，欲便辭以止多刑也。此不察治之患也。夫刑當，無多；不當，無少。無以不當聞，而乙太多說。無術之患也。敗軍之誅以千百數，猶且不止，即治亂之刑如恐不勝，而奸尚不盡。今晏子不察其當否，而乙太多為說，不亦妄乎？夫惜草茅者耗禾穗，惠盜賊者傷良民。今緩刑罰，行寬惠，是利奸邪而害善人也。此非所以為治也。」

　　齊桓公飲酒，醉，遺其冠，恥之，三日不朝。管仲曰：「此非有國之恥也。公胡不雪之以政？」公曰：「善。」因發倉囷，賜貧窮，論囹圄，出薄罪。處三日而民歌之曰：「公乎！公乎！胡不復遺其冠乎？」

　　或曰：「管仲雪桓公之恥於小人，而生桓公之恥於君子矣！使桓公發倉囷而賜貧窮，論囹圄而出薄罪，非義也，不可以雪恥；使之而義也，桓公宿義，須遺冠而後行之，則是桓公行義非為遺冠也；是雖雪遺冠之恥於小人，而亦遺義之恥於君子矣。且夫發困倉而賜貧窮者，是賞無功也；論囹圄而出薄罪者，是不誅過也。夫賞無功則民偷，幸而望於上；不誅過則民不懲，而易為非。此亂之本也，豈可以雪恥哉？」

　　按，上段必是當時流行《晏子》諫書中一節，下段必是當時流行《管子》書中一節，所謂「因禍以為福，轉收以為功」者。為韓子學者，皆不取此等齊人政論。

　　今本管韓書中皆多引用《老子》文句處，管子在《漢・志》中列入道家，而太史公以為申韓皆原於道德之義。按，此非戰國末年事，此是漢初年編輯此類篇章者加入之彩色，待下篇論諸子文籍分析時詳說。

十　梁朝與稷下

　　戰國時五光十色的學風，要有培植的所在，猶之乎奇花異樹要有他們的田園。歐洲十七八世紀的異文異說，靠諸侯朝廷及世族之家的培養；十九世紀的異文異說，靠社會富足能養些著文賣書的人。戰國時諸子，自也有他們的生業，他們正是依諸侯大族為活的。而最能培

植這些風氣的地方，一是梁朝，一是稷下。這正同於路易王李失路丞柏下之巴黎，伏裡迭利二世之柏林，加特林後之彼得斯堡。

　　梁朝之盛，在於文侯之世。

　　　　（《史記‧魏世家》）文侯之師田子方……文侯受子貢經藝，客段干木，過其閭，未嘗不軾也。

　　　　秦嘗欲伐魏。或曰：魏君賢人是禮，國人稱仁，上下和合，未可圖也。文侯由此得譽於諸侯。

　　《漢志‧儒家》有〈魏文侯〉六篇，早已佚。然《樂記》、《呂覽》、《說苑》、《新序》引魏文侯事語甚多，蓋文侯實是戰國時最以禮賢下士重師崇儒著聞者。《漢志‧儒家》、〈魏文侯〉六篇後又有〈李克〉七篇，班注云：「子夏弟子，為魏文侯相。」子夏說教西河，是儒學西行一大關鍵。禽滑釐相傳即於此受業。文侯朝中又有吳起，亦儒者曾參弟子。文侯卒，武侯立。文侯武侯時魏甚強。武侯卒，公孫緩與惠侯爭立，幾乎亡國。惠王初年，魏尚強，陵厲韓趙，後乃削於齊楚，尤大困於秦，去安邑而徙大樑。《史記‧魏世家》：「惠王數敗於軍旅，卑禮厚幣，以招賢者。鄒衍，淳于髡，孟軻，皆至梁。」惠侯卒（惠王之稱王乃追諡，見《史記》），襄王立，更削於秦。卒，哀王立。哀王卒，昭王立，魏尤削於秦。昭王卒，安釐王立。是時魏以「一萬乘之國……西面而事秦，稱東藩，受冠帶，祠春秋」。然以信陵君之用，存邯鄲，卻秦軍，又「率五國兵攻秦，敗之河內，走蒙驁」。自秦獻、孝東向以臨諸侯之後，關東諸侯無此盛事。《韓非子‧有度篇》以齊桓楚莊魏安釐之伯合稱。魏安釐王必也是一個好文學者，不然他塚中不會有許多書。

　　（《晉書・束皙傳》）初，太康二年，汲郡人不準盜發魏襄
王墓，或言安釐王塚，得竹書數十車。其紀年十三篇，記夏以
來至周幽王為犬戎所滅，以晉接之，三家分，仍述魏事，至安
釐王之二十年。蓋魏國史書，大略與《春秋》皆多相應。其中
經傳大異，則云：夏年多殷，益干啟位，啟殺之；太甲殺伊
尹；文丁殺季曆；自周受命至穆王百年，非穆王壽百歲也；幽
王既亡，有共伯和者攝行天子事，非二相共和也。其《易經》
二篇與《周易・上下經》同，〈易繇陰陽卦〉二篇，與《周易》
略同，〈繇辭〉則異。〈卦下易經〉一篇，似說卦而異。〈公孫
段〉二篇，公孫段與邵陟論《易》。《國語》三篇，言楚晉事。
〈名〉三篇，似《禮記》，又似《爾雅》、《論語》。〈師春〉一
篇，書《左傳》諸卜筮，師春似是造書者姓名也。〈瑣語〉十一
篇，諸國卜夢妖怪相書也。〈梁丘藏〉一篇，先敘魏之世數，次
言丘藏金玉事。〈繳書〉二篇，論弋射法。〈生封〉一篇，帝王
所封。〈大曆〉二篇，鄒子談天類也。〈穆天子傳〉五篇，言周
穆王遊行四海，見帝台西王母。〈圖詩〉一篇，畫贊之屬也。又
雜書十九篇，周食田法，周書，論楚事，周穆王美人盛姬死
事。大凡七十五篇。七篇簡書折壞，不識名題。塚中又得銅劍
一枚，長二尺五寸。漆書皆科斗字。初發塚者燒策照取寶物，
及官收之，多燼簡斷札。文既殘缺，不復詮次。

　　燒策之餘，尚有如許多書，恐怕當時諸侯不是人人這樣好學罷？
魏地入秦，大樑為墟，（見《史記・魏世家・贊》）歷經楚漢，王侯易
主，而梁朝在漢之盛猶以多文學賢士聞，梁地風氣所流者遠矣。
　　齊以其富更可以致天下賢士，炫於諸侯。《史記・孟荀列傳》：

　　自騶衍與齊之稷下先生，如淳于髡、慎到、環淵、接子、田駢、騶奭之徒，各著書，言治亂之事，以干世主，豈可勝道哉？……自如淳于髡以下，皆命曰列大夫，為開第康莊之衢，高門大屋，尊寵之，覽天下諸侯賓客，言齊能致天下賢士也。……田駢之屬皆已死。齊襄王時，而荀卿最為老師。齊尚修列大夫之缺，而荀卿三為祭酒焉。

又〈田完世家〉：

　　宣王喜文學遊說之士，自如騶衍、淳于髡、田駢、接子、慎到、環淵之徒，七十六人，皆賜列第，為上大夫，不治而議論。是以齊稷下復盛，且數百千人。（按，言復盛必其前曾盛。然《史記》無明文，不知是在威王時或在姜氏朝？）

　　戰國中期方術文學之士聞名於後者，幾乎皆是客游梁朝稷下之人，（試以《漢志·諸子略》各家名稱較之）可見這樣朝廷與這樣風氣的關係。荀卿時，齊已一度亡於燕，尚修列大夫之缺，梁安釐王亦在四戰之世，還都如此。

十一　獨行之士

十二　堅白異同之辨

　　以上兩章非倉促所能寫就，待後補之。

十三　祥之重興與五行說之盛

　　中國古來和一切古國家一樣，都是最重巫卜的。即如安陽殷墟出土卜辭數量之多，可知當時無事不卜。到了周世史官所職，仍以卜事為先。春秋戰國時人民的理性大發達，卜事大廢，而一切怪力亂神之說為學者所擯棄。乃戰國晚年齊國又以他的民間迷信及他的哲學化的迷信——五行論——漸漸普遍中國，這些東西便是漢朝學問思想的一個開端。當時的明理之儒，對這些東西很憤恨的。《史記·荀子列傳》：「荀卿嫉濁世之政，亡國亂君相屬，不遂大道而營於巫祝，信禨祥。」《荀子》書中有〈非相〉等篇，痛論這些物事。〈非十二子篇〉中排五行論，正是對這種風氣而發，不過把造作五行論的罪加在子思孟軻身上，大約是冤枉他們倆了。

　　陰陽之教，五行之論，消息之說，封禪之事，雖由秦皇漢武之培植而更盛，然秦皇漢武也只是取當時民間的流行物而好尚之，不是有所創造。《漢·志》中所錄關於這一類的東西極多，不過現在都不存在，所以這一派在漢之極盛雖是一件顯然的事實，而這些齊學之原由，除《史記》論騶衍的一段外，竟無材料可考，我們只知道他是戰國末年已成就的一種大風氣罷了。

十四　所謂「雜家」

　　《漢·志》列雜家一門，其敘論曰：「兼儒墨，合名法，知國體之有此，見王治之無不貫。」按，雜而曰家，本不詞。但《呂覽》既創此體，而《淮南》述之，東方朔等著論又全無一家之歸，則兼儒墨合名法而成一家書之現象，在戰國晚年已成一段史實。《呂氏春秋》一書，

即所謂八覽六論十二紀之集合者，在思想上全沒有一點創作，體裁乃是後來人類書故事集之祖。現在戰國子家流傳者，千不得一，而《呂覽》取材之淵源，還有好些可以找到的。這樣著書法在諸子的精神上是一種腐化，因為儒家果然可兼，名法果然可合，諸子果無不可貫的話，則諸子固已「挫其銳，解其紛，和其光，同其塵」了。稷下諸子不名一家，而各自著其書，義極相反；「府主」並存而不混之，故諸子各盡其長。這個陽翟大賈的賓客，竟為呂氏做這麼一部贗書，故異說各存其短。此體至《淮南》而更盛，而《淮南》書之矛盾乃愈多。因呂氏究竟不融化，尚不成一種系統論，孔墨並被稱者，以其皆能得眾，皆為後世榮之，德容所以並論者，以其兼為世主大人所樂聽，此尚是超乎諸子之局外，立於世主大人之地位，而欣賞諸子者。若《淮南》書，則諸子局外之人，亦強入諸子之內，不復立於欣賞辯說之客者地位，而更求熔化得成一系統論。《呂覽》這部書在著書體裁上是個創作，蓋前於《呂覽》者，只聞著篇不聞著成系統之一書。雖慎子著《十二論》以〈齊物〉為始，仿佛像是一個系統論，但《慎子》殘文見於《莊子》等書者甚少，我們無以見他的《十二論》究竟原始要終系統到什麼地步。自呂氏而後，漢朝人著文，乃造系統，於是篇的觀念進而為書的觀念。《淮南》之書，子長之史，皆從此一線之體裁。

　　《呂氏》、《淮南》兩書，自身都沒有什麼內涵價值，然因其為「類書」，保存了不少的早年材料，所以現在至可貴。猶之乎《北堂書鈔》、《藝文類聚》、《太平御覽》等書，自身都是無價值的，其價值在其保存材料。《永樂大典》的編制法，尤其不像一部書，然古書為他保存了不少。

十五　預述周漢子家銜接之義

　　周漢諸子是一氣，不能以秦為斷，是一件再明顯沒有的事實。蓋入秦而實行的政策如焚書，入漢而盛行的風氣，如齊學之陰陽五行，如老子學，如黃帝各論，如神仙，如諸子的淆雜，無不在戰國晚年看到一個端緒。而戰國各種風氣到了漢朝，差不多還都有後世，如儒墨，如名法，如辯士之好尚，乃至縱橫，應該是隨分裂之歇息而止的了，卻反不然，直到武帝朝主父偃尚為縱橫長短之術。蓋諸子學風氣之轉移在漢武帝時，武帝前雖漢家天下已七八十年，仍是由戰國風流而漸變，武帝以後，乃純入一新局面。果然以秦為斷，在諸子學，在文籍學，乃至在文詞學，都講不通的。不過做文學史的講義時，不能不遷就時代，所以此論以戰國為限者，只為編書之方便，並非史實之真象。

　　附記：此篇必須與下篇〈戰國諸子文籍分析〉參看，方得持論議。

本所發掘安陽殷墟之經過

——敬告河南人士及他地人士之關心文化學術事業者

敝所安陽殷墟之發掘及研究，事經年餘，頗有新義之取獲，承過我者期許。惟學術事業，不尚宣傳，持未完之工作炫之於眾，吾等初不以為當務之急。且本院設置，非襲北庭之舊，實在國奠都南京之時，尤願當建國之際會，樹堅實之風氣，藉洗往者叔世之浮華。故就正世間，當於研究完畢出版時也。不意去年十月在安陽工作，突遭驅逐，經政府主持，河南人士之同情，始於十二月廿九日，取得河南省政府方面解決之約。吾等於河南省政府之解決此事，自當感佩，於河南人士之同情，尤當深謝。雅不欲以過往之事，重膽報章，只望藉數年後發掘事業之成功，表示吾等此日艱苦之行跡而已。不意近見何日章君傳單，於事實敘述頗失實在。同人等絕不以與人爭論為事，惟亦不便謬居不義之名。故敢敘述往事，以中明吾人之立點，刊落一切感情之言，不作任何譏彈之語，即事涉鬥爭，責不在我者，亦一並不說。固所以尊重河南省政府解決之雅意，尤所以報稱河南賢士之同情也。

一 吾等發掘之原起及工作之宗旨

安陽殷故墟出土龜甲獸骨文字，自前清光緒己亥（1899）迄於去歲（1928），蓋三十年。此三十年間，初經王劉兩君注意，繼經羅氏購求，出土者先後數萬片。羅君所得即逾兩萬，而清宣統間及民國初元

每歲仍多私掘，經古董商人輾轉售之歐美日本者，尤不可數計。即英籍牧師明義士所藏已達五萬片。據前年調查，民國九、十三、十六及十七年春，販賣者皆有集眾挖掘之舉，所得龜骨盡已杳無下落。夫殷人卜辭藏地下者，寧有幾許？經一度之非科學的搜羅，即減損一部之儲積，且因搜求字骨，毀棄他器，紊亂地下情形，學術之損失尤大。而吾國官廳及學人竟孰視若無睹，聽此珍貴史跡日就澌滅，亦可哀矣。

　　殷墟經此三十年之損毀，雖有孫詒讓、羅振玉、王國維諸君文字上之貢獻，以慰學術，然文字以外之材料，因搜尋字骨而消滅者何止什九？故國人頗以為殷墟又更成墟。蓋自舊來玩古董及釋文字者之意義論之，實固如此。然近代的考古學更有其他重大之問題，不專注意於文字彝器之端。就殷墟論，吾等已確知其年代，同時並知其地銅器石器兼出。年來國內發掘古代地方，每不能確定時代，如安特生、李濟諸君所作，雖生絕大之學術問題，而標年之基本工作，仍不免於猜度。如將此年代確知之墟中所出器物，為之審定，則其他陶片雜器，可以比較而得其先後，是殷墟知識不啻為其他古墟知識作度量也。又如商周生活狀態，須先知其居室；商周民族之人類學的意義，須先量其骨骼。獸骨何種，葬式何類。陶片與其他古代文化區有何關係，此皆前人所忽略，而為近代歐洲治史學古學者之重要問題。故吾人雖知河南省內棄置三十年從不過問之殷墟，已有更無遺留之號（羅振玉說），仍頗思一察其實在情形。遂於民國十七年夏，敝院派編輯員董作賓先生前往調查，看其尚續出陶片否。蓋所欲知者，為其地下情形，所最欲研究者，為其陶片、戰具、工具之類，所最切搜集者，為其人骨獸骨。此皆前人所棄，絕無市場價值。至於所謂字骨，有若干人最置意者，乃反是同人所以為眾庶重要問題之一，且挖之猶不如買之之廉也。董君於當時前往調查，覺其他尚有可以工作之處，即由院派董君前往試掘。同時商得河南省政府之保護，並由省派張錫晉先生、教

育廳派郭寶鈞先生協同視察，兩旬停工。此前年十一月事也。其後河南圖書館館長何日章君，向省政府要求，將所掘龜骨器物陳列於開封。省政府來文國立中央研究院，院即復豫省政府云：「本院特派員在各地發掘古物，將來如何陳列，亦僅限於首都及本地博物館。其有標本多種可以分陳各省者，亦當先徵求當地省政府之同意。貴省政府所請以掘出古物留存開封古物陳列所一節，自可酌量辦理。」是敝院對出土品物之處置全無私見，可以昭然。且發掘安陽，所求者地下之知識，器物最後之處置，應以便於學人之研究為旨，至於何屬，盡不關研究之大體也。去年春，敝院復委託李濟先生為本所考古組主任，再赴安陽發掘，重通告河南省政府，並請撥給洹上村平民公園房屋為辦事處，一切保護，均邀惠諾。工作兩月，頗有成績。五月間，軍事突興，駐軍忽不知去向，縣長亦逃，土匪並起，洹上村危在旦夕。李主任乃以所掘各物，並董君前存安陽高中之物，取出一部，帶來北平本所內，編號整理，仍以大部分存洹上村高級中學，以小部分及儀器圖書存城內十一中學。旋新來駐軍入居本所辦事處，又值盛暑，不克田野工作，乃並十一中學所存之一小部分運北平整理，而大部分之存於高級中學者，由辦事處之書記工人編錄整理之。此經過之事實也。至於器物出土，必先經長期整理，然後可以送至任何一陳列館者，其情本為治此學者常識所應有，初不必敘說。惟此事誤會或即由於此，茲特詳之。吾等每掘一坑，必先看其地層上下之全，並為每一物記其層次，及相互距離。此為考古學之根本工作，不如是，則器物時代皆已紊亂，殷唐不分，考古何云？故吾等為器物編號，乃一至細至繁之事，不假以日月，則田野之勞工盡棄，不在所中為之，則不得一切之裏助。編號之後，又須照相、影拓、摹繪等。尤煩雜者，為殷片之湊成、人骨之整理。此項工作每每一件須一人數日之力。至於化驗殷銅質料，度量人骨寸厘，尤為科學上煩難之事。若學者之討論，圖書之

參考，更須在北平本所內為之，方可有濟，尤不待說。故一切出物須先假本所以充分整理之機會，然後分送首都本地陳列，乃此學中常識上當然之事。

　　吾等一面從事發掘及整理，一面於河南人士對此事業之情感及出土物之存置兩事，固無日不在心中。去夏在北平整理，盛暑不輟者，因求著作早出，俾國人共知吾等所致力者何事，亦願河南人士借為同道之應。並設法敦請在北平河南人士參觀，如劉雪亞、李敏修、徐旭生、馮芝生諸先生，均惠然肯來，見我等工作程式。安陽高中校長趙質宸、河南十一中校長張尚德兩先生，亦均請來看過。李濟先生到安陽初，即定計劃，待挖掘完成，研究告畢，即在安陽設一博物館，陳列出土物品，作永久之紀念。李先生已迭將此意向本地教育界人士申述，甚荷贊同。時洹上村房頗經兵燹，本組同人不惜財力，重加修理。蓋以完成此種工作，必作較久之計畫，又將為彰德預籌一博物館也。斯語即十一中學校長張尚德君亦所熟聞。

二　糾葛之突生

　　秋間正在工作之際，張尚德君偕軒仲湘、邱耀亭兩君前來參觀兩日。初不云何意，次日始聞小屯村長云，將有挖掘之人來。李董兩先生聞之，不勝詫異，以私人固不能擅自挖掘，若為公家團體，則國立中央研究院正在工作之際，突又有來者，學術界固無此先例也。久之，乃知系河南圖書館館長兼民族博物院院長何君日章來彰發掘。李先生當即進城晤何君，詢以究竟。據稱，奉本省省政府命令，將與安陽縣會銜佈告，禁止中央研究院開掘，保護民族博物院開掘云云。李君謂：事關學術，絕無權利之可圖。君既奉地方政府命令來辦此事，國立中央研究院所派之考古組，可以暫停，絕不在此與君計校。但有

安陽縣來一公文，即可不必佈告。同時更以研究院工作之意義，對之申說，乃何君並不理會。次日給公文一紙，研究院之工作於是遽停。近聞何君到汴，謂中央研究院在彼未與之接洽，實則前往商量，反遭驅逐耳。李先生旋得閱十月八日河南教育廳之《河南教育日報》，更覺駭異。茲抄錄如下：

> 安陽龜骨文字將自動發掘
> 中研究不遵協定潛運出境
> 何日章呈請自掘已有眉目

本報訊：安陽地蘊龜骨最多，去年中央研究院特派董作賓來省會同省府派員張錫晉前往開掘，時河南圖書館館長何日章以若以河南地方文明之表率，而盡移置於他方，未免不妥，特呈請省府准將掘得器物，仍留在開封保存。省府據文函致中央研究院，旋准函復，許予酌量辦理，雙方俱存。並請令飭何日章會同董君遵照辦理，何館長當與董特派員商決暫在安陽中學存放。不謂近據安陽中學校長張尚德報告，謂彼等竟將掘出器物，潛運出省，並中研院特派員仍擬於本期十月赴安繼續開掘。何館長因中研院不顧信義，違反協定，又且克期赴安繼行開掘，乃復呈請省府，一面向中研院據理交涉，一面設法自行開掘。省府當經發交教育廳查該具復，再行察奪，茲悉教育廳已遵令擬具辦法三條，呈復省府鑒核，並轉飭何館長迅擬自動發掘具體辦法，再轉呈省府，鑒核施行。至何館長如何擬具體辦法，現尚未悉，茲先將教育廳所擬辦法三條錄下：

第一條　擬請准予河南圖書館暨河南民族博物院自動發掘，陳列開封，公開研究。

第二條　中央研究院不遵照函商協定，將前掘龜骨等器，

潛運他往，擬請省府先行謝絕中央研究院前來發掘，再與嚴重
交涉，請其履行協定，以昭信義。

　　第三條　擬請轉飭安陽縣長，對於該館暨民族博物院發掘
時，協助辦理，並禁止別人發掘。

　　此中要點，一則曰，「不顧信義，違反協定」。此絕無之事，中央
研究院派員之行事，全未出於前復省府公函之外。再則曰，「掘出器
物，潛運出境」。此則由不瞭解工作之情形而誤會，遽以惡名相加耳。
先是何君曾向敝所董君索物陳列，董君當詳以工作情形告之，不料其
不釋然。且何君迄無一字來文，如其有之，敝所更當詳作解釋也。至
於因整理研究乃不免移運之原則，後來亦為省政府及何君所同意，是
此誤會之根據，在何君發宣言時，已自失之矣。

三　政府之主持及在開封之接洽

　　李董兩君即於十月廿二日返北平本所。斯年亦即於廿四日南來報
告本院，先請政府主持，再行赴豫商量。旋經院長呈國民政府，奉主
席諭照準，即電河南省政府繼續保護本院發掘工作，並停止何日章任
意開掘，以免損毀現狀，致墜前功。又斯年在京，友人頗有與李敬齋
君素契者，以為敬齋為人，必持大體，以前措施，或於事實有所未
明。看《河南教育日報》所載，此事全是教育廳主持，不妨告李君以
實，詢其如何主張。遂由在京友人段錫朋、張道藩諸兄函之，得復
書，則若全無事矣。此時，國府與敝院雖未接豫省政府直接復文，然
就教育廳廳長之表示論之，當已不成問題，故當時敝院及政府中人頗
有以斯年開封之行為不必要者。斯年當即陳院長蔡先生云，此事雖已
解決，然吾等立足點，必請河南人士盡知之。中央研究院須與地方有

至融洽之感情，凡地方人士意見之可容納者，當不避煩難者而行之。斯年此行，一則盡禮，二則盡情。蔡先生深以為是，斯年遂於風寒小愈後，由京北行，時十一月廿一日也。車行四日抵汴，然後知初以為在汴只有禮讓者，乃遇到意想不到之支節。彼時何君已自旅順、北平返開封，於宣傳上頗費工夫，居然成紛紜之勢。此事經過既未原始要終為地方人士所知，而吾等立點又無人代言者，其有支節之論，亦在情理中。此段公案本由教育廳李敬齋先生發出，然李敬齋先生於吾等當時正在彰工作，則「不知道」，於禁止吾等發掘則「無其事」，此中重要卷宗，又求之不得，如此則又何說。然既奉命而來，期以成事，一切支節，自當置之不論，但求工作得以進行，尤求吾等好意得地方之同情而已。故（一）絕不作任何文字之宣傳。（二）在各學校講演中，力避此題，只在大學講到安陽工作，然亦專論吾等發掘之方法，及考古學與古器物學之分別，不彈他人。其尤懇切向地方人士聲明者，則有下列數事：

　　一、中央研究院只求工作之安全，順利，絕不據古物為己有。去年發掘之始，本與河南省無任何條件之約定。後來一經何君是請省政府來文，敝院即以分陳首都及本地之原則為答，是中央研究之無私心，昭然若揭。

　　二、此番誤會，實由吾等工作方法未盡為人瞭解而起。蓋科學之發掘絕不能於一經出土之後，不經研究，不待完工，遽作陳列。果如此陳列，勢成五都之市，使人目眩，科學的問題不出，整個之意義湮滅。近代的考古學與古器物學全不同，而發掘之方法尤與採礦大相逕庭。此學及此法在中國實為初步之嘗試，其未能事先取得諒解，亦在人情中。

　　三、對古物之最後處置，中央研究院只有一層計較，即陳

列之地點，宜給後來學者以方便，而陳列之綱領，宜求足以表示科學研究之結果。吾等雖竭盡自己之能，終不能以定論自必。給後來之學人以方便，正以促學術之進步也。

四、中央研究院切願借殷墟發掘之機會，為河南學術作百一之幫助。其辦法似以河南學人之在北平者李敏修、徐旭生、馮芝生、傅佩青諸先生等所提議為最善，即由河南中山大學借此充實其史學系。並由斯年提議具體辦法：（一）汴大史學及其他與考古學有關涉各科之教授，如願來彰工作，極為歡迎。（二）其史學國文各系學生願來練習者，請由汴大校長函送，當妥為訓練，代檢成績，以替上課。（三）汴大可設考古學研究所，吾等當時常來汴講演，並備顧問。其研究完後古物存放之地，吾等本主張以首都及本地（即安陽）為歸，然重複品多，正可分置一部分於汴大考古學研究所中。其一切佈置及費用如玻璃架及古物之裝護等，亦屬不貲，中央研究院願擔任之。（四）以後如更有可以贊助之事，力所能及，無不竭力。

五、吾等歡迎地方人士到彰參觀發掘之方法，並歡迎到本所參觀研究之路徑。以後如擴充員額，應儘先河南學人之適宜者，此舉不替必為河南造成數個青年學人能使用科學的工具者。斯年當時屢屢如此宣言，今更著之簡墨。如此存心，似當為一切人士所瞭解。果然中州賢士，明達為懷，頗多初與斯年無一面之識，且飽聽何君宣傳者，轉表同情於我等。惟亦有甚不情之提議者，例如將本所移往開封。又《教育日報》有一提議，其結果即等於將本所併入號稱「新城隍廟」之民族博物院。敝所系隸屬中央政府之機關，似此提議，斯年何從與之談起，然猶一一解釋，不作深閉固拒之談。凡在開封與斯年接觸長久者，當了然於斯年之略感情，遵大體也。其實供獻此事波

折者，始終只有數人，絕不成中央研究院與地方之衝突，直是宣傳者強將此事繪作如是觀耳。例如古物保管會一電，何君持以激動河南人者，實指個人，何曾泛涉地方。先是中央研究院之發掘殷墟，原經全國古物保管委員會贊助，今遭波折，理宜報告。其時適何君在北平，向袁同禮先生，述其立點，遂由袁君報告會中，會中轉托袁先生勸以先行停工（彼時吾方已見逐停工），再商辦法。袁君懇切勸之數次，何君不容納絲毫，乃由會中議決發電，張溥泉先生是此會之委員長，以黨國先進之重，發其當官之言，果何君不平，正可以後來之事實自明，實無從解作「罵河南人」也。

至於官方接洽，則斯年一見李敬齋先生之後，述說吾等之立點與辦法，均承其贊諾，即由斯年照談議結果寫成一函，致河南省政府，茲全錄之如下：

敬啟者，去年夏季，敝院感於中國考古學之不發達，安陽殷墟問題之重大，曾派敝所專任編輯員董作賓君前往調查。據報告，知其地雖經三十年來之未加保護，損失不可勝計，然尚有工作之可能，隨即函達貴省府請求發掘。荷承贊助，通令所屬一體保護。董君試掘十餘日，知其地甲骨文字之儲藏大體已為私掘者所盡，所餘多屬四下沖積之片，然人骨獸骨陶片雜器出土甚多。如以中國歷來玩骨董者之眼光論之，已不復可以收拾。然以近代考古學之觀點論之，實尚為富於知識之地。董君因此事業之大體已全超於文字彝器範圍之外，遂於後來主持發掘之事謙讓不遑，敝院乃改聘李濟君為敝所考古組主任，總持工作，仍由董君襄任其事，曾於今春通函貴省政府，荷承撥給洹上村平民公園房舍，以作敝所考古組駐彰辦事處，並予保護。李、董兩君遂為充分之準備，於本年三月七日重行開工。

先繪詳圖，工作曆記地下情形，及器物之地層。滿意經時之後，於中國考古學開一新方面，必承貴省人士引為同調者也。器物之陳列及所屬問題，初不關乎敝所工作之大旨。蓋敝所此次工作目的，純為研究商末文化之至何程度，當時人民生活狀態，此雖依器物為之證明，尤賴於地下情形之知識以為聯絡，並非搜集古物，以仿五都之市而眩人。故敝所去年開工逾時，正在短期結束之際，貴省府曾函敝院，商量古物陳列貴省，敝院毫不猶疑，即奉復云，「將來如何陳列，亦僅限於首都及本地博物館，其有標本多種可以分陳各省者，亦當先徵求當地省政府之同意。」此項聲明全在開工以後，並非開工前之約定。可見敝院注意全在研究，於古物之最後處置，實毫無成見者也。

自三月七日開工，至十月廿一日何日章君往彰聲稱奉命前往謝絕工作為止，在彰工作大體未斷。中間只以軍興之故，李、董兩君曾返所，整理一部分材料耳。先是今年五月，彰德一帶吃緊，安陽駐軍於五月中旬他去，安陽城中無縣長，城外到處伏莽，火車南北不通。李、董兩君深虞地方更經兵燹，遂將器物一小部分兩次運北平。一次於五月十五日，恰在漳河橋炸毀數小時之前，由高中花園運出。一次在兩旬之後，即由第十一中學運出者。此兩次攜至所者，實一小部分，大部分仍在彰德，在彰留有書記事務員工人等，編其器物之號。至於田野工作，初以軍興，繼以炎熱，不得不停。其在彰之工作站，固無間斷。九月末，李、董兩君複至，實等於暑假後歸來，並非再舉。就五月間之情勢論之，即為古器物之安全計，亦應暫存他處，遑論在所內之編號整理，及各種技術之工作，為完成研究之絕對需要。自一件品物之出土至於整理完畢，中間不知經過多少手續。照相、摹繪、拓墨等，尚是粗工。若人骨之測量，獸骨之檢定，銅質陶質之化

驗，難識質料之決定等，動需專家在其專門研究室中詳治之。若一律以就地工作為限制，不特敝所是一整個的組織，歷史、語言、考古、人類諸組皆有其聯絡之作用，未能分出一部設置於外；各圖書館之文籍，其他研究機關之專家，敝所又豈能舉以移彰？故如但求掘出古物，以資陳列，不以取得新知識為目的，則敝所敢告不敏。如求每件器物所含之真知識，借其聯絡以知當時文化情形，則在所內整理實為此項研究之絕對需要，治此學者之普通習慣，初不虞此點上可生誤會也。

此次敝院奉國民政府主持，得於本月十五日重行開工，斯年奉院命來此接洽，又承貴省教育廳及教育界人士推誠談論，引為同志，共願學術之發揚，以為古史之榮光，既深景仰，尤切感謝。此項考古工作，體大思博，地方政府之贊助，殊地學者之分研，實為成功之必要條件。敝所深願竭盡所能，以求不負各方之盛意。敝所因完成工作起見，不得不有在所整理器物之自由。蓋技術的設備既不能盡數移至工作之野，而所外參考圖籍分研專題之士，尤非敝所所能移動。至於器物之最後處置，自當以敝院前復貴省公函之主張為原則：即分陳首都及本地博物館，其具體辦法，擬列如下：

一、本地方面，敝所久感於安陽有設置一古物館之必要。李濟君始到安陽，即向地方人士宣佈此意，初修洹上花園之範圍頗過於敝所需用之必要者，亦即為此準備。中間軍隊入居，未能充分修理。目下擬先在彰德高中內開闢一室，待軍隊撤出，再將全部花園作為安陽古物館，及敝所在彰工作站之用。敝所先行出資若干修理，俾整理就緒之器物逐漸移入，將來敝所在彰工作完結之後，即以此修理設備全數贈與貴省，永與彰德高中為鄰，俾當地學子得繼續收集此一項中續出之古墳古

器，一切河南及外省人士得以交通之便隨時往觀研究。蓋殷末文化問題，當以安陽為中心，向四方輻射。敝所發掘之時期有限，而地方續出古墓者無窮，以安陽為此問題之中心，且圖永久，固至便也。

二、首都方面陳列之所，如將來已設中央博物院之類自無問題。在未設期間，應置首都何處，敝院當於第一批整理完畢時，呈請國民政府指定之。

三、凡同類之件，半數在本地，半數在首都陳列；其單件之品物，應陳列何處，待敝所每批整理完畢時，由貴省政府及中央研究院派員決定之。至於全部出土物品之編號，實一甚繁雜之工作，因此即整理工作之記載也。敝所分期登錄之總冊，以後應分抄一份，隨時送達貴省政府教育廳妥存，以便後來器物雖分在首都本地，而器物之登記，中央省中仍各有全份也。

以貴省古跡之富，人文之盛，武授堂先生昌明漢學於昔年，徐旭生先生渡漠考古於當代，將來必於中國古史之發達有弘偉之貢獻。如願借敝所工作之機會，訓練成充分使用近代考古學方法之人，敝所自當歡迎。此類人士，似以大學文史科畢業生或高級學生為相宜。然其他專門學子有志此業者，自亦不妨，要以曾受專門之訓練為宜，具誠意練習者為適，敝所自當以助理員練習助理員之情形待遇，以資歷練，更當竭知告語，以求成就。人選即請教育廳於決定後函示。至於人數，因敝所此時範圍頗小，請以一人或二人為限。以後敝所工作擴充，再奉告加派。

前者貴方來文上有「潛運他往」、「違反協定」、「與信義有關」等語，今經陳列事實，誤會已顯。敝院負學術之責任，未能蒙受此項議論，應請貴方根據事實，聲明取消此語，以彰公

誼，而成合作，尤為感幸。

以上各節，如荷同意，即希查照見復，並電知在彰民族博物館派員返省，為荷！此致河南省政府

國立中央研究院歷史語言研究所所長傅斯年

中華民國十八年十一月二十九日

此函於十一月廿九日省政府會議中討論，同時討論何君提議，即由會中派定張委員伯英（鈁）、張委員幼山（鴻烈）、李委員敬齋會同斯年妥擬辦法。斯年以為此番來汴，並非爭執，故初無蘊蓄，盡所能為一舉說出。惟省政府既主張更行妥擬，自當虛心討論，即由敬齋起草，斯年與之爭持處，由幼山先生調劑之，以成「解決安陽殷墟辦法五條」。持請伯英先生斟酌，伯英先生完全同意。此即後來一個月接洽之根據，茲全錄之如下（其來源如此，並非如何君說由斯年提議）：

解決安陽殷墟發掘辦法

一、為謀中央學術機關與地方政府之合作起見，河南省政府教育廳遴選學者一人至二人參加國立中央研究院安陽殷墟發掘團。

二、發掘工作暨所獲古物，均由安陽殷墟發掘團繕具清冊，每月函送河南教育廳存查。

三、安陽殷墟發掘團為研究便利起見，得將所掘古物移運適當地點，但須函知河南教育廳備查。

四、殷墟古物除重複者外，均於每批研究完結後，暫在開封陳列，以便地方人士參觀。

五、俟全部發掘完竣研究結束後，再由中央研究院與河南省政府會商分配陳列辦法。

此件於十二月三日送入，同時國府又電豫省政府飭遵照辦理。適省防吃緊，省政府無暇注意及此，敬齋亦去，乃告停頓。斯年返京，無路可通，只得暫留。計斯年至汴已逾十日，獲遇賢士不少，一經剖解，多即釋然，轉示同情，兼懇切望此工作之大成。一日黃自芳（佩蘭）先生枉駕惠顧，謂與張忠夫先生（嘉謀）及他位，同願了結此事，總使斯年快樂而去，盼多住幾日，旋約徐侍峰先生（金淶）亦來。斯年對此番好意，自當感謝，當即聲言，此番支節，實由吾等立點未喻於人之故，果能喻我等工作之意義於關涉此事之人，則人之好善，誰不如我。故此事似是瞭解之問題，非妥協之要求。蓋中央研究院並不據古物為己有，何君又說不為自己爭鬥，則此事爭執誠不知在何處也。然天地間事無可奈何者正多，吾等總竭力成全此一史跡之效用，惟力量有限，不能保其終不成悲劇耳。若數日之留，謹當如命。吾等對於河南賢士之見解及欲願，總當盡力容納，一切皆然，此非例外。於是諸先生向何君說之又說，旋轉周流，何君頗表瞭解，提出數條之更改，即第一條「至二人」改為「至三人」，第四條去「暫」字，第五條去「分配」二字。斯年認為此均文字上之修改，無改原旨，即表容納。惟何君堅持必使其民族博物院在條文中出現一回，後並決意加入第四條「開封」之下，此則斯年未喻者。斯年提議在大學中，正為研究之便，且既已許之，不便食言。況民族博物院初創立時，塑成三皇五帝與亞當夏娃之神話等，何君由副即真，雖毀去一部分，而以袁世凱之衣冠等易之，然非古物之院，亦未若在大學研究之便也。果何君所爭不在個人，則斯年已聲言願自效勞來汴在大學中佈置，法無善於此者，此外爭執，似不免個人爭執之嫌也。何君終不見諒，於是又停頓矣。

四 河南省政府之解決此事

此時地面差安，一日與伯英、幼山兩先生談及此事，詢以究可由省政府解決否，兩先生謂可。僉以當時本由省政府會議中指定伯英、幼山、李敬齋三先生與斯年接洽，今李委員去，由大學校長黃任初先生（際遇）暫為兼代，果由張、張、黃三位據原案決定呈省政府批准，自於手續為合。伯英、幼山兩先生本原擬辦法之人，任初先生亦極同意。此時斯年聲明，前答應張忠夫、黃自芳諸先生修改之數字，不妨加入。幼山先生又謂，最好於開封下注明碑林，以免後來爭執。蓋其時適建設廳正在大學後面築碑林，未完工前，亦有紅房五間適用。此與置之大學牆內之效相等，此碑林之建設本亦備大學研究者。果決在碑林陳列，與磁塔銅佛共在一處，現有壯茂之大學在前，將來有豐偉之碑林在左，實為最便。於是決定，而人選亦同時商妥，逕呈省政府。經若干日，省府發來公文如下，於是三個月之糾葛得以解決。

河南省政府公函（第3897號）

敬啟者，關於發掘安陽殷墟古物一案，前經傅所長斯年來汴接洽，當即推定本府委員張鴻烈、張鈁、李敬齋會同傅所長妥擬發掘辦法在案。嗣據委員張鈁、張鴻烈、兼代教育廳廳長黃際遇呈擬解決發掘安陽殷墟辦法五條，並擬派關伯益等三人參加安陽殷墟發掘團等情到府。除指令應准如擬辦理，並令飭何日章遵照外，相應抄送原擬辦法及參加人名單函達查照，為荷。

此致

國立中央研究院。

計抄原擬解決發掘安陽殷墟辦法及名單一紙。

中華民國十八年十二月二十八日。

解決安陽殷墟發掘辦法

一、為謀中央學術機關與地方政府之合作起見，河南省政府教育廳遴選學者一人至三人參加國立中央研究院安陽殷墟發掘團。

二、發掘工作暨所獲古物，均由安陽殷墟發掘團繕具清冊，每月函送河南教育廳存查。

三、安陽殷墟發掘團為研究便利起見，得將所掘古物移運適當地點，但須函知河南教育廳備查。

四、殷墟古物除重複者外，均於每批研究完結後，在開封碑林陳列，以便地方人士參觀。

五、俟全部發掘完竣研究結束後，再由中央研究院與河南省政府會商陳列辦法。

張　鈁　黃際遇　張鴻烈

擬派參加國立中央研究院安陽殷墟發掘團三人。

關伯益　王紘先　許敬參

五 吾等之欲願與致謝

吾等得以恢復工作，並得與地方政府解決懸案，誠賴政府主持，學術團體之贊助，惟其最重要點，仍在吾人立點漸喻於人，知吾人只有成事之念，並無爭鬥之心，然後識與不識，皆表同情。此後吾等必集合全所力量，促此舉之精進，務使中國史學及世界文化史借殷墟發掘開一生面。以下四願，當與河南人士共勉之也。

一、願誤會之事以後不再發生。

二、願與河南地方人士之感情，日益親固。

三、願借發掘殷墟之事業，為河南造成數個精能之考古學家。

四、願殷墟發掘為河南省內後來考古學光大之前驅。

在此波折中，政府及學界同人同情者甚多，不遑盡舉。其尤應感謝者，在政府方面為譚組庵先生、張溥泉先生、陳果夫先生。在河南省政府方面者，為張伯英先生、張幼山先生、黃任初先生，在開封之河南人士中，尤應感謝者，為張忠夫先生、黃自芳先生、徐侍峰先生、魏烈丞先生、馬輯五先生。其在北平者，為李敏修先生、徐旭生先生、傅佩青先生、馮芝生先生等。

傅斯年敬白

十九年一月二十日

（原載一九三〇年《國立中央研究院歷史語言研究所安陽發掘報告》第二期）

戰國文籍中之篇式書體

——一個短記

一

　　譬如說，「《管子》書是假的」，這句話和說「《管子》書是真的」同樣的有毛病。假如在後來歷史觀念作者觀念大明之時，出了一部《管子》書，裡面並不顯然出來些管子的諡，桓公的諡，管子死後事，而題曰「春秋時齊相潁川人管仲撰」以問世，被人考核了一下子，原來是一部做了售世的書，這然後說，「這部書是假的」。若《管子》書中，引《老子》，引戰國末年的事，稱桓公的諡法，稱管仲的死後事，本是齊人託管子之功名而著之書，只是當時的一種文體，他自己先不曾說是真的，戰國時也不會有題「齊相管仲撰」的事，又何勞我們答他曰「是假的」。既有一個梁任公先生，硬說管子那個人作了《管子》那些書，便應該有人回答他說，管子不曾作了這些篇的一個字。說到這樣好到這樣。若進一步去說，《管子》書是假的，則先須假定戰國時人已有精嚴的著者觀念，先須假定戰國時這些篇出來的時候上邊寫著「齊桓公相管仲撰」。這樣假定當然是不可以的。《管子》這部書現在所見的集合，乃是劉向的事，其中篇章是齊學之會集，書中直接稱道管仲的篇章，在戰國托於人而出來，也不過是自屍為管仲之學之後世，別人敘論他，也不過可說「慎輕重，貴權衡，因禍為福，古之道術有在於是者。齊人聞管仲之傳說而悅之，作為……。」果然我們充管仲晏子

是假書一類話，則《國語》、《論語》、《孟子》、《墨子》、《莊子》等無不是假書，因為《國語》當然不是孔子所稱之左丘明寫的，《論語》當然沒有一個字是孔子寫的，《孟子》書稱梁惠王襄王之諡當然也是他的弟子記的。《墨子》中最墨子者，也劈頭就說「子墨子言曰」，中間又說「是以子墨子言曰」。《莊子》更是漢朝人所集合，魏晉人所編印的。那麼，真書只剩了《呂覽》，還要減去〈月令〉了。若說這些書裡有些真話，真材料，則我們又焉能保管晏書中沒有一點真話，真材料，一初都是度的差別罷了。我們這樣ad absurdum一看，可以確知我們切不可以後來人著書之觀念論戰國文籍。總而言之：

（一）戰國時「著作者」之觀念不明了。

（二）戰國時記言書多不是說者自寫，所托只是有遠有近有切有不相干罷了。

（三）戰國書除《呂覽》外，都只是些篇，沒有成部的書。戰國書之成部，是漢朝人集合的。

這層意思，我們反覆說來好像不厭其詳者，實因為瞭解戰國文籍之成書性，是分析戰國文籍的一個前提。

二　記言──著論──成書

著述脫離了官書的地步，而成私人著作，我們現在可見之最早者，是《論語》。《論語》是記言的。《論語》的體裁現在看了未免奇怪，除很少的幾段記得較豐充以外，每一段話，只記幾句，前無因，後無果。在我們現在固已不知春秋末年情景，其不懂得，猶可說，乃漢儒對於《論語》上的話，也有好些像是不懂得何所為而發的樣子。且如「禮與其奢也寧儉，喪與其易也寧戚」一類的話，若不附帶著「本事」，不和「喪欲速貧，死欲速朽」發生同樣的誤會嗎？（見〈檀弓〉）

記言記到沒頭沒尾，不附帶口說便使人不懂得，而一經輾轉，便生誤會，決然不是一種妥當的記言法。再試看《論語》中的言，每段常含蓄很多的意思，有時顯出語長而所記者短的樣子。且《論語》成書大約在曾子弟子時，去孟子時已不遠，孟子便是那樣汪洋大論，雖說孟子是個「戰國辯士」，談言微中與信口開河者不同，然孔子也是靠說話而做東西南北之人者，若他說的話都像《論語》所記那樣子，恐怕他所專要見的公侯上大夫下大夫中，懂得他的真少啦！這樣看來，《論語》成書時代，文書之物質尚難得，一段話只能寫下個綱目，以備忘記，而詳細處則憑口說。到了戰國中年，文書的工具大便宜了，於是乎記長篇大論如《孟子》、《莊子》書那樣子的可能了，遂由簡約的記言進而為鋪排的記言，更可成就設寓的記言。記言是戰國文體的初步。《論語》、《孟子》、《莊子》中若干部分，《晏子》、《管子》中若干部分，《墨子》書中的演說體以及兼記事記言的《國語》都屬於這一類。

但一段思想不必有機會言之而出，而假設的記言有時不信人，有時又太費事，於是乎舍去記言之體而據題抒論。《史記・呂不韋列傳》：「是時諸侯多辯士，如荀卿之徒，著書布天下。」現在看荀卿的書，好些不是記言，而是據題為論者。這樣著篇，實是記言之一變，由對語（dialogue）進而為單語（monologue）這樣體裁，恐怕戰國中期才有。現存戰國末年書，如《商君書》、《荀子》、《韓非子》及《管子》之一部，大體上屬於這一類。這是戰國諸子文體演進之第二步。

著論雖已不是記言，但獨立的論，仍然只有篇的觀念，沒有書的觀念。戰國晚年五德六數之義盛行，人們著書當趨於系統化。慎到著十二論（見《史記》），這個數目是很整齊的，而又以〈齊物〉為首（見《莊子・天下篇》），或者這是作全部書的開始。但我們現在不見《慎子》全書，不能作決定。而呂不韋之八覽六論十二紀二十餘萬言，乃

成一部全始要終的書，不是些散篇了。八覽六論十二紀，六為秦之聖數，八則卦數，十二則記天之數，這三個數八、六、十二，也都是在當時有意義的整數。這部《呂氏春秋》真是中國第一部整書，以前只是些散篇而已。這個體裁雖始於戰國末，然這樣的系統著作尚非依傍大財力不可，故漢朝人之繼續者，始有劉安，在體裁上《淮南子》是「青出於藍而勝於藍」的《呂氏春秋》。太史公未必富，但有異常的精力，也許武帝時文書的物質更廉了，於是百三十篇又是一部要去貫天地人的通書。十表像天干，十二本紀像地支，書八章像八卦，三十世家取老子「三十輻共一轂」之語，七十列傳之數亦取一個豐長的整數。從此以後，系統的著書乃更多。《周禮》之成書，一往整齊，卜筮如《太玄》，續子長者如《漢書》，乃至字書之《說文解字》，都在那裡有始有終，托於系統哲學啦。

更把上文寫成一表如下：

記言之書 ──────> 成篇之書 ──────> 系統之書		
（一）因受文書材料之限制，但記一言之綱目者，如《論語》。 （二）豐長的記言如《孟子》。 （三）托言，如《莊子》。 （四）故事之製作，如《韓子‧說林》。	由托言一變即成著論。	由著論之相為終始，即成一系之書。

蘇格拉底有語無文，猶之孔子時。柏拉圖依師說散為無窮無盡之對語，對語亦記言。亞里斯多德乃真著書。在中國一二百年中之變遷，在希臘則師生三代各代表之，這頗是一個文體進化的平行現象。

　　問曰：因文體之演進，文辭之內容會不會受影響？答曰：這是不免的。文辭之由記言而著論，由著論而成書，是由自然的話語到了較不自然的斫飾辭句。說話固可以抽象，然總不能忘了聽的人之直接瞭解。說話固可以鋪排，然總不能忘了聽的人之捉摸得住。一經離了純粹記言的地位，文法可以代語法，泛詞可以代切詞。戰國子書中頗有不少白話，而《荀子》已是很簡約的文言，《呂氏春秋》已有些無話說話的油腔滑調。入漢而著作者，便都是文言了。（此處用文言，乃如所謂kunstsprache，與古文不同。）

考古學的新方法

今天（11月19日）所講的題目，諸位大概已經知道了。這個題目，雖然很平常，但是所講的事實，卻是很重要，尤其是研究歷史的人應當特別注意。

考古學是史學的一部分，這個部分與其他部分不同，因其與自然界有關；與地質學是不能分開的，如離開了地質學，考古學就失其效用，考古學就根本不能成立。所以考古學在史學當中是一個獨異的部分。

所謂方法，無所謂新舊。所謂新方法，不是在好高，不是在驚遠。假定這個方法，用來可以得到新的知識，就是好的方法。若是用來得不到新知識，即不可靠，就不算是好的方法，也就不是新的方法。一時代有一時代的變遷，一時代有一時代的進步，在轉換的時候，常有新觀念新方法產生。以方法為抽象的東西去講，本無所謂新舊之分了。

講到考古學的本身，以及考古學的事情，須注意下列各點：（一）歷史這個東西，不是抽象，不是空談。古來思想家無一定的目的，任憑他的理想成為一種思想的歷史——歷史哲學。歷史哲學可以當作很有趣的作品看待，因為沒有事實作根據，所以和史學是不同的。歷史的對象是史料，離開史料，也許成為很好的哲學和文學，究其實與歷史無關。（二）古代歷史，多靠古物去研究，因為除古物外，沒有其他的東西作為可靠的史料。我國自宋以來，就有考古學的事情發生，但是沒有應用到歷史上去；蓋去古愈近，愈與自然界接近，故不得不靠古物去證明。

　　古代史的材料，完全是屬於文化方面，不比現代材料，多可注意
於人事方面，因為文化史，特別是古代史的著意點，不是單靠零碎的
物件，一件一件地去研究，必定有全部的概念方可。用一件一件的東
西去研究，固然有相當的結果，所得究竟有限，況其物的本身，間有
可懷疑之處，所以應當注重整個的觀念。譬如在兩千年後，在地下掘
得現在所用的火柴，各處有各樣不同的見解，就是所代表的文化不
同；在歐洲是表示文化的發明，在中國是表示文化的接觸，在南洋群
島是表示文化的進步。同屬一物，在各處所表現的意義，就各不相
同；如後來不以全體的觀念去研究，就不能得到很多的意義和普遍的
知識。所以要用整個的文化觀念去看，才可以不至於誤解。

　　我們大概都可以知道，古代歷史多不可靠，就是中國古史時期，
多相信《尚書》、《左傳》等書，但後來對於《尚書》、《左傳》，亦發
生懷疑，不可信處很多很多，於是不能不靠古物去推證。中國最早出
土的東西，要算是鐘鼎彝器了。周朝鐘鼎文和商代彝器上所刻的文字
去糾正古史的錯誤，可以顯明在研究古代史，舍從考古學入手外，沒
有其他的方法。在光緒末年以前，尚無人注意到發掘古物；就是有
的，亦無可考。在光緒末年河南安陽（彰德）西北，洹水以南的小屯，
有甲骨發現，甲骨上刻有卜辭。最先得者為商人劉鐵雲[1]。他雖搜羅的

1　記者按：劉鐵雲名鶚，鎮江人，天資聰穎，雖好學而不就範。經疇人術，尤長於
治河。《老殘遊記》，就是他在治黃河的時候做的。其品性惡劣，人多不願與之交接；
他所交遊的，都是一班浮蕩的少年。後來以岐黃術遊上海，但是無人過問，乃丟去醫
生不做，去做生意，把資本蝕完了回家。後投效到吳恆軒面前治河，頗有效驗。後又
到北京計劃建築津鎮鐵路未成；又謀開山西鐵礦，同外國人訂約，與外國人往來，用
外國人款項，所以當時人都稱他為漢奸，而手被捕正法。在聯軍入都的時候，米糧缺乏，
他從俄人占據的太倉地方，用賤價把米買回來賣給老百姓吃。後來國事平定，有個大
臣控告他私售倉粟，判他從軍到新疆去的罪，他也就在新疆死了。他家中所藏的甲骨，
多半為濰縣范姓估人買去，羅振玉又在范姓買得甲骨不少。劉鐵雲的事實，《雪堂叢刻》
內有一卷名《五十日夢痕錄》，寫得很詳細。傅先生說劉鐵雲是商人，大概是指他在
上海失意的一段事實。

不少，但是以龜甲為古董，所以沒有什麼貢獻。其次得者就算是孫詒讓了。他把甲骨文考訂出來，斷為商朝古物；他考訂的成績，足與鐘鼎相印證。再其次為羅振玉、王國維二人。羅振玉收有一萬多片，他的著作，有《殷墟書契考釋》等書。王國維更應用於歷史方面，確有不少的貢獻，如對於帝系文字，有極大的說明：如王恆王亥，為《史記》上所無，現在已把它補正；又如商代世系表上外丙之外字系訛誤，又已把它修正了。所以我們研究古史，完全懷疑，固然是不對的；完全相信，也是不對的。我們只要懷疑的有理，懷疑的有據，盡可以懷疑。相信的有理有據，也盡可以相信。要是這樣，就不能不借重考古了。

我們中國考古學家，還是用舊法整理，已有這樣發展和成績（所謂舊方法只限於陶器）。若用新方法去考察，所得當不止此。首用新方法的人，為瑞典人安特生（Anderson），完全用近代西洋考古方法去研究。在奉天發現史前時代的人跡；在河南澠池仰韶村發現石器銅器；在甘肅洮縣也發現了不少的古物，這個地方所發現的，較其他地方更為重要。安氏說其所發現的遺物，最早時代在七千多年以前，最晚也有三千多年，多是些新石器時代的東西，銅器也有少許。在河南方面，所發現的銅器是很進步的。此外法國的教師，在河套地方，也發現舊石器時代的遺物。

中國人考古的舊方法，都是用文字作基本，就一物一物的研究。文字以外，所得的非常之少。外國人以世界文化眼光去觀察，以人類文化作標準，故能得整個的文化意義。最近外國人在亞洲新發現的古物有幾處，如印度西北部和小亞細亞，都有發現。最重要的，要算是在裡海與黑海之間安奴（Auau）地方所發現的六七層的陶器了。這是很有趣味的一件事，因為這些古物，能表示各時代的文化。不過他們所研究的觀點，在普遍的方面，所以對西洋文化無關的東西，他們就

不注意。在中國的外國考古學家，對於純粹代表中國文化的，他們不注意，他所注意的，是在中西文化接觸的產品。這是他們特別的地方，也是他們遠大的地方。

陶器是最容易流傳下來的，所以被發掘的陶器居多，我們就可以用掘出的去參訂歷史。用陶器考訂歷史，有三種便利的地方。

一、易於保存——陶器不容易破壞，所以能在上古遺傳下來。

二、時代易分——陶器有時代性，一個時代有一個時代的陶器，我們可以因陶器的區分而為時代的區分，這是最容易最妥當的辦法。

三、變化很快——陶器是因時因地而變的，並且因日常所用，變化很快。

我們從陶器的變化就可以知道古代文化的變遷，所以沙鍋陶器等，是研究古史惟一的好史料。安奴地方的開掘物中有帶彩色的陶器，花紋很大，不外紅黑白三種，為中國所無；在中國河南、奉天、甘肅各處，也有帶彩色的陶器。日本人在朝鮮也發現相同的東西，但是花樣不同，因此可以證明史前安奴、朝鮮、中國各民族的生活及其變化。

安特生的考古方法，確實是比中國人有進步，所得的有趣味的材料，亦為不少；但是他的實際工作甚多可議之點：（一）不能利用中國的材料；（二）走馬看花，不能充分地考驗；（三）粗心挖掘，隨便毀壞；（四）如掘不得，即隨便購買。關於購買一層，最不可靠，因為不知道它的來源，不如親自掘出來的較為確實可信。把掘出來的考訂完竣，再把買來器物做個比較，是不能把買來的當作材料的。安特生對於考古的功勞，著實不小，但是他對於甘肅一帶的古物，因發掘時的不細心而毀壞去的，卻也是不少。

我（傅先生自稱，以下皆仿此）在前兩年，同幾個同伴到河南殷墟去了一次，想切實的研究一下，但有幾種困難：一是前人已掘出不

少，所剩的都是零碎不全：二是不是在短時間內所能辦到的，因此沒有得到什麼大的效果。

我想考古學與人類學有關，所以於古器之外，應特別注意人骨之測量，再根據比較法來推測當時人類之形狀與其變化。所以研究年代學（Chronology）有兩種方法：一種是比較的（relative）；一種是絕對的（absolute）。先用直覺的，絕對的，定個標準時期，然後依照這個時期的東西，去推定其他地方所發現的古物，是在這個時期以後，或在以前，因此年代的前後，也就弄清楚了。

考古學上最難定的是絕對的時期。而殷墟是考古學上最好的標準時期，便於研究的人去比較：因為這個時期，是史前的一個最後時期，以這個時期的人骨作標準，去比較其他地方所發現的人骨，來定它們的時代先後，可以知道人類的演進是怎樣；同時漢殷墟發掘的陶器作標準，推出其他地方的陶器變更情形，以及其時代關係，可以斷定其時文化是怎麼樣。又用比較的方法，並可以證明安特生所考據的，是否有誤；中國向來所傳說的，何處是誤。這種工作，是最切要而最不容易的工作，總希望在兩年以內，可以成功，用具體的著述報告出來。

最近發現唐宋時代及唐宋以前的房屋，直隸各處，都有發現。房屋的發現，卻是為安特生所未曾注意，未曾做到。安氏以為古代人類在山洞中居住，或在森林裡憩息，是沒有房屋的；因為當時發現古代石器時，並沒有屋子這樣東西。後來無意中發現一個商朝的屋子，卻是冶金的地方，地為長方形，屋子裡面比外面要低一米突，一層一層地向下，在地上仍可以找到未熔化的銅條、碎金、有花紋的鑲金和極薄的金葉，等等。以鑲金來說，可以證明商鼎是鑲金，確實是不錯的。商朝是銅器全盛時代，所以兵器也很有進步。刀箭都是用銅製成的，我們現在尚可以發現商朝骨制的箭頭，是平時用做練習的，比歐

洲古代所用箭頭，要厲害多了。因為箭頭下部兩旁，制有倒齒，射進人的身體的時候，是拔不出來的。若是箭頭配有毒藥，射到人的身上，立刻可以致人死命。歐洲所發現的古箭頭如 形，殷墟所發現的商代的古箭頭如 形，所以我說商代的兵器，要比歐洲進步（記者按甲骨文矢字作 ，像鏃，亦可為商朝箭頭像 形之一證）。

這個時候的陶器極多，但是沒有帶彩色的，多屬於純紋的陶器，足以代表商代文化的特點。陶器之外，有不少的獸骨，獸骨的種類，有野馬，野鹿，牛羊等，豬骨很少，可以證明當年此地尚屬遊牧民族的地方，是毫無疑義的。因為農業發達的地方，家畜也必繁盛。豬是家畜中的重要部分，如果當時是農業社會，當然豬骨存留下來的一定很多。所以斷定此地與曾經發現過多量的豬骨的地方的民族情形不同，文化也就不同了。這個時候已有交易，我們曾經發現過當時所用的貝，每只上有小孔，可以用繩線穿起來的樣子。此外又發現商代的衣冠形式，以及發鎮（為壓頭髮用的）等項，可以證明當時「衣裳之治」。當時的民族，絕非斷髮民族，是毫無疑義的。種種發現的中間，尚有可以使我們注意的地方有兩種：

一、銅器模型——在古代的墳墓中，掘出許許多多的銅器，製造亦很進步。銅器模型，占這些銅器的大部分。

二、安葬方法——古代葬事，是不用棺槨的；安放的部位，有伏有立，有側有傻，卻是沒有仰的。這是很奇特的一件事，足以耐人研究的地方。

殷墟所發現的東西，尚不敢斷定完全是商代的，或許也有些周代的在裡面，所謂之商，是商期的末年。因紂與文王是同時的人，紂都彰德（即今安陽），文王是常去朝拜的；因為他們同時，所以分定商周是最難的一件事，只有待將來遇有機會再去考證（記者以個人的推測，在殷墟發現周的東西，也是有可能的事。不外下列三種原因：（一）據

地質學家說，地層也時有錯亂的，如果殷墟地層是錯亂的，在殷墟發現周朝古物，是可能的事。（二）周所貢的方物，因為文王三分天下有其二，以服事殷，於此已可見周之文化所及，範圍廣大。況商朝把周所貢的東西，混在自己的東西以內，也是可能的事。（三）紂囚文王於羑裡，羑裡是在彰德（今安陽）與朝歌（今淇縣）之間，是包括在商都以內的地方。自從文王囚於羑裡，他的臣子家人，常去探望他，因此把周的東西帶到商都去，也是可能的事）。

殷墟的地層，最深的殷，在第四層；第三層是隋，第二層是唐，第一層是明。中間有斷了不少朝代，這不過是一種顯著的提示，並不是說絲毫不爽的分期。殷代文字的寄託，多在甲骨文之上，已是毫無疑義的。所刻的甲骨，只有兩種：一種是牛的肩胛骨，一種是龜的腹骨。龜甲多刻卜字形（記者按：龜甲用火灼所得的裂紋，名之曰兆，兆有多種；如丩、卜、卜、丿、亅、卜等，可以證明龜甲所刻，不一定是卜字形），凡是君主有疑惑，或是國家有大事不易決定的時候，將龜甲用火燒之，那麼沒有著火的一面，必定因刻痕而拆裂，由裂痕向上向下，以決定凶吉。同事董君，專門研究龜甲，考訂文字，用新龜甲去試驗，是否照所說的一樣：不久當有報告出世的，無須我細說。

有人說龜甲上所刻的文字，行列是顛倒錯亂，其實他沒有懂得原來用意，就以偏賅全。這是不對的，文字的方向，向上向下，向左向右，是看刻在什麼部位而定，並不是隨意亂刻的；不能以片面的認識，□□□錯了。我們要從全部的考古學研究起來，不能抱殘守缺，否則就會犯以上所說的毛病；我們要用全副的精神，做全部的觀察，以整個的文化為物件去研究，所以必比墨守成規專門考訂文字要□的多。所謂新方法，不過如是而已。今天所講的，並沒有什麼特別的見地，不過把經過的事實略略地敘述了一遍。因為來去匆匆，缺乏時間會預備點材料，只就憶想所及，為諸君道之：掛漏之處，尚請諸君原

諒。對於考古學的討論，不久當用文字發表。

　　這篇講演稿，沒有經過傅先生修改，凡有漏誤的地方，概由記者負責。再者傅先生講演的時候，並畫了許多古物圖與地圖，不能一一把它繪在記錄當中，使講演更加明顯，應向傅先生道歉，更應向讀者申明的，記者附識。

十八年十一月十九日　記於致知堂
（原載一九三〇年十二月《史學》第一期）

明成祖生母記疑

　　民國十八年冬，北平一不相熟之書肆攜一抄本求售，凡二三十頁，而索價奇昂。其中所記皆雜抄明代筆記之類，不能自成一書。詢朱逷先先生此書如何，朱先生謂其皆是零抄他處者，仍應以原書為准，遂還一價。而余赴京，兩月歸來，此書已為原主取回。今日思之，殊覺可惜。其中有一節，亦抄自明人筆記者，記明成祖生母事甚詳，大致謂作者與周王府中人相熟，府中傳說，成祖與周王同母，皆非高后產也。故齊黃削藩時，周王受責最重，而燕王自感不安者愈深。及燕王戰勝入京，與周王相持痛哭。其後周王驕侈，終為保全，而恩澤所及最重。又記時人侈言成祖實元順帝之高麗妃所遺之子，並記當時民間歌語，七言成句。末語謂三十五年，仍是胡人之天下云云。蓋靖難舉行革除之後，用洪武三十五年之號也。以上是此時尚可追想者，其他不及記憶矣。

　　近讀《廣陽雜記》等，重見此事，以為甚可注意。再向書肆求此冊，則以事隔一年有半，並忘其為何肆送來，費兩日力，苦無頭緒可尋。原抄錄自何書，當時匆匆南行，亦未記下。自己抄寫不勤，史料輕輕放過，實不可自恕，記之以志吾過耳。

　　承陳寅恪先生示以此事復見於《明詩綜》《陶庵夢憶》等書，更集抄此時所可尋到關於此事之記載如下。

　　一、記載原於《南京太常寺志》及親見南京奉先殿之向序者。《明詩綜》四十四，沈玄華〈敬禮南都奉先殿紀事〉十四韻云：

　　　高皇肇太廟，松楸連穹霄。尊祖有孝孫，典禮適升躋。一

從遷都後，遺制終未睃。有司列俎豆，上公視瓚圭。豈意歲甲午，烈火隳榱題。譆譆出出音，其兆先端倪。盈庭議移祀，中廢成町畦。猶餘奉先殿，薦新及菹醢。微臣承祀事，入廟歌鳬鷖。高后配在天，御幄神所棲。眾妃位東序，一妃獨在西。成祖重所生，嬪德莫敢齊。一見異千聞，實錄安可稽？作詩述典故，不以後人迷。（沈歷官南京太常寺卿，轉大理卿）

所附詩話云：

明南都太廟，嘉靖中為雷火所焚。尚書湛若水請重建，而夏言阿世宗意，請罷。有旨，併入奉先殿。按，長陵每自稱曰：「朕高皇后第四子也。」然奉先廟制，高后南向，諸妃盡東列，西序惟碩妃一人，具載《南京太常寺志》。蓋高后從未懷妊。豈惟長陵，即懿文太子亦非后生也。世疑此事不實，誦沈大理詩，斯明征矣。……是詩獲於高工部寓公家。

張岱《陶庵夢憶》卷一「鐘山」一節下云：

陵寢定，閟外羨，人不及知。所見者，門三，饗殿一，寢殿一，後山蒼莽而已。壬午七月，朱兆宣簿太常，中元祭期，岱觀之。饗殿深穆，暖閣去殿三尺，黃龍幔幔之。列二交椅，褥以黃錦孔雀翎織，正面龍甚華重。席地以氈，走其上必去舃輕趾。稍咳，內侍輒叱曰：「莫驚駕。」近閣下一座稍前，為碩妃，是成祖生母。成祖生，孝慈皇后妊為己子，事甚秘。再下東西列四十六席，或坐或否。祭品極簡陋，朱紅木籩，木壺，木酒罇，甚粗樸。籩中肉止三片，粉一鋏，黍數粒，東瓜湯一

甌而已。暖閣上一幾，陳銅爐一，小筋瓶二，柘楮二。下一大幾，陳太牢一少牢一而已。他祭或不同，岱所見如是。

談遷《國榷》建文四年卷云：

> 成祖啟天弘道高明肇運聖武神功純仁至孝文皇帝（御諱棣），太祖高皇帝第四子也。母碩妃。玉牒云，高皇后第四子。蓋史臣因帝自稱嫡，沿之耳。今《南京太常寺志》載孝陵（祔享）碩妃穆位第一，可據也。洪武□年，封燕王。晚奉命屢出塞擊胡，深入有功。狀貌奇偉，美髭髯。英武寬仁，豪傑樂用。其善武事，老將皆謂不及也。

談遷《棗林雜俎》義集（即第四卷）〈彤管篇〉「孝慈高皇后無子」一目下云：

> 孝陵享殿，太祖高皇帝高皇后南向。左淑妃李氏，生懿文皇太子，秦愍王，晉恭王；次皇□妃□氏，生楚王，魯王，代王，郢王，齊王，谷王，唐王，伊王，潭王；又次皇貴妃□氏，生相王，肅王，韓王，沈王；又次皇貴人□氏，生遼王；又次皇美人□氏，生寧王，安王，俱東列。碩妃生成祖文皇帝，獨西列。見《南京太常寺志》。孝陵閹人俱云，孝慈高皇后無子。具如志中。而王弇洲先生最博核，其別集同姓諸王表，自懿文成祖外，秦愍王（樉）、晉恭王（棡）、周定王（橚）俱母高皇后。楚昭王（楨）母昭敬太充妃胡氏。齊庶人（榑）母定妃達氏，潭王（梓）俱達氏出。趙王（杞）母□氏。魯荒王（檀）母寧妃郭氏。蜀獻王（椿）、代簡王（桂）、谷庶人（橞）

俱母惠妃郭氏。湘獻王（柏）母順妃胡氏。肅莊王（楧）母□
妃邱氏。遼簡王（植）母□妃韓氏。慶靖王（栴）母□妃余氏。
寧獻王（權）母□妃楊氏。岷莊王（楩）母□妃周氏。韓憲王
（松）母□妃周氏。沈簡王（模）母貴妃趙氏。安惠王（楹）母
□妃□氏。唐定王（桱）母賢妃李氏。郢靖王（棟）母惠妃劉
氏。伊厲王（𣏌）母麗妃葛氏。《吾學編》諸書俱同，抑未考
《南太常志》耶？享殿配位出自宸斷，相傳必有確據，故志之不
少諱，而微與玉牒牴牾，誠不知其解。或曰，《宋史》，杜太后
生邕王光濟，太祖，太宗，秦王廷美，夔王光贊，而廷美傳
云，母陳國夫人耿氏，非杜太后也。鳲鳩之德，均愛七子，
可以知高皇后矣。而高皇后無子何諱？他王母以諸書及太常寺
之志較之，多不合。楚魯代郢齊谷唐伊潭九王同母，亦奇。

二、記載源於民間傳說者。劉獻廷《廣陽雜記》卷二云：

　　明成祖非馬后子也。其母甕氏，蒙古人。以其為元順帝之
妃，故隱其事。宮中別有廟，藏神主，世世祀之，不關宗伯。
有司禮太監為彭恭庵言之。余少每聞燕之故老為此說，今始信
焉。

上文所舉吾所見抄本所轉錄之筆記，亦屬此類，惜佚其名。
三、記載出自敵國者。《蒙古源流》卷八：

　　先是蒙古托袞特莫爾烏哈噶圖汗（案，即元順帝）歲次戊
申，漢人朱葛諾延年二十五歲，襲取大都城，即汗位，稱為大
明朱洪武汗。其烏哈噶圖汗之第三福晉系洪吉喇特托吉托太師

之女，名格哷勒德哈屯，懷孕七月，洪武汗納之。越三月，是歲戊申，生一男。朱洪武降旨曰，從前我汗曾有大恩於我，此乃伊子也。其恩應報，可為我子，爾等勿以為非。遂養為己子，與漢福晉所生之子朱代共二子。朱洪武在位三十年，歲次戊寅，五十五歲，卒。大小官員商議，以為蒙古福晉之子雖為兄，系他人之子，長成不免與漢人為仇。漢福晉之子雖為弟，乃嫡子，應奉以為汗。朱代庚戌年生，歲次戊寅，年二十九歲，即位。在位四越月十八日即卒。於是年無子。其蒙古福晉所生子，於己卯年三十二歲，即位。於是即請噶爾瑪巴之特哀齊楞伊哷克森囉勒貝多爾濟薩斯嘉之大乘丹簪綽爾濟黃教之大慈札木禪綽爾濟等三人，闡揚法教，俾大國普眾安享太平。在位二十二年，歲次庚子，年五十歲，卒。

尋繹上所抄錄成祖生母為誰之傳說中，實含有兩個不同之問題，不可混為一談者。一是成祖是否為孝慈高皇后馬氏所生？如其不然，其生母為誰何？二是成祖是否因其母曾為元庚申帝之妃而為庚申帝之子？茲依序辨之。

一　成祖是否為高后子

成祖為高后所生一說，《明實錄》及《明史》皆然，此固成祖屢屢自謂者。明代掌故大家王弇洲、鄭窒甫所撰述之作皆無異議。然反此說之記載大致皆源於明《南京太常寺志》，此書今在北平尚不可得。而北京大學所藏之明《太常寺志》是新抄本，來歷不詳，所記多北都太常所司，當與《南京太常寺志》無涉也。《南京太常寺志》雖不可得見，然引之者如許多，《康熙字典》碩字下亦引之云：「明祖妃碩氏。」

而《棗林雜俎》作者及沈玄華等，又謂親見奉先殿之向次。太常志當為官書性質，似此記錄當無誕妄；此與傳說不同也。按，成祖屢言朕高皇帝第四子，朕高皇后第四子，等等。齊黃削藩中，亦不聞斥燕周諸王之子以母賤。此猶可曰成祖引高后以自重，齊黃等當時文字本不能傳。然《明史》所本即明玉牒，必隱藏其生母而後子以母貴乎？在此等互相矛盾而兩面皆有有力之史料為之後盾之時，只有一解可以通者，即成祖生於碩氏，養於高后；碩氏為賤妾，故不彰也。《明史》雖為清代官書，而其底稿實出萬季野諸公。諸公皆易代之後不忘漢統者，其從明國史之直書，略官府之別錄，刊民間之野言，固為其自身立場必由之徑，亦是當時修史惟一之途。若不然者，以明代人之好說掌故，喜為游談，如盡拾摭奇聞，《明史》必成晉書矣。過而謹嚴，此其例也。然吾人今日猶見如許多之記載，而官書之《太常寺志》猶如此說，則成祖母本為碩妃，理無疑也。《明史》在他處亦露燕王不與懿文太子同母而獨與周王同母之意。〈黃子澄傳〉云：「子澄曰，……今欲問罪，宜先周。周王，燕之母弟。削周是剪燕手足也。」此明言燕周同母，更可推知與懿文太子非同母矣。談遷云：「或曰，《宋史》，杜太后生邠王光濟，太祖，太宗，秦王廷美，夔王光贊，而廷美傳云，母陳國夫人耿氏，非杜太后也。」正其例也。

　　至於碩妃事蹟如何，則明代官書既無記載，私家亦鮮述說。據上文，有《廣陽雜記》之蒙古人妃與本文所記佚名抄本之高麗人二說。按，碩非漢姓，此為事實，至其或為蒙古人，或為高麗人，更或為色目人，皆有可能，而皆無證。太祖子秦王樉，實聘元河南王王保保（擴廓帖木兒）之妹為正妃，是太祖不以婚於異族為嫌。婚猶如此，何況取妾？太祖席郭氏之業，轉戰江淮，攻城略土，所夷剪元代之官吏必多，則虜其妻女以為姬妾，本起兵草澤者必有之事。據《太祖實錄》及《國榷》諸書，成祖生於元至正二十年（1360）庚子（宋龍鳳六年）

四月癸酉，其年陳友諒弒其主徐壽輝而與吳決戰於鄱陽，兵敗身死。
此時太祖從郭氏起兵已八年，江淮重鎮，略取已多，北淮南浙，建都
應天，正元世河南江南兩省菁華之區，其有略取元朝大官妻孥之機
會，更不待言焉。或者碩妃竟為高麗人。蓋蒙古人為妾，殊無特長，
而色目諸族，來自西方，亦未必適於為漢人之妾。獨高麗人，久染中
土之文華，複為海東之靡土。《庚申外史》記元順帝時風尚云：

> 祁宮（庚申帝次後祁氏，高麗人）亦多蓄高麗美人。大臣
> 有權者，輒以此女送之。京師達官貴人，必得高麗女然後為名
> 家。高麗婉媚，善事人，至則多奪寵。自至正以來，宮中給事
> 使令大半為高麗女，以故四方衣服靴帽器物皆依高麗樣子。此
> 關係一時風氣，豈偶然哉！

此風至明成祖時，宮中猶然。《棗林雜俎》義集〈彤管篇〉云：

> 永樂中賢妃權氏，順妃任氏，昭儀李氏，婕妤呂氏，美人
> 崔氏，俱朝鮮國王李芳遠所進。權妃穠粹，善吹玉簫，見幸。
> 永樂八年，從征還，至臨城薨，諡恭獻。芳遠驛送妃父永均
> 至，食光祿大夫祿，尋遣歸。正德中卒，白金米布，賻賜有
> 嘉。權氏薨時，後司彩王氏作宮詞：「瓊花移入大明宮，旖旎濃
> 香韻晚風。贏得君王留步輦，玉簫嘹亮月明中。」蓋指權妃也。

抑由成祖之母為高麗人，故成祖亦特愛高麗姬歟？

二　碩妃是否曾為庚申帝妃因而成祖為庚申帝子

　　此一傳說雖傳於明代之民間，遠及敵國，然其為無稽之談無疑。以明太祖之雄猜陰狠，如燕王所出來歷不明，獨肯封於最大之藩，最重之都，勝國之舊京，假以重兵乎？一也。成祖妻徐氏，中山女也。中山為明祖第一勳臣，其女所配，宜不及於螟蛉賤種，二也。終洪武之世，北邊未靖，故北邊諸藩皆節制軍權。洪武末年，燕王所膺尤重，及帝不豫時，猶以燕谷遼寧諸護衛歸燕王節制，三也。且明人傳說，高皇帝嘗以燕王善戰似己，欲廢皇太孫而立之，卒以人心歸附太孫而罷。此言縱不實，然終洪武之世，不聞太祖與燕王間有破綻，且屢命之出塞討虜，繼徐達以鎮北平，宿將如傅友德等，皆歸其節制，四也。充此類而列之，正不勝舉。然猶可曰此是常識之判斷。史事以證據為先，則請言其確證。

　　明將虜元室妻孥事，一在洪武二年（即1369年）六七月間。《明史・常遇春傳》云：「詔遇春還備，以平章李文忠副之。……遂拔開平，元帝北走追奔數百里。獲其宗王慶生，及平章鼎住等，將士萬人，車萬輛，馬三千匹，牛五萬頭，子女寶貨稱是。」一在洪武三年（1370）五月。〈李文忠傳〉云：「次開平，降平章上都罕等。時元帝已崩，太子愛猷識里達臘新立。文忠諜知之，兼程趨應昌，元嗣君北走，獲其嫡子買的立八剌暨后妃宮人諸王將相官屬數百人，及宋元玉璽金寶十五，玉冊二，鎮圭大圭玉帶玉斧各一。」前此洪武元年秋，徐達等北伐。閏七月丙寅，克通州，元帝率后妃太子奔上都。八月庚午，徐達入元都。《庚申外史》亦與《明史》同，其文云：「後七月二十七日，大軍至通州。帝得報，大懼，即日委淮王帖木兒不花、丞相慶童，留守大都。二十八夜，帝即卷其子女玉帛出居庸關，遁入上

都。八月三日，大軍至齊化門外，一鼓而克全城。」然則洪武元年，元庚申帝棄大都時，並未棄其妃妾。前此則元帝家室不在大都之外，河北又遠非朱氏初年用兵所及，沙關雖曾一度陷上都而東行，大都門外復為字羅擴廓之戰場，至正二十四年，祁后雖曾一度屏居後載門外，然庚申帝並無喪其室家之事，而明祖尤不能得之於三千裡外。縱退一步言之，元帝妃之入明在洪武元年，次年即生子，不必為洪武二年或三年，然洪武元年之次年上距《國榷》等所載燕王以至正二十年生相去已十年，此之差誤太大。若曰改實錄以滅跡，又焉能盡改懿文太子秦晉周楚等初封十子之生年？且燕王之封與秦晉諸王皆在洪武三年，治兵鳳陽之命皆在洪武九年，燕王之國在洪武十三年，燕王節制傅友德兵征元孽在二十三年，從此專征一方。封藩固可行之於繈褓，而治兵不能在七八歲時，之國遠方尤不能在十一二歲時，此事實皎然者。至於《吾學編》所記「吳元年，上念七子漸長，宜習勞，令內侍制麻屢行縢。凡出城稍遠，馬行十七，步十三」，則從《廣陽雜記》等說，事反在成祖生前。其他類此之傳說，按實錄等考之，皆與年歲不合。從此可斷然知元順帝子一說之妄也。

　　雖然，成祖蒙此不潔之名，亦自有故。高帝自洪武中年以後，肆行殺戮，世人所望，惟在太孫。高帝春秋已高，太孫浸潤儒術，天下歸心。其後卒以謀之不善，亡於燕王；而燕王更肆行屠殺，對遜國遺臣倒行逆施無所不至。於是終明之世，士大夫心中固以建文為正，以永樂為篡，於是遜國遺聞，憑空生如許之多。如《儒林外史》所說杜慎卿之評語，以成祖為是者，誠易代後之公言。在明人心中，永樂非他，絕懿文之系，滅方孝孺之十族者也。偏偏其生母非漢姓，而洪武元年直接至正，庚申帝為瀛國公子之說依然甚囂於人心（詳附記一），則士人憑感情之驅率，畫依樣之葫蘆，於是碩妃為庚申帝妃，成祖為庚申帝子矣。年代之不合，不問也。此說傳至外國，遂有《蒙古源流》

上所記之說。此書直以成祖為格哷勒德哈屯（即弘吉剌）所生，則弘吉剌死於至正二十五年，《元史》記其諡號及祁后讖語，此等史料，不辯自破。

大凡官書失之諱，私記失之誣。明國史略成祖之生母，諱也。明野史謂成祖為元孽，誣也。成祖愈諱言其生母，私家愈侈言其真父。此猶官報與謠言，各有所缺。後之學者，馳騁於官私記載之中，即求斷於諱誣二者之間。史料不可一概論，然而此義是一大端矣。

　　附記一　宋德祐帝為元庚申帝真父之一傳說，在元末明初流傳甚盛。此等宮闈秘史，真偽皆難證明。惟有一點較明白者，即此事在當時已成一大案是也。《元史・虞集傳》云：「初，文宗在上都，將立其子阿剌忒納答剌為皇太子，乃以妥歡帖木兒太子乳母夫言，明宗在日，素謂太子非其子，黜之江南驛。召翰林學士承旨阿鄰貼木兒奎章閣大學士忽都魯篤彌實書其事於脫卜赤顏，又詔集使書詔播告中外。」《庚申外史》亦云：

　　　尚書高保哥奏言：「昔文宗制詔天下，有曰：『我明宗在北之時，謂陛下素非其子。』」帝聞之，大怒，立命撤去文宗神主於大廟，並問當時草詔者為何人。遂欲殺虞伯生。馬雍、古祖常二人呈上文宗御批，且曰：「臣受敕記載，實不獲已。」脫脫在旁，因曰：「彼皆負天下重名，後世只謂陛下殺此秀才。」故舍之而不問。

此只言元廷謂妥歡貼木兒非明宗之子，未嘗言其為宋後也。然《庚申外史》又云：

　　　國初，宋江南歸附時，瀛國公，幼君也。入都，自願為僧

白塔寺中，已而奉詔居甘州山寺。有趙王者，因嬉遊至其寺，憐國公年老且孤，留一回回女子與之。延祐七年，女子有娠，四月十六日夜，生一男子。明宗適自北方來，早行，見其寺上有龍文五彩氣，即物色得之，乃瀛國公所居室也。因問：「子之所居，得無有重寶乎？」瀛國公曰：「無有。」固問之，則曰：「今早五更後，捨下生一男子耳。」明宗大喜，因求為子，並其母載以歸。

此則直以順帝為宋後。《佛祖歷代統載》三十六，載癸亥至治三年「四月，賜瀛公合尊死於河西」。又談遷曰（《國榷》元至正十五年）：

宋帝㬎降元，封瀛國公，俾尚公主。後因侍宴有奇怪之征，忌之，遣學佛法於帝師，遂居漠北。其後明宗逃居沙漠行帳，適與瀛國公相近，締好甚密。一夕，明宗方寢，聞瀛國公帳中有笙鏞聲。問其故，乃嬰兒始生而啼也。知其非常人，遂乞歸，養為子，妥歡帖木兒是也。閩人余應有詩紀之，見何喬新鄭曉所載。又瀛國薙發號合尊大師，終嫌死。舅氏吳涇夢來告曰：「吾得請於帝，行報矣。」

此所謂嫌者，不知是何嫌。然至治二年，禁漢人執兵器、出獵及習武藝。（南人之禁當更在先。）時蒙古朝廷防異族更嚴，瀛國公死，或由於此。必謂瀛國公以為庚申帝父而見殺，亦無據也。此事元未必為世間所侈談，故袁忠徹《符台外集》亦有之（見《明史·袁忠徹傳》）。相傳余應詩云（見〈菽園雜記〉）：「是時明宗在沙漠，締交合尊情頗濃。合尊之妻夜生子，明宗隔帳聞笙鏞。乞歸行宮養為嗣，皇考崩時年甫童。」然以元末諸王之好亂，順帝入主，竟無執異稱兵者。

而劉青田〈走馬引〉責之曰:「魯莊何以為人為。」蓋謂順帝既為明宗子,何以不報父仇,但去文宗在太廟之位,而詔以將立其子為言而已。(此說本之朱彝尊、畢沅等。)據此可知庚申帝為宋後之說,民間盛傳,而合尊之死,尤足以張此疑慮,然而終不可為確說也。

宋之剪滅於黑韃,色目番僧,荼毒億兆,人心思漢,故韓山童以宋為號,強豪依附,郭氏明祖其一。此可見當時人心,而大明之統,固接韓宋者也。永樂所出之野語,固是同一心理所表現,而前之榜樣,正為後之葫蘆。不有庚申帝之疑聞,亦無順帝子之妄語也。

附記二 此文所據最重要材料,竟但憑記憶,且妄其名稱,實不當即以付印。然舊抄雜記不知後來尚可遇之否?與其久而盡妄,何若記之以待後之補苴?故匆匆寫此文,適以志隨便將史料放手之過。若承博聞者示以同類材料,以資修改,至為感幸!

此文所引材料,如《棗林雜俎》、《陶庵夢憶》等,皆由陳寅恪先生告知我所在,謹誌感謝。

夷夏東西說

　　這一篇文是我在「九一八」以前所作《民族與古代中國史》一書中的三章。這一書已成之稿，大致寫在「九一八」前兩年至半年間。這三章是二十年春天寫的，因時局的影響，研究所遷徙兩次，我的工作全不能照預定呈規，所以這一書始終不曾整理完。現在把其中的三章，即本文的三章，編成一文，敬為蔡子民師壽。　因為本是一部書，所以中間常提到他章，現在改作「別見某文，未刊」。這一篇中的中心思想，是我十餘年前的見解，此數章寫成亦在數年前。這幾年中我沒有在這一線上用工夫，所以除字句略加修正及末一節以外，幾全是當年的原文。此文本應附圖，現在亦來不及作了。

二十三年十月

　　自東漢末以來的中國史，常常分南北，或者是政治的分裂，或者由於北方為外族所統制。但這個現象不能倒安在古代史上。到東漢，長江流域才大發達。到孫吳時，長江流域才有獨立的大政治組織。在三代時及三代以前，政治的演進，由部落到帝國，是以河、濟、淮流域為地盤的。在這片大地中，地理的形勢只有東西之分，並無南北之限。歷史憑藉地理而生，這兩千年的對峙，是東西而不是南北。現在以考察古地理為研究古史的一個道路，似足以證明三代及近於三代之前期，大體上有東西不同的兩個系統。這兩個系統，因對峙而生爭鬥，因爭鬥而起混合，因混合而文化進展。夷與商屬於東系，夏與周屬於西系。以下四章是為求能證明這個設定而寫的。先從商代說起，

上溯夏後世者，因為後王事蹟多，容易看清楚，先討論他，於瞭解此文之命意上似乎便當些。

第一章　亳──商──殷

一　商代發跡於東北渤海與古兗州是其建業之地

下列數事，合起來可證成本節標題所假定。

甲、《詩·商頌》：「天命玄鳥，降而生商。」又：「有娀方將，帝立子生商。」這個故事的意義，可以《呂氏春秋·音初篇》所記說明之：

> 有娀有二佚女，為之九成之台，飲食必以鼓。帝令燕往視之，鳴若謚隘。二女愛而爭搏之，覆以玉筐。少選，發而視之，燕遺二卵北飛，遂不反。二女作歌，一終日：「燕燕往飛。」實始作為北音。

〈商頌〉中所謂「玄鳥」及「有娀」之本事，當即此說之內容。此一神話之核心，在於宗祖以卵生而創業。後代神話與此說屬於一源而分化者，全在東北民族及淮夷。現在將此神話之重要材料錄於下方：

> 〔《論衡·吉驗篇》〕北夷橐離國王侍婢有娠，王欲殺之。婢對曰：「有氣如大雞子，從天而下，我故有娠。」後生子，捐於豬溷中。豬以口氣噓之，不死。復徙置馬欄中，欲使馬藉殺之。馬復以口氣噓之，不死。王疑以為天子，令其母收取，奴

畜之，名東明，令牧牛馬。東明善射，王恐奪其國也，欲殺之。東明走，南至掩㳟水，以弓擊水，魚鱉浮為橋，東明得渡。魚鱉解散，追兵不得渡，因都王夫餘，故北夷有夫餘國焉。(《魏志》三十〈夫餘傳・注〉引《魏略》同。)

〔《魏書・高句麗傳》〕高句麗者，出於夫餘。自言先祖朱蒙。朱蒙母河伯女，為夫餘王閉於室中，為日所照，引身避之，日影又逐。既而有孕，生一卵，大如五升。夫餘王棄之與犬，犬不食。棄之與豕，豕又不食。棄之於路，牛馬避之。後棄之野，眾鳥以毛茹之。夫餘王割剖之，不能破，遂還其母。其母以物裹之，置於暖處，有一男破殼而出。及其長也，字之曰朱蒙。其俗言朱蒙者，善射也。夫餘人以朱蒙非人所生，將有異志，請除之。王不聽，命之養馬。朱蒙每私試，知有善惡，駿者減食令瘦，駑者善養令肥。夫餘王以肥者自乘，以瘦者給朱蒙。後狩於田，以朱蒙善射，限之一矢。朱蒙雖矢少，殪獸甚多。夫餘之臣又謀殺之，朱蒙母陰知，告朱蒙曰：「國將害汝，以汝才略，宜遠適四方。」朱蒙乃與烏引、烏違等二人棄夫餘東南走。中道遇一大水，欲濟無梁，夫餘人追之甚急。朱蒙告水曰：「我是日子，河伯外孫。今日逃走，追兵垂及，如何得濟？」於是魚鱉並浮，為之成橋。朱蒙得渡，魚鱉乃解，追騎不得渡。朱蒙遂至普述水，遇見三人，其一人著麻衣，一人著衲衣，一人著水藻衣，與朱蒙至紇升骨城，遂居焉。號曰高句麗，因以為氏焉。

〔高麗好大王碑〕惟昔始祖鄒牟王之創基也，出自北夫餘，天帝之子，母河伯女郎，剖卵降出。生子有聖□□□□□命駕巡東南下，路由夫餘奄利大水。王臨津言曰：「我是皇天之子，母河伯女郎，鄒牟王，為我連葭浮龜。」應聲即為連葭浮

龜，然後造渡於沸流谷忽本西城山上而建都焉。永樂□位，因遣黃龍來下迎王，王於忽本東岡黃龍負升天。

〔高麗王氏朝金富軾撰《三國史記・高句驪紀》〕始祖東明聖王姓高氏，諱朱蒙。（一云鄒牟，一云象解）先是，扶餘王解夫妻老，無子，祭山川求嗣。其所禦馬至鯤淵，見大石，相對流淚。王怪之，使人轉其石，有小兒，金色，蛙形。（蛙一作蝸）王喜曰：「此乃天賚我令胤乎？」乃收而養之，名曰金蛙。及其長，立為太子。後其相阿蘭弗曰：「日者天降我曰：『將使吾子孫立國於此，汝其避之東海之濱，有地號曰迦葉原，土壤膏腴，宜五穀，可都也。』」阿蘭弗遂勸王移都於彼國，號東扶餘。其舊都有人，不知所從來，自稱天帝子解慕漱來都焉。及解夫妻薨，金蛙嗣立。於是時得女子於大白山南優渤水，問之，曰：「我是河伯之女，名柳花，與諸弟出遊，時有一男子自言天帝子解慕漱，誘我於熊心山下鴨綠邊室中私之，即往不返。父母責我無媒而從人，遂謫居優渤水。」金蛙異之，幽閉於室中。為日所炤，引身避之，日影又遂而炤之，因而有孕。生一卵，大如五升許。王棄之於犬豕，皆不食。又棄之路中，牛馬避之。後棄之野，鳥覆翼之。王欲剖之，不能破，遂還其母。其母以物裹之，置於暖處，有一男兒破殼而出，骨表英奇。年甫七歲，嶷然異常。自作弓矢射之，百發百中。扶餘俗語善射為朱蒙，故以名云。金蛙有七子，常與朱蒙遊戲，其伎能皆不及朱蒙。其長子帶素言於王曰：「朱蒙非人所生，其為人也勇，若不早圖，恐有後患，請除之。」王不聽，使之養馬。朱蒙知其駿者而減食令瘦，駑者善養令肥。王以肥者自乘，瘦者給朱蒙。後獵於野，以朱蒙善射，與其矢小，而朱蒙殪獸甚多。王子及諸臣又謀殺之，朱蒙母陰知之，告曰：「國人將害

汝，以汝才略，何往而不可？與其遲留而受辱，不若遠適以有
為。」朱蒙乃與烏伊摩離陝父等三人為友，行至淹㴲水，（一名
蓋斯水，在今鴨綠江東北）欲渡無梁，恐為追兵所迫，告水
曰：「我是天帝子，河伯外孫，今日逃走，追者垂及，如何？」
於是魚鱉浮出成橋，朱蒙得渡，魚鱉乃解，追騎不得渡。朱蒙
行至毛屯谷，（《魏書》云，至普述水）遇三人，其一人著麻
衣，一人著衲衣，一人著水藻衣。朱蒙問曰：「予等何許人也？
何姓何名乎？」麻衣者曰：「名再思。」衲衣者曰：「名武骨。」
水藻衣者曰：「名默居。」而不言姓。朱蒙賜再思姓克氏，武骨
仲室氏，默居少室氏。乃告於眾曰：「我方承景命，欲啟元基，
而適遇此三賢，豈非天賜乎？」遂揆其能，各任以事，與之俱
至卒本川。（《魏書》云，至紇升骨城）觀其土壤肥美，山河險
固，遂欲都焉，而未遑作宮室，但結廬於沸流水上居之。國號
高句麗，因以高為氏。（一云，朱蒙至卒本，扶餘王無子，見朱
蒙，知非常人，以其女妻之。王薨，朱蒙嗣位。）時朱蒙年
二十二歲，是漢孝元帝建昭二年。

〔朝鮮《舊三國史‧東明王本紀》〕（案，原書已佚，日人
今西龍在內藤虎次郎頌壽紀念史學論叢中所作「朱蒙傳說」據
高麗王氏朝李奎報《李相國文集》中之〈東明王篇注釋〉輯錄
成篇，並以《朝鮮世宗實錄》、〈地理志‧平安道〉「平壤」條
所載者補訂之。此處所引，即據今西龍氏輯文）夫餘王解夫妻
老無子，祭山川求嗣。所禦馬至鯤淵，見大石流淚。王怪之，
使人轉其石，有小兒金色蛙形。王曰：「此天賜我令胤乎？」乃
收養之，名曰金蛙，立為太子。其相阿蘭弗曰：「日者天降我
曰，將使吾子孫立國於此，汝其避之東海之濱，有地號迦葉
原，土宜五穀，可都也。」阿蘭弗勸王移都，號東夫餘。於舊

都解慕漱，為天帝子來都。漢神雀三年壬戌歲，（四月甲寅）天帝遣太子降游扶余王古都，號解慕漱。從天而下，乘五龍車，從者百餘人，皆騎白鵠，彩雲浮於上，音樂動雲中，止熊心山，經十餘日始下。首戴鳥羽之冠，腰帶劍光之劍，朝則聽事，暮即升天，世謂之天王郎。城北青河河伯（青河今鴨綠江也）有三女，長曰柳花，次曰萱花，季曰葦花。三女自青河出遊熊心淵上，神姿豔麗，雜佩鏘洋，與漢皋無異。王謂左右曰：「得而為妃，可有後胤。」其女見王，即入水。左右曰：「大王何不作宮殿，俊女入室，當戶遮之？」王以為然。　以馬鞭畫地，銅室俄成，壯麗於空中。王三席置樽酒，其女各座其席，相歡，飯酒大醉，云云。王俟三女大醉，急出遮。女等驚走，長女柳花為王所止。河伯又怒，遣使告曰：「汝是何人，留我女乎？」王報云：「我是天帝之子，今欲與河伯結婚。」河伯又使告曰：「汝若天帝之子，於我有求婚者，當使媒，云云。今輒留我女，何其失禮？」王慚之。將往見河伯，不能入室。欲放其女，女既與王定情，不肯離去。乃勸王曰：「如有龍車，可到河伯之國。」王指天而告，俄而五龍車從空而下。王與女乘車，風雲忽起，至其宮。河伯備禮迎之。坐定，謂曰：「婚姻之道，天下之通規。為何失禮，辱我門宗？」河伯曰：「王是天帝之子，有何神異？」王曰：「唯在所試。」於是河伯於庭前水化為鯉，隨浪而游，王化為獺而捕之。河伯又化為鹿而走，王化為豺逐之。河伯化為雉，王化為鷹擊之。河伯以為誠是天帝之子，以禮成婚。恐王無將女之心，張樂置酒，勸王大醉，（河伯之酒七日乃醒）與女入於小革輿中，載以龍車，欲令升天。其車未出水，王即酒醒。取女黃金釵，刺革輿，從孔獨出升天。河伯大怒其女，曰：「汝不從我訓，終辱我門。」令右左絞挽女

口，其唇吻長三尺，唯與奴婢二人貶於優渤水中。優渤，澤名，今在太伯山南。漁師強力扶鄒告金蛙曰：「近有盜梁中魚而將去者，未知何獸也？」王乃使漁師以網引之，其網破裂。更造鐵網引之，始得一女，坐石而出。其女唇長，不能言。令三截其唇，乃言。王知天帝子妃，以別宮置之。其女懷牖中日曜，因以有娠。神雀四年癸亥歲夏四月，生朱蒙，啼聲甚偉，骨表英奇。初生，左腋生一卵，大如五升許。王怪之，曰：「人生鳥卵，可為不祥。」使人置之馬牧，群馬不踐。棄於深山，百獸皆護。雲陰之日，卵上恆有日光。王取卵送母養之，卵終乃開，得一男。生未經月，言語並實。謂母曰：「群蠅嗜目，不能睡，母為我作弓矢。」其母以葦作弓矢與之，自射紡車上蠅，發矢即中。扶餘謂善射曰朱蒙。年至長大，才能兼備。金蛙有子七人，常共朱蒙遊獵。王子及從者四十餘人，唯獲一鹿。朱蒙射鹿至多。王子妒之，乃執朱蒙縛樹，奪鹿而去。朱蒙樹拔而去。太子帶素言於王曰：「朱蒙神勇之士，瞻視非常，若不早圖，必有後患。」王使朱蒙牧馬，欲試其意。朱蒙內懷恨，謂母曰：「我是天帝之孫，為人牧馬，生不如死，欲往南土造國家，母在，不敢自專，云云。」其母曰：「此吾之所以日夜腐心也。」「吾聞士之涉長途者，順憑駿足，吾能擇馬矣。」遂往牧馬，即以長鞭亂捶，群馬皆驚走，一騎馬跳過二丈之欄。朱蒙知馬駿逸，潛以針捶馬舌，痛不食水草，其馬瘦悴。王巡行馬牧，見群馬悉肥，大喜，仍以瘦賜朱蒙。朱蒙得之，拔其針加云。暗結烏伊摩離陝父等三人，南行至淹淲，一名蓋斯水，在今鴨綠東北，欲渡無舟。恐追兵奄及，乃以策指天，慨然歎曰：「我天帝之孫，河伯之甥，今避難至此。皇天后土憐我孤子，速致舟橋。」言訖，以弓打水，龜鱉浮出成橋，朱蒙乃

得渡。良久，追兵至。追兵至河，魚鱉橋即滅，已上橋者皆沒
死。朱蒙臨別，不忍睽違。其母曰：「汝勿以一母為念。」乃裹
五穀種以送之。朱蒙自切生別之心，忘其麥子。朱蒙息大樹之
下，有雙鳩來集。朱蒙曰：「應是神母使送麥子。」乃引弓射
之，一矢俱舉，開喉得麥子。以水噴鳩，更蘇而飛去，云云。
王行至卒本川，廬於沸流水上，國號為高句麗。王自坐茀絕之
上，略定君臣神。（中略）在位十九年，秋九月，王升天不下，
時年四十。太子以所遺玉鞭葬於龍山，云云。（下略）

　　　（《清太祖武皇帝實錄》）（故宮博物院藏本。按《清太祖實
錄》今已發見者有三本，一名《太祖武皇帝實錄》，藏北平故宮
博物院，是最初本。一名《太祖高皇帝實錄》，是一稿本，塗改
數遍，藏中央研究院歷史語言研究所。一亦名《太祖高皇帝實
錄》，藏北平故宮博物院，已由該院印出，此為最後之本。又有
《滿洲實錄》，藏瀋陽故宮博物院，已由該院影印，文飾較少，
當在故宮第一本及中央研究院稿本之間。今錄故宮第一本，而
注明瀋陽本之異文。）長白山高約二百里，周圍約千里。此山
之上有一潭名他門，（瀋陽本作闥門）周約八十裡。鴨綠、混
同、愛滹三江，俱從此山流出。鴨綠江自山南瀉出向西流，直
入遼東之南海。混同江自山北瀉出向北流，直入北海。愛滹江
向東流，直入東海，此三江中每出珠寶。長白山山高地寒，風
勁不休，夏日環山之獸俱投憩此山中。（瀋陽本此下有云，此山
盡是浮石，乃東北一名山也。又以下提行。《滿洲源流》：滿洲
原起於長白。）山之東北布庫裡山下一泊，名布爾（瀋陽本作
勒）瑚里。初，天降三仙女浴於泊，長名恩古倫，次名正古
倫，三名佛庫倫。浴畢上岸，有神鵲銜一朱果置佛庫倫衣上，
色甚鮮妍。佛古（瀋陽本作庫）倫愛之不忍釋手，遂銜口中。

甫著衣，其果入腹中，即感而成孕。告二姊曰：「吾覺腹重，不
能同升，奈何？」二姊曰：「吾等曾服丹藥，諒無死理。此乃天
意，俟爾身輕上升未晚。」遂別去。佛庫倫後生一男。生而能
言，倏爾長成。母告子曰：「天生汝，實令汝為夷國主。（瀋陽
本作以定亂國）可往彼處將所生緣由一一詳說。」乃與一舟。
「順水去，即其地也」。言訖，忽不見。其子乘舟順流而下，至
於人居之處，登岸，折柳條為坐具，似椅形，獨踞其上。彼時
長白川東南鼇莫惠（地名）鼇多理（城名。此兩名瀋陽本作鄂
謨輝鄂多理），內有三姓夷酋爭長，（瀋陽本作爭為雄長）終日
互相殺傷。適一人來取水，見其子舉止奇異，相貌非常，回至
爭鬥之處，告眾曰：「汝等無爭。我於取水處遇一奇男子，非凡
人也。想天不虛生此人，盍往觀之？」三酋長（瀋陽本作三姓
人）聞言罷戰，同眾往觀。及見，果非常人。異而詰之，答
曰：「我乃天女佛庫倫所生，姓愛新（華語〔瀋陽本作漢言〕金
也）覺羅（姓也），名布庫里雍順，天降我定汝等之亂。」因將
母所囑之言，詳告之。眾皆驚異曰：「此人不可使之徒行。」遂
相插手為輿，擁捧（瀋陽本作護）而回。三姓人息爭，共奉布
庫里英雄（瀋陽本作哩雍順）為王，以百里女妻之。其國定號
滿洲，乃其始祖也。（南朝誤名建州）

如上所引，可知此一傳說在東北各部族中之普遍與綿長。此即東
北人之「人降」神話。在東北人以外，古淮夷亦有此神話：

〔《史記・秦本紀》〕秦之先，顓頊之苗裔，孫曰女修。女
修織，玄鳥隕卵，女修吞之，生子大業。大業取少典之子，曰
女華，生大費，與禹平水土。

　　按此雖記秦之祖，然實敘夷淮之祖，因秦本嬴姓，嬴姓在商代，憑殷人西向之勢，自岱南出建部落於西北，事見〈秦本紀〉。淮夷本是東海上部類，《詩·魯頌》「至於海邦，淮夷來同」，是其證。然則淮夷與東北沿海諸族同其人降之神話，本不足怪。且此處之神話，明明歸本於顓頊氏；顓頊正是東北方部落之宗神。《晉書》卷一百八（慕容）「廆以大棘城即帝顓頊之墟也」。可以為證。據此考量，淮夷有此神話，正自東北來，即當人之東北一類中也。

　　然而此一神話殊不以東北為限，殷商亦然。《詩》所謂「天命玄鳥，降而生商」，所謂「有娀方將，帝立子生商」者，據鄭箋云：「天使鳦下而生商者，謂鳦遺卵，有娀氏之女簡狄吞之而生契。」是謂玄鳥之卵，人有娀氏女之腹，遂生商祖。然則〈商頌〉中此一神話，與上文所舉後來東北各部族中之神話，明明白白是一件事，至少是一個來源。持此以證商代來自東北，固為不足；持此以證商代之來源與東北有密切關係，至少亦是文化的深切接觸與混合，乃是頗充足，很顯然的。[1]

　　乙、《詩·商頌》：「宅殷土芒芒。」我們要看商所宅之殷土在何處。自武乙以來所都之處，《史記》稱之曰殷墟。殷墟正在洹水南岸，今河南安陽境。不過這是後來的話，不足證殷商之本在河北，當更由他法尋求稱殷商部族之本土。《呂氏春秋·慎大覽》：「親郼如夏。」高誘曰：「郼讀如衣，今兗州人謂殷氏皆曰衣。」畢沅證之曰：「《書》武成殪戎殷，〈中庸〉作壹戎衣。二字聲本相近。」然則殷即郼，郼韋衛三字當為一字之異體。今能尋衛韋之所在，則殷土之原來地望可知。衛者，康侯封所受之舊名。康侯之國名衛，並非康侯自他處帶去，（若

──────────

[1]　此節含義已見拙作《東北史綱初稿》第一卷一四至二四葉。彼處於本文所引資料外，更及「姘乙」一詞。今承董作賓先生告我：「王國維所釋『姘乙』二文實是『河』字，其『𗊽』一字，則為『岳』字。」按董說甚確，故刪是段。

燕之本不在薊，魯之本不在曲阜）而為其地之舊名者，可以下列考量證之。康叔本封於康，故建侯於衛時猶曰康叔，其子猶曰康伯，從此可知衛為昧邦（即《詩》之「沫鄉牧野」）之本名，當今彰德衛輝、大名一帶之地。韋者，一曰豕韋。《左傳》哀二十四杜注曰：「東郡白馬縣東南有韋城。」晉白馬縣當今滑縣東境一帶，其四圍正在古所謂河濟之間。《呂氏春秋·有始覽》又云：「河濟之間為兗州，衛也。」此尤明示衛之地望，更由此可知稱殷之原來所在。其實殷兗（古作沈）二字，或者也不免是一詞之變化，音韻上非不可能。此說如不錯，則殷、衣、韋、鄁、衛、沈、兗，盡由一源，只緣古今異時，成殊名耳。商之先世，於建業蒙亳之先（說詳下）宅此殷土，則成湯以前先公發祥自北而南之蹤跡，可以推知矣。

　　丙、《詩·商頌》：「相土烈烈，海外有截。」試為「景員維河」之國家設想，最近之海為渤海，最近可能之海外為遼東半島或朝鮮西北境。相土為商代甚早之先王，在契之後，湯之前，並在王恆王亥之前。以如此早之一代，竟能戡定海外，則其根據地必去渤海不遠。紂歿後，殷人以亡國之餘，猶得憑箕子以保朝鮮，朝鮮如不早在其統治之內，甚難以亡國餘燼，遠建海邦。然則箕子之東，只是退保遼水之外，「從先王居」而已，猶之金亡後猶在混同江邊保其女真族，元亡後猶在漠南北保其蒙古族。[1]

　　據以上三事，則最早最可信之史料——〈商頌〉——已明明告訴我們，殷代之祖先起自東北方矣！然證據尚不只此。

　　丁、王恆亦是殷先王世系中甚早者，他與有易有一段相殺的故事。（王國維考之甚確。）按，都邑之名每以遷徙而移，水名則不移。

1　《左·昭九》：「肅慎燕亳，吾北土也。」此當為亳之本土。說詳如下。又，朝鮮一辭不見六經。按之司馬相如〈上林賦〉，「齊……斜與肅慎為界」。西漢齊國之斜界正為朝鮮，或者戰國以來所謂朝鮮，即古之肅慎耶？說別詳。

有易之地望可以易水所在推知其概。王恆王亥上甲微三世既皆與有易
發生關係，而王恆且為有易虜去做牧夫，則此時殷先公之國境，必與
有易毗連可知，即必在今河北省境北部或中部可知。查王國維所證與
此事有涉之〈天問〉十二韻云：

> 該（亥）秉季德，厥父是臧。胡終弊于有扈，（易之誤。據
> 王考）牧夫牛羊？干協時舞，何以懷之？平脅曼膚，何以肥
> 之？有扈（易）牧豎，雲何而逢？擊床先出，其命何從？恆秉
> 季德，焉得夫朴牛？何徒營班祿，不但（疑旦之誤）還來？昏
> 微遵跡，有狄（易之借字。據王考）不寧。何繁鳥萃棘，（疑林
> 之誤）負子肆情？眩（亥）[1]弟並淫，危害厥兄。何變化以作
> 詐，後嗣而逢長？

　　今更據文義推測此一故事之大略面目。一個故事，每因同源異流
之故，化為幾個不同的面目。現在看看〈天問〉中這個故事的面目，
果與其他記同一故事者合否。照這十幾韻中的含義，大約殷王季是這
個故事中一個重要的人物，大約服牛之功是當歸之於季的，所以談到
他的兒子們，一則曰：「該秉季德」，再則曰：「恆秉季德」。此點正與
〈國語〉祭統合，二者皆以為冥（據王考，即季）有大功。然則王氏以
為「《山海經》、〈天問〉、《呂覽》、《世本》皆以王亥為始作服牛之
人」，在〈天問〉或不如此。〈天問〉既曰該恆秉季德，是此一重要製

1　此處眩字疑亦亥之誤字。蓋上文正說王亥王恆上甲微，下文又說湯之創業，不應
中間忽插入舜家故事，如王逸所解者。即使信《國語》「商人禘舜」之舜字不誤，亦
應列於「簡狄在臺嚳何喜」之前。〈天問〉驟看似語無倫次者。然若以「故事系統」
論其次序，以韻讀定其錯簡或不錯，當知實非漫無連貫者。故舜事無論如何解，不當
人之此處也。又眩胲二字在篆文雖不可亂，在隸書則甚易訛也。

作，在王亥不過承襲父業，或者〈天問〉作者心中是以王季擔此製作之任者。王季有幾個兒子，其中亥恆皆能秉父德，不幸亥之諸弟（恆當除外）實行「共妻主義」，偏這群人自己沒遭禍事，禍事到老兄頭上，所謂「危害厥兄」也。此與郭璞〈大荒東經注〉引《竹書》所云「殷王子亥，賓於有易而淫焉，有易之君綿臣殺而放之」，當系一件故事之不同說法；《竹書》歸罪於王亥，〈天問〉歸罪於其弟耳。所謂「昏微遵跡，有狄不寧」者，蓋上甲微在國敗君亡之後，能振作舊業，壓迫有狄，有狄為之不寧，此與〈魯語〉祭統所謂「上甲微能帥契」者相合。不過，據〈天問〉之發問者，微不是王亥之子。而是亥之弟之子。故有天道難知之感，以並淫作詐害及子兄之人，其後嗣乃能長盛，為不平也。如上所析解此一故事，諸書用之者大同小異，蓋此故事至晚周已有不同之面目。然其中有一點絕無異者，即湯之先世在此期中歷與有易鬥爭，卒能勝有易，故後世乃大。夫易水所在，古今未改，有易所在，即可推知。以數世與有易鬥爭之國，必為有易之鄰國可知，必在今河北省中部或南部亦可知矣。

戊、《山海經》中所說之地望，初看似錯亂，如匈奴見於南方，流沙見於東方之類。但全部排比一下，頗有一個線索可尋，而〈大荒經〉中之東西南北，尤不紊亂。今將〈大荒東經〉中所載一切帝王之跡抄之如下。

東海之外，大壑，少昊之國，少昊孺帝顓頊於此。

大荒之中，有山名曰合虛，日月所出。有中容之國：帝俊生中容。

有司幽之國：帝俊生晏龍，晏龍生司幽。

有白民之國：帝俊生帝鴻，帝鴻生白民。

有黑齒之國：帝俊生黑齒，姜姓。

東海之渚中有神，人面鳥身，珥兩黃蛇，踐兩黃蛇，名曰禺。（〈北經〉作禺虢）黃帝生禺虢，禺虢生禺京。禺虢京處北海，禺處東海，是惟海神。

有困民國，勾姓，而食，（郝懿行云，勾姓下而食上當有闕脫）有人曰王亥。兩手操鳥，方食其頭。王亥托於有易，河伯僕牛。有易殺王亥，取僕牛。河念有易，有易潛出為國於獸方食之，名曰搖民。帝舜生戲，戲生搖民。

有五采之鳥相鄉棄沙，惟帝俊下友。

東荒之中有山，名曰壑明俊疾，日月所出，有中容之國。

東海中有流波山，……其上有獸。……其名曰夔，黃帝得之，以其皮為鼓。

據此我們可說帝俊竟是〈大荒東經〉中唯一之帝。此外少昊一見，謂其孺顓頊於此；黃帝二見，一謂其為處於東海之禺虢之祖，一謂其得夔；舜一見，謂其為搖民之祖；皆不多見。至於中容王亥，一為俊之子，一則殷先王，正在一系中。又帝俊之見於他卷者，僅〈大荒南經〉，「帝俊妻娥皇，生此三身之國」、「帝俊生季釐」、「羲和者，帝俊之妻」；〈大荒西經〉「帝俊妻常羲」，〈大荒北經〉「東北海之外，大荒之中，河水之間，附禺之山，……帝顓頊有九嬪葬焉。……丘方員三百里，丘南帝俊竹林在焉，大可為舟。……丘西有沉淵，顓頊所浴」；及〈海內經〉末段之綜記帝族統系。除〈海內經〉末段另文詳論外，所有〈大荒經〉南西北三方中之帝俊，多是娥皇一故事之分化。至〈大荒北經〉所記帝俊竹林，雖列入北經，按其所述之地望，實在東北。由此統計以看帝俊之跡及其宗族，獨佔東北方最重要之位置。帝俊既見於殷墟文字，稱曰高祖，而帝俊之地望如此，則殷代龍興之所在可知。

綜上列五事以看，直接史料與間接史料相互參會，均指示我們商起於東北。此一說，謂之為已經證成可也。

二 亳

然而竟有人把商代也算到西方去，其故大概由於亳之地望未看清楚，太史公又曾糊裡糊塗說了一句。他說：「或曰：『東方物所始生，西方物之成熟。』夫作事者必於東南，收功實者常於西北。故禹興於西羌；湯起於亳；周之王也，以豐鎬伐殷；秦之帝用雍州興；漢之興自蜀漢。」這話裡邊，只湯起於亳一說為無著落，而徐廣偏「希意承旨」，以說「京兆杜縣有亳亭」，於是三亳阪尹之外，復有此西亳，而商起東北之事實，竟有太史公之權威作他的反證[1]！查亳之所在，皇甫謐已辨之，宋人亦有論及。在近代，有孫星衍（見外集《湯都考》）、胡天遊（見《石笥山房集》）、郝懿行（見《山海經箋疏》）、金鶚（見《求古錄禮說》）、畢亨（見《九水山房文存》）、王國維（見《觀堂集林》），皆主偃師之西亳為後起之亳，湯之始都應在東方。湯自東徂西之事，在今日已可為定論。諸家所說，今不具引，僅於所論之外，補中兩事：

甲、亳實一遷徙之名。地名之以居者而遷徙，周代猶然。宗周、成周雖於周上冠字，其號周則一。魯本不在今山東南境，燕本不在今河北北境，皆因徙封而遷。（說見拙著《大東小東說》）韓本在渭水流

<hr/>

1　按，京兆有亳亭一說，《史記》曾言及。〈封禪書〉記秦地諸祠祀有云：「於社亳有三社主之祠。」〈秦本紀〉云：「寧公二年，遣兵蕩社。三年，與亳戰。亳王奔戎，遂滅蕩社。」《索隱》曰：「西戎之君，號曰亳王，西戎君長，不關殷商。其居京兆社縣當代人部落者，逮殷之滅，遂襲亳王之號；及周之亂，遂據杜縣。無論此說當否，此乃後代事，不能據以證商代之淵源。商人何來，固當以早年地理證之，亳人發跡之所在求知；若求之于八九百年後之地名，恐無當矣。

域，而《詩・韓奕》「燕師所完」、「以為北伯」之韓，必在今河北省
境。魏本在河東，而遷大梁後猶號魏。漢雖仍封梁王於此，而曹魏初
建國，仍在此地。後世尚如此，早年「無定居」時遷徙較易，則洛邑
號周，韋墟號商，亦甚自然。魯有亳社之遺，可知亳者乃商人最初之
國號，國王易其居，而亳易其地，原來不是亳有好些個，乃是亳王好
搬動。或者有亳社之地皆可稱亳。王國維君證湯之亳為漢之山陽郡薄
縣（今山東曹縣境），以《左傳》哀十四年「宋景公曰，薄宗邑也」為
證，其說至確，然不可謂湯之所居但以此為限。偃師之亳雖無確證，
然湯實滅夏，夏之區域布於今山西、河南省中，兼及陝西，而其本土
在河東。（詳下章）《史記》「湯遂率兵以伐夏桀，桀走鳴條」。集解引
孔安國曰：「地在安邑之西。」按之《呂覽》等書記吳起對魏武侯云：
「夏桀之國左河濟，右大行，伊闕在其南，羊腸在其北。」則鳴條在河
東或不誤。然則湯對夏用兵以偃師一帶地為根據，亦非不可能者。且
齊侯博鐘云：「虩虩成唐（陽），又骰（嚴）十（在）帝所。專受天命，
刻（克）伐顓（履）同，散冑攴（敗）乃靈師。伊少（小）臣隹桷
（輔）。咸有九州，處禹之堵（都）。」（從孫仲容釋）則成湯實滅夏桀
而居其土。此器雖是春秋中世之器，然此傳說必古而有據。又南亳雖
若偏於南隅，然相傳成湯放桀於南巢，南巢竟遠在盧州境，則南亳未
必非湯所曾至。大凡此等傳說，無以證明其然，亦無以證明其不然。
如以亳為城郭宮室俱備之都邑，則湯之亳自當只有一個。如以其為兵
站而有社以禱之所，則正應不只一地。且湯時兵力已甚盛，千里之
間，南征北戰，當是史實。不過湯之中央都邑，固當以近於商宋者為
差是耳。

　　此外濟河流域中以薄或博名者，尚有數處，其來源雖有不可知
者，然以聲類考之，皆可為亳之音轉。

　　蒲姑。《左傳》昭九年：「及武王克商，……蒲姑商奄，吾東土

也。……肅慎燕亳，吾北土也。」〈齊世家〉作蒲姑。《詩·毛傳》同。杜云：「樂安博昌縣北有薄姑城。」按，漢志千乘郡已有博昌縣，當今山東博興縣。

「肅慎燕亳」之亳。此亳所在杜無說，孔謂小國不知所在。然既與肅慎燕並舉，當鄰於肅慎及燕。

據司馬相如〈子虛賦〉，齊「斜與肅慎為界」。是古肅慎當即漢之朝鮮，與後世之挹婁無涉。或者此一在東北之亳即亳之初地，亦未可知。

齊博邑。在泰山下。見〈齊策〉。

漢東郡博平縣。在濟水之北，今山東博平縣境。田齊世家之博陵，蘇秦張儀傳之博關，當即此博。

楊守敬曰：「余以為秦縣之名率本於前，其有地見春秋戰國而漢又有其縣者，諸家雖不言秦縣，安知其非秦置？……使讀者知秦之立縣皆有所因，而漢志之不詳說者，可消息得之矣。」（見〈嬴秦郡縣圖序〉）此說甚通。博、博平二名雖見於後，淵源當有自耳。

又按，「亳」、「薄」二字，同在唐韻入聲十九鐸，傍各切。「博」亦在十九鐸，補各切。補為幫母之切字，傍為並母之切字，是「亳」「薄」二字對「博」之異僅在清濁。蒲姑之「蒲」在平聲，然其聲類與「亳」「薄」同，而蒲姑又在《詩·毛傳》、《左·杜注》中作薄姑，則「蒲」當與「薄」通。又十八鐸之字在古有收喉之入聲（-k），其韻質當為ak，而唇聲字又皆有變成合口呼之可能，是則「蒲姑」兩字正當「亳」之一音。亳字見於殷墟文字，當是本字，（《殷墟文字類編》五卷十五頁）博、薄、薄姑等，為其音轉，以聲類韻部求之，乃極接近。此雖未能證明之假設，卻頗值得留意。

乙、蒲姑，博，薄，亳等地之分配，實沿濟水兩岸而逆流上行。試將此數地求之於地圖上，則見其皆在濟水故道之兩岸，薄姑至於蒙

亳皆如此。到西亳南亳方離開濟水之兩岸，但去濟水流域仍不遠。大凡一切荒古時代的都邑，不論在哪一州，多是在河岸上的。一因取水的供給，二因交通的便利。濟水必是商代一個最重要的交通河流。殷墟發現的品物中，海產品甚多，貝類不待說，竟有不少的鯨骨。而《卜辭》所記，王常自漁。《左傳》所謂漁「非君所及」者，乃全不適用於商王，使人發生其同於遼代君主在混同江上釣魚之感。又「濟」「齊」本是一字，如用以標水名，不著水旁亦可。洹水之「洹」有時作「亘」，可以為證。《卜辭》中有「齊⿰目束」，而「齊⿰目束」又近於夷方，此必指濟水上地名而言。（《殷墟書契前編》卷二第十五葉：「癸巳，卜貞王旬亡𡆥，在二月，在齊⿰目束，隹王來正〔征〕入（夷）方。」董彥堂先生示我此條。）商之先世或者竟逆濟水而向上拓地，至於孟諸，遂有商丘，亦未可定。薄姑舊址去海濱不遠。此一帶海濱，近年因黃河之排沙，增加土地甚速。古時濟漯諸水雖不能如黃河，亦當有同樣而較弱之作用。然則薄姑地望正合於當年濟水之入海口，是當時之河海大港無疑。至於「肅慎燕亳」之亳，既與肅慎燕並舉，或即為其比鄰。若然，則此之一亳正當今河北省之渤海岸，去薄姑亦在數百里以至千里之內。今假定商之先世起源於此之一亳，然後入濟水流域，逆濟水西上，沿途所遷，凡建社之處皆以舊名名之，直到陝西省境，於是有如許多之亳。此設想雖不能直接證明，然如上文所排列之事實，惟似惟有此解能適合之。

三　商代拓土之三期

商代享國六百年之說，今無從確證。《史記》所載之世系，按之《卜辭》，大體不差。雖帝王之歷世甚多，然其間不少兄弟。或者《史記集解》引〈汲塚紀年〉「湯滅夏，以至於受，二十九王，用歲

四百九十六年」之一說，較為可信。在此五百年中，大約有兩個時期拓土最力，一是成湯時，一是武丁時。合之湯前之相土，共三個時期。此情形〈商頌〉中說得很明白：於〈相土〉曰「相土烈烈，海外有截」。於〈湯〉曰「武王載旆，……九有有截。韋顧既伐，昆吾夏桀」。於〈武丁〉曰「在武丁孫子。武丁孫子，武王靡不勝。龍旂十乘，大糦是承。邦畿千里，維民所止，肇域彼四海。四海來假」。照這樣看，並參以他書所記載，這三個時期拓土的範圍，當如下文所列：

一、相土的東都既在太山下，則其西部或及於濟水之西岸。又曾戡定海外，當是以渤海為宇的。

二、湯時建國在蒙亳，其廣野即是所謂空桑，其大渚即是孟諸（即孟渚）。蓋已取東夷之國，少昊之故域，而為邦畿，而且北向對韋，西向對夏，南向對淮水流域，均拓土不少。

三、盤庚涉河遷殷後，其西北向之勢力更發達。重以「中宗祖乙」（參看初版《觀堂集林》九卷二十葉）「治民祗懼，不敢荒寧，……享國七十有五年」。「高宗（武丁）時舊勞於外，爰暨小人。……不敢荒寧，……嘉靖殷邦，……享國五十有九年。」「祖甲……舊為小人，作其即位，爰知小人之依，能惠保於庶民，享國三十有三年」。（均見《書‧無逸》）故其勢力能越太行，過伊洛，而至渭水。彼時南方之疆域今雖不可考，然既至南巢，已越淮水矣。又周稱周侯，崇侯之國在豐，此雖藩國不同邦畿，然亦可見其聲威所至。且「高宗伐鬼方，三年克之」一傳說（見《易‧下經》），證以《詩經》，尤可信。〈大雅‧蕩〉云：「文王曰咨，咨女殷商。如蜩如螗，如沸如羹。小大近喪，人尚由乎行。內奰於中國，覃及鬼方。」此雖記殷之衰亂，然衰亂時尚能波及於鬼方，強武時鬼方必為其臣屬可知。關於鬼方之記載，初不見於發現之卜辭，今春中央研究院始發現一骨，其辭曰：「己酉，卜貞鬼方，囚。」這樣記載的稀少，似是鬼方既為殷人平定或威服之證。及紂

之將亡，周人尚稱之曰：「殷商之旅，其會如林。」而周人之翦服東方，歷文武周公成王三世而「康克安之」。然則商人所建之帝國，盛時武力甚大，敗後死而難僵。此一東起海東、西至岐陽之大帝國，在當時的文化程度中能建設起來，不能不算是一件絕偉大的事。想必憑特殊的武器及堅固的社會組織，方能做到。

第二章　夏　跡

商代發跡自東徂西的綜跡，已在上一章大致條別清楚。向上推一步便是夏代，我們且看夏代的蹤跡分佈在何方。

禹的蹤跡的傳說是無所不在的，北匈奴南百越都說是禹後，而龍門會稽禹之跡尤著名，即在古代僻居汶山（岷山）一帶不通中國的蜀人，也一般的有治水傳說。（見揚雄〈蜀王本紀〉，臧氏輯本）雖東方系之商人，也說「濬哲維商，長髮其祥。洪水芒芒，禹敷下土方」。明明以禹為古之明神。不過春秋以前書中，禹但稱禹，不稱夏禹，猶之稷但稱稷，不稱夏稷或周稷；自啟以後方稱夏后。啟之一字蓋有始祖之意。漢避景帝諱改為開，足征啟字之詁。其母系出於塗山氏，顯見其以上所蒙之禹若虛懸者。蓋禹是一神道，即中國之Osiris。禹鯀之說，本中國之創世傳說（Genesis）。雖夏后氏祀之為宗神，然其與夏后有如何之血統關係，頗不易斷。若匈奴號為夏后之裔，於越號稱少康之後，當皆是奉禹為神，於是演以為祖者。如耶穌教之耶和華上帝，本是猶太一族之宗神，故創世紀言其世系，而耶穌教推廣到他民族時，奉其教之民族，亦群認耶和華為人祖，亞當為始宗矣。然則我們現在排比夏跡，對於關涉禹者應律除去，以後啟以下為限，以免誤以宗教之範圍，作為國族之分佈。

所謂夏后氏者，其名稱甚怪。氏是族類，后為王號，何以於殷曰

殷人，於周曰周人，獨於夏曰夏后？意者諸夏之部落本甚多，而有一族為諸夏之盟長，此族遂號夏后氏。今將歷代夏后之蹤跡輯次如下：

一、見於《左傳》者

帝丘　僖三十一：「衛遷於帝丘。……衛成公夢康叔曰：『相奪予享。』公命祀相。寧武子不可，曰：『鬼神非其族類，不歆其祀。杞鄫何事！相之不享，於此久矣，非衛之罪也！』」杜云：「帝丘，今東郡濮陽縣。」

殽　僖三十二：「殽有二陵焉：其南陵，夏后皋之墓也；其北陵，文王之所以避風雨也。」杜云：「殽在弘農澠池縣西。」

窮石　此為夏之敵國，事見襄四年，本文及討論均見下章。空桑又曰窮桑，見昭二十九年。窮石當即空桑之音轉。至斟灌過戈鬲諸地所在，則杜云：「有鬲國名，今平原鬲縣。」「樂安壽光縣東南有灌亭，北海平壽縣東南有斟亭。」「東萊掖縣北有過鄉，戈在宋鄭之間。」

有莘　僖二十八，記晉文城濮之戰，有云：「晉侯登有莘之墟以觀師，曰：『少長有禮，其可用也。』遂伐其木，以益其兵。己巳，晉師陳於莘北。」據此，有莘必去城濮甚近。有莘相傳為夏諸侯，伊尹其一代之小臣也。

斟灌　斟尋　襄四，杜云：「樂安壽光縣東南有灌亭，北海平壽縣東南有斟亭。」按，《水經注・巨洋水篇》引薛瓚《漢書集注》云：「汲郡古文，相居斟灌，東郡觀是也。」（段玉裁云：〔《經韻樓集》五〕今本《水經注》觀訛為灌，而戴校未正）據此，斟灌仍在東郡，去帝丘不遠。杜釋此之誤顯然。此地既誤釋，其釋斟尋之誤亦可推知矣。

東夏　襄二十二：「晉人徵朝於鄭，鄭人使少正公孫僑對

曰，……間二年，聞君將靖東夏。四月，又朝以聽事期。」杜
云：「謂二十年澶淵盟，先澶淵二月往朝，以聽事期。」按以
二十年經傳所載事，杜說不誤。至澶淵所在，杜云：「在頓丘縣
南，今名繁汗。此衛地，又近戚田。」按，衛為東夏，則夏之
本土當在東夏衛地之西。但持此一條以證夏境不在東土，已充
足矣。

又昭元年：「子相晉國，以為盟主，於今七年矣。再合諸
侯，三合大夫，服齊狄，寧東夏，平秦亂，城淳於。」杜於「寧
東夏」下注云：「襄二十八年，齊侯白狄朝晉。」

又昭十五：「文公受之，以有南陽之田，撫征東夏。」按，
晉文東征者為曹衛，此又以曹衛為東夏。

華夏　襄二十六：「子儀之亂，析公奔晉。晉人寘諸戎車之
殿，以為謀主。……晉人從之，楚師宵潰，晉遂侵蔡，襲沈，
獲其君，敗申息之師於桑隧，獲申麗而還。鄭於是不敢南面。
楚失華夏，則析公之為也。」此指蔡沈及鄰於楚北境諸國為華
夏。

觀扈　昭元：「夏有觀扈。」杜云：「觀國在今頓丘縣，扈
在始平鄠縣。」此皆夏之敵國，當即夏之邊境。

大夏　昭元：「子產曰：『昔高辛氏有二子，伯曰閼伯，季
曰實沈，居於曠林，不相能也。曰尋干戈，以相征討。後帝不
臧，遷閼伯於商丘，商人是因，故辰為商星。遷實沈於大夏，
主參，唐人是因，以服事夏商。……及成王滅唐，而封太叔
焉，故參為晉星。』」杜曰：「大夏，晉陽也。」按，大夏與夏
墟究竟在晉陽抑在翼，在地理書有異說，（如〈括地志〉）近代
學人有異論，（如顧亭林、全謝山）二地相去亦數百里。然皆在
汾水之旁，不關山東也。

　　鈞台　昭四：「夏啟有鈞台之享。」杜云：「河南陽翟縣南有鈞台陂。」

　　仍緡　昭四：「夏桀為仍之會，有緡叛之。」杜於此不能指其所在，但云：「仍緡皆國名。」哀元年注亦然。《史記正義》引〈帝王世紀〉云：「羿之殺帝相也，妃仍氏女曰後緡，歸有仍，生少康。」（此本哀元年傳）《正義》於他地名幾皆有說，於此亦無說。

　　夏墟　定四：「分唐叔以大路密須之鼓，闕鞏沽洗，懷姓九宗，職官五品，命以唐誥，而封於夏墟。啟以夏政，疆以戎索。」此更直示吾人，晉為夏之本土。

　　塗山　哀七：「禹合諸侯於塗山，執玉帛者萬國。」杜云：「塗山在壽春東北。」按昭四有「三塗」之名，杜云：「在河南陸渾縣南。」塗山或即三塗之一。

二、見於《國語》者

　　伊洛　〈周語〉上：「幽王二年，西周三川皆震。伯陽父曰：『……昔伊洛竭而夏亡，河竭而商亡，今周德若二代之季矣。』」按伊洛於夏，猶西周三川之於周，河之於殷，據此可知夏之地望以伊洛為本土矣。

　　崇山　聆隧　〈周語〉上，「昔夏之興也，融降於崇山。其亡也，回祿位於聆隧。」韋雲：「崇，崇高山也。夏居陽城，崇高所近。」又云：「聆隧，地名也。」按，韋以崇為嵩高。

　　有崇　〈周語〉下：「其在有虞，有崇伯鯀，播其淫心，稱遂共工之過，堯用殛之於羽山。其後伯禹念前之非……。」據上節所引韋解，崇即嵩高。然《詩・文王篇》云：「既伐於崇，作邑於豐。」是崇國境當殷末在渭南。渭南之山境亦東與崇高接。又《左傳》宣元：「晉欲求成於秦，趙穿曰：『我侵崇，秦

急崇，必救之，（杜云：崇，秦之與國。）吾以求成焉。』冬，趙穿侵崇，秦弗與成。」然則春秋時晉秦界上猶有以崇為號之國，此亦可知崇在西土。

杞鄶　同節：「有夏雖衰，杞鄶猶在。」按，杞在春秋時由今杞縣境東遷，鄶則杜云：「在琅邪鄶縣。」（僖十四）然〈國語〉記西周亡時事云：「申繒西戎方疆，王室方騷。……王欲殺太子以成伯服，必求之申。申人弗畀，必伐之。若伐申而繒與西戎會以伐周，周不守矣。」果鄶本在琅邪，勢難與申西戎會伐周。然則鄶在琅邪，亦是後來東遷所至。

戎夏　〈晉語〉一：「獻公葢伐驪戎，史蘇占之。……對曰：『……戎夏交捽。……若晉以男戎勝戎，而戎亦必以女戎勝晉。……諸夏從戎，非敗而何？』」此以晉為夏，與《左傳》定四封唐叔於夏墟事合。

昆吾　〈鄭語〉：「昆吾為夏伯矣。」准以《詩・商頌》「韋顧既伐，昆吾夏桀」之說，昆吾當非諸夏之一，而別為一族，然與夏族當有若何關係。至昆吾所在，則《左傳》昭十二楚子云：「昔我祖伯父昆吾舊許是宅，今鄭人貪賴其田而不我與。」可知昆吾在許，即今許昌一帶。

東夏　〈楚語〉上：「析公奔晉，晉人用之，實讒敗楚，使不規東夏。」韋雲：「東夏，沈蔡也。」按此即《左・襄二十六》事。彼處稱華夏，此處稱東夏。

諸夏　〈吳語〉：「昔楚靈王不君，……不修方城之內，逾諸夏而圖東國。」韋雲：「諸夏，陳蔡。東國，徐夷吳越。」此更明明證夏之不在東土。

三、見於《詩》者

雅　雅之解說不一。《詩・序》云：「雅者，正也，言王政

之所由廢興也。」此真敷衍語。〈小雅・鼓鐘篇〉云：「以雅以南。」南是地域名，（詳見《詩經講義》）則雅之一辭當亦有地名性。《讀書雜誌》：《荀子・榮辱篇》君子安雅條云：「雅讀為夏，夏謂中國也，故與楚越對文。儒效篇：居楚而楚，居越而越，居夏而夏。是其證。古者夏雅二字互通，故左傳齊大夫子雅，韓子外儲說右篇作子夏。楊注云，正而有美德謂之雅，則與上下二句不對矣。」（阮元亦以雅言之雅為夏）此真確解，可破歷來一切傳說者之無知妄解。由此看來，《詩經》中一切部類皆是地名，諸國風不待說，雅為夏，頌分周魯商。然則國風之名，四始之論，皆後起之說耳。雅既為夏，而夏辭之大小雅所載，若一一統計其地望，則可見宗周成周文辭較多，而東土之文辭較少。周自以為承夏緒，而夏朝之地望如此，恰與《左傳》、《國語》所記之夏地相合。（此說詳見我所作《詩經講義》，未刊。其略見〈新獲卜辭寫本後記跋〉〔安陽發掘報告第三八五葉〕。）

四、見於〈周誥〉者

區夏　康誥：「惟乃丕顯考文王，克明德慎罰，不敢侮鰥寡，庸庸，祗祗，威威，顯民，用肇造我區夏，越我一二邦，以修我西土。」按，區字不見《說文》，薛綜注〈東京賦〉云：「區，區域也。」然則區夏猶曰有（域）夏，猶曰夏域，即夏國也。文王造邦於西土，而云始造我夏國，則夏之在西土可知。

五、此外見於《史記》、《戰國策》者一段

（按《史記》所引雜亂，故不遍舉，此節甚關重要，不可遺之。）

河洛　太華　伊闕　羊腸　〈吳起列傳〉：「起對曰……夏桀之居，左河濟，右泰華，伊闕在其南，羊腸在其北。」按此

語見今本《戰國策》二十二。然彼處作「左天門之陰，而右天
谿之陽」，雖亦謂左帶水而右倚山，未如《史記》言之質實，故
錄《史記》。金鶚（《求古錄‧禮說》八）據此以證夏桀之都在
雒陽。今按，桀都正當雒陽否，另是一問題，然桀之國環洛
陽，則依此語當無可疑。

　　據以上各書所記夏地，可知夏之區域，包括今山西省南半，即汾
水流域，今河南省之西部中部，即伊洛嵩高一帶，東不過漢線，西有
陝西一部分，即渭水下流。東方界線，則其盛時曾有濟水上流，至於
商邱，此便是與夷人相爭之線，說詳下章。最西所至，我們現在不知
究到何處，漢隴西郡有大夏縣，命名不知何本，更不知與夏後之夏有
無關係。最南所至，我們也不知。《漢‧地理志》謂漢水將入江時名夏
水，今尚保存江夏諸名，或者諸夏不能如此南被。且《荀子‧儒效篇》
云「君子居楚而楚，居夏而夏」，楚夏對稱，自不能以楚為夏。楚國之
最大版圖中，盡可包含一部分諸夏，而諸夏未必能過荊襄而括江漢，
或者此之名夏竟是同音異辭。陳范記關羽據荊州北伐曹操事云「威震
華夏」，是漢末猶以華夏為三輔三河汝潁等地之專名，未嘗括九州而
言。我們現在知諸夏西南北三方所至之大齊，而以東夏之稱，夷夏之
戰，（此事詳上章）確知夏之東界，則以古代河濟淮泗的中國全部論，
夏實西方之帝國或聯盟，曾一度或數度壓迫東方而已。與商殷之為東
方帝國，曾兩度西向拓土，滅夏克鬼方者，正是恰恰相反，遙遙相
對。知此形勢，於中國古代史之瞭解，不無小補也。

第三章　夏夷交勝

　　嚴格意義的諸夏所據之地域已如上章所述，至於夏后一代的大事

現在可得而考見的是些什麼呢？答曰：統是和所謂夷人的鬥爭。夷一個名詞應如何解，留在下一章中說明。其字在殷周文書每與人字一樣，音亦與人相近，這是很可注意的。現在假定，凡在殷商西周以前，或與殷商西周同時所有今山東全省境中，以及河南省之東部，江蘇之北部，安徽之東北角，或兼及河北省之渤海岸，並跨海而括遼東朝鮮的兩岸，一切地方，其中不是一個民族，見於經典者，有太皞少皞有濟徐方諸部，風盈偃諸姓，全叫作夷。《論語》有九夷之稱，明其非一類。夏后一代的大事正是和這些夷人鬥爭。此事現在若失傳，然一把經典的材料擺佈起來，這事件十分明顯。可惜太史公當真不是一位古史家，雖羿浞少康的故事，竟一字不提，為其作正義者所譏。求雅馴的結果，弄到消滅傳說中的史跡，保留了哲學家的虛妄。

現在說羿浞與夏后少康的故事，先將材料排列出來。

一、見於《左傳》者

魏絳曰……「夏訓有之，曰有窮后羿。」公曰：「后羿何如？」對曰：「昔有夏之方衰也，后羿自鉏遷於窮石，因夏民以代夏政。恃其射也，不修民事，而淫於原獸。棄武羅，伯因，熊髡，龍圉，而用寒浞。寒浞，伯明氏之讒子弟也，伯明後寒棄之。夷羿收之，信而使之，以為己相。浞行媚於內，而施賂予外，愚弄其民，而虞羿於田。樹之詐慝，以取其國家，外內咸服。羿猶不悛，將歸自田，家眾殺而亨之，以食其子。其子不忍食諸，死於窮門。靡奔有鬲氏。（杜曰：靡，夏遺臣事羿者。有鬲，國名，今平原鬲縣）浞因羿室生澆及豷。恃其讒慝詐偽，而不德於民。使澆用師滅斟灌及斟尋氏，處澆於過，處豷於戈。靡自有鬲氏收二國之燼以滅浞，而立少康。少康滅澆於過，後杼滅豷於戈。有窮由是遂亡，失人故也。昔周辛甲之為

太史也，命百官，官箴王闕。於虞人之箴曰：『芒芒禹跡，畫為
九州。經啟九道，民有寢廟，獸有茂草。各有攸處，德用不
擾。在帝夷羿，冒於原獸。忘其國恤，而思其麀牡。武不可
重，用不恢於夏家。獸臣司原，敢告僕夫。』」（襄四年）

　　昔有仍氏生女黰黑而甚美，光可以鑒，名曰玄妻。樂正後
夔取之，生伯封，實有豕心，貪惏無饜，忿纇無期，謂之封
豕。有窮後羿滅之，夔是以不祀。（昭二十八年）

　　伍員曰：不可。臣聞之，「樹德莫如滋，去疾莫如盡」。昔
有過澆，殺斟灌，以伐斟，滅夏後相。後緡方娠，逃出自竇，
歸於有仍，生少康焉，為仍牧正。惎澆能，戒之。澆使椒求
之，逃奔有虞，為之庖正，以除其害。虞思於是妻之以二姚，
而邑諸綸，有田一成，有眾一旅。能布其德，而兆其謀，以收
夏眾，撫其官職。使女艾諜澆，使季杼誘豷，遂滅過戈，復禹
之績。祀夏配天，不失舊物。（哀元年）

　　二、見於《論語》者

　　南宮適問於孔子曰：「羿善射，奡盪舟，俱不得其死然。禹
稷躬稼而有天下。」夫子不答。南宮適出，子曰：「君子哉若
人，尚德哉若人！」（〈憲問〉篇）

　　三、見於《楚辭》者

　　羿淫以佚畋兮，又好射夫封狐。固亂流其鮮終兮，浞又貪
夫厥家。澆身被強圉兮，縱欲而不忍。日康娛而自忘兮，厥首
用夫顛隕。（〈離騷〉）

　　羿焉彈日？烏焉解羽？……帝降夷羿，革孽夏民。胡射夫
河伯，而妻彼雒嬪？馮珧利決，封豨是射。何獻蒸肉之膏，而
後帝不若？浞娶純狐，眩妻爰謀。何羿之射革而交吞揆之？阻
窮西征，岩何越焉？化為黃熊，巫何活焉？咸播秬黍，莆雚是

營。何由並投，而疾修盈？白蜺嬰茀，胡為此堂？安得夫良藥不能固臧？天式從橫，陽離爰死。大鳥何鳴，夫焉喪厥體？蓱號起雨，何以興之？撰體協脅，鹿何膺之？鼇戴山拚，何以安之？釋舟陵行，何以遷之？惟澆在戶，何求於嫂？何少康逐犬，而顛隕厥首？女歧縫裳，而館同爰止，何顛易厥首，而親以逢殆？（〈天問〉）

四、見於《山海經》者

羿與鑿齒戰於壽華之野，羿射殺之，在昆侖虛東。羿持弓矢，鑿持盾。一曰戈。（〈海外南經〉。按一曰戈三字，或是注文闌入者。）

有人曰鑿齒，羿殺之。（〈大荒東經〉）

帝俊賜羿彤弓素矰以扶下國，羿是始恤下地之百艱。（〈海內經〉）

非仁羿莫能上。（按仁字當為夷字之讀，兩字皆從人，形近故致誤。）

五、見於《呂氏春秋》者

夷羿作弓。（〈勿躬〉）

六、見於《說文》者

羿，羽之羿風，亦古諸侯也，一曰射師。（四，羽部）

羿，帝嚳射官，夏少康滅之。從弓幵聲。《論語》曰：「羿，善射。」（十二，弓部。又同彈部下引《楚辭》「羿焉彈日」、「羿亦作羿」。）

又，《史記》於羿事不載，《正義》譏之。《世本》（見各輯本）謂夷羿作弓。〈帝王世紀〉所記羿事特詳。（見宋翔鳳輯本）然數書皆不出上文所舉，故不錄。

據以上材料，有數點須分解。

一、羿的地位。如羅泌所作傳，及其比之於安史，則羿浞只是夏之叛臣。然此說完全無據，以上一切材料全不曾說羿是夏之屬臣。然則夷羿必是夏之敵國之君，且此敵國之君並不等閒。以〈天問〉、《山海經》所說，居然是天神，而奉天帝命降於下土者，為夷之君，自遷窮桑，而為後人號為帝羿或曰羿帝。（《御覽》八十二引〈帝王世紀〉）

二、夷為東方主。此說可由其稱夷羿及《說文》稱羿為帝嚳（據王國維考，即帝俊）射官，及其地望等事證之。

三、夷夏之爭數十年，在夷一面經羿、浞二宗，在夏一面經相、少康二世，戰鬥得必然很厲害。〈天問〉所謂「阻窮西征」者，王逸解之曰：「言堯放鯀羽山，西行度越岑岩之地，因墮死也。」洪興祖補曰：「羽山東裔，此云西征者，自西徂東也。上文言永遏在西山，夫何三年不施，則鯀非死於道路，此但言何以越岩險而至羽山耳。」按王說無稽，洪已辯之，然洪強釋西征曰自西徂東，古書中全無此文法。此處明明謂阻（即鉏）窮（石）之後帝羿西征，而越山岩，不然，西征一詞全不可解，正不得以同韻之下句中說鯀化為黃熊事而謂此句亦是鯀事。

四、《左傳》之神話故事已很倫理化，且《左傳》之成分大體為晉楚魯三國之語，而其立點是偏於西國夏周之正統傳說，所以說羿、浞甚不好。但《山海經》之為書，雖已系統化，尚未倫理化，且記東方的帝系較多。這部書中所舉夷羿事，很足以表顯戰國時羿、浞的傳說尚甚盛。《山海經》與〈天問〉互相發明處甚多，〈天問〉稱羿之重要全與《山海經》合。所謂「羿焉日」，正在〈天問〉中論創世紀一節中，則羿本是天神。所謂「帝降夷羿」者，正《山海經》所謂「帝俊賜羿彤弓素矰，以扶下國，羿是始去恤下地之百艱」。〈天問〉一篇，本頗有次序，王逸以為不次序者，乃由於不知〈天問〉所陳是流行神

話故事之次序，不與漢代人之古史傳說同，故不能解。（余另有說見他處）其羿浞之間插入鯀之一段若甚錯亂者，當由於〈天問〉之次序乃神話之次敘；一神話中有數人關涉者，則一次說出，不嫌前後錯綜。「阻窮西征，岩何越焉」一句，至下文「釋舟陵行，何以遷之」，凡十二句中，有涉及鯀處，並有若干因失其神話而不可解之故事，皆可據上下文細繹之，以知其正是說夷夏交戰事。此節蓋謂羿、奡相繼西征，曾越山地，自鯀永遏於羽山后，禹平水土，櫃秗蘲皆茂長，巫乃將鯀化為黃熊。（〈天問〉所記鯀事，與《左傳》、《尚書》等皆不同。《尚書》、《左傳》皆謂舜殛鯀於羽山，然〈天問〉云：「永遏在羽山，夫何三年不施。」）當夏代危急，遂與能蕩舟之奡戰，適其時羿妻竊藥而行（本文「安得夫良藥不能固藏」）並有其他怪異，（「白蜺嬰茀」「天式從橫」等語）於是大戰得雨起山抃，蕩舟者不得不釋舟陵行，逃歸其嫂，而卒為太康並得之。如此解來，則《論語》南宮适之間正甚明白。南宮适這話並不是泛舉古帝王羿奡禹稷而強比之，乃是論一段故事，東土強有力者失其國，西土務耕稼者有天下。〈魯語〉上：「昔烈山氏之有天下也，其子曰柱，能殖百穀百蔬。夏之興也，周棄繼之。」明禹稷可作一事論。孔子對神話也如對鬼神一樣敬而遠之，且以其「君子相」之故，不願於此等聖帝明王有所議論，故當面不答，而背後稱讚南宮适對此神話之題旨西洋故事中所謂Moral者，甚能瞭解。若不如此，而是泛做一篇秦皇漢武與漢文宋仁之優劣論，殊不免於糊裡糊塗。《論語》中論一事皆以一事為論，尚無策論八股氣。南宮适這一段話，正可證明夷羿在當時的傳說中並不大壞。若羿、奡不是當時神話中的大人物，何至與傳說中功在生民之禹、稷相提並論，豈不不倫的很、不需要的很？

然則夷羿之故事，我們在現在尚可見到三種傳說。一是以夷羿為自天而降甚高明者，《山海經》、〈天問〉屬之。二是以夷羿與夏后為

對，而以為一崇力一崇德，故一興一替者。此等之成敗論人，《論語》記南宮适所問之背景如此。三是以夷羿為不合道理者，《左傳》如此。然尚稱之曰「后」，記其曾「因夏民而代夏政」。（夏民者，夏所服屬之民，不必改作夏族。）凡讀一切神話故事，都須注意及同一題目常因流傳之不同而其中是非倒置。此是一例，鯀亦是一例。同在《國語》中，〈周語〉下謂「崇伯鯀播其淫心，稱遂共工之禍」。〈魯語〉上謂「鄣洪水」，故夏後「鯀郊」。吳語亦謂「鯀禹之功」。我們不可不注意傳說之演變及其道德批評之改易。

夏后一代中夷夏之爭，不僅見於有窮后羿一段故事，夏代開國亡國時皆有同樣的爭鬥。現在分別說。

（一）夏后啟與伯益之爭統。關於這件事，戰國的傳說有兩種：一謂啟益相讓，二謂啟益相爭。

> 《孟子》：禹薦益於天。七年，禹崩。三年之喪畢，益避禹之子於箕山之陰。朝覲訟獄者，不之益而之啟，曰：「吾君之子也！」謳歌者不謳歌益，而謳歌啟，曰：「吾君之子也。」
>
> 〈天問〉：啟代益作後，卒然離蠥。何啟惟憂，而能拘是達？皆歸射，而無害厥躬？何後益作革，而禹播降？
>
> 《古本竹書》：益干啟位，啟殺之。（引見《晉書・束皙傳》。《史通・疑古篇》、〈雜說篇〉兩引之。）

孟子的古史都是些倫理化的話，然這一段中還看出這個故事本來面目的背景。此背景即是說，代禹者幾乎是益，而啟卒得之。這話裡雖不直說有何爭執，但還可隱約看出對峙的形勢來。至於《竹書》的話，雖不能即信，但益啟之有爭執，雖孟子的話中也表示個破綻。因為讓爭本是一事的兩面，不是相爭的形勢，不需相讓的態度。〈天問〉

的話，因故事遺失不大好講，然益稱後，又曾一度革夏命，則甚明白。

我們再看伯益是如何人。經籍中有伯益、伯翳二人，太史公在〈陳杞世家〉中分為二人，然在他處則不分。索隱議之曰：「秦祖伯翳，解者以翳益別為一人。今言十一人，敘伯翳，而又別言垂益，則是二人也。且按〈舜本紀〉敘十人，無翳，而有彭祖。彭祖亦墳典不載，未知太史公意如何，恐多是誤。然據〈秦本紀〉敘翳之功云，佐舜馴調鳥獸，與〈堯典〉『命益作虞，若予上下草木鳥獸』文同，則為一人必矣。今未詳其所以。」案，此議甚是。太史公在此處誠糊塗。羅泌重申二人不同之說，然全無證。金仁山辯之曰：

> 《尚書》之伯益，即〈秦紀〉謂之柏翳也。秦聲以入為去，故謂益為翳也。〈秦紀〉謂柏翳佐禹治水，馴服鳥獸，豈非《書》所謂隨山刊木，暨益奉庶鮮食，益作朕虞，若予上下鳥獸者乎？其事同，其聲同，而太史公獨以書紀字異，乃析一人而二之，可謂誤矣。唐虞功臣，獨四嶽不名，其餘未有無名者。夫豈別有伯翳，其功如此，而《書》反不及乎？太史公於〈二帝本紀〉言益，見〈秦本紀〉為翳，則又從翳，豈疑而未決，故於〈陳杞世家〉敘伯益與伯翳為二乎？抑出於談遷二手，故其前後謬誤也？（梁玉繩說同，〔見《史記志疑・人表考》〕不具引。）

金氏此說甚明白，此疑可以更無問題。益翳既是一人，翳又為秦趙公認之祖，然則即是嬴姓之祖，亦即是徐方之祖，亦即是《逸周書・作雒解》所謂「周公立，相天子，三叔及殷東（東亦地功能變數名稱，說別見）徐奄及熊盈以略」之盈族之祖，然則伯益正是原原本本的東夷之祖，更無疑義。益啟之爭，不即是夷夏之爭嗎？

（二）湯放桀，等於夷滅夏。商人雖非夷，然曾撫有夷方之人，並用其文化，憑此人民以伐夏而滅之，實際上亦可說夷人勝夏。商人被周人呼為夷，有經典可證，說另詳。

然則夏后一代的三段大事，開頭的益啟之爭便是夏夷之爭，中間的羿少康之爭又是夷夏之爭，末後的湯桀之爭還是夷夏之爭。夏代東西的鬥爭如此厲害，而春秋戰國的大一統主義哲學家都把這些顯然的史跡抹殺了，或曲解了！

第四章　諸夷姓

諸夏所在既如上章所述，與之對峙之諸夷，乃並不如諸夏之簡單。所謂「夷」之一號，實包括若干族類，其中是否為一族之各宗，或是不同之族，今已不可詳考。然各夷姓有一相同之處，即皆在東方，淮濟下流一帶。現將古來為人稱為夷者各族，或其子孫列為東夷者，或其地望正所謂夷地者，分別疏解如下。

一　太皞之族

太皞與太昊為一詞，古經籍多謂即是伏羲氏，或作庖犧氏。關於太皞之記載見於早年經籍者如下：

> 《左傳》僖二十一：「任，宿，須句，顓臾，風姓也，實司大皞與有濟之祀，以服事諸夏。邾人滅須句，須句子來奔，因成風也。成風為之言於公曰：『崇明祀，保小寡，周禮也；蠻夷猾夏，周禍也。若封須句，是崇皞濟而修祀，紓禍也。』」杜云：「四國，伏羲之後。任，今任城縣。顓臾在泰山南武陽縣東

北，須句在東平須昌縣西北。四國封近於濟，故世祀之。」按，杜釋有濟誤。有濟正如有夏有殷，乃是古國名，四國其後，或其同姓耳。

又昭十七：「太皞氏以龍紀官，故為龍師而龍名。」

又同年：「陳，太皞之墟也。」

《論語》：「季氏將有事於顓臾，……孔子曰：『……昔者先王以為東蒙主，且在邦域之中矣，是社稷之臣也。何以伐為？』」按，此足證顓臾本為魯之附國。

《易‧繫辭》下：「古者包犧氏之王天下也，仰則觀象於天，俯則觀法於地，觀鳥獸之文，與地之宜，近取諸身，遠取諸物，於是始作八卦，以通神明之德，以類萬物之情。作結繩而為罔罟，以佃以漁，蓋取諸離。」按，《御覽》七百二十引〈帝王世紀〉與此大同，唯「作結繩」作「造書契以代結繩之政」，與此異。

〈帝王世紀〉：「太昊帝庖犧氏，風姓也。蛇身人首。有聖德，都陳。作瑟三十六弦。燧人氏沒，庖犧氏代之。繼天而生，首德於木，為百王先。帝出於震，未有所因，故位在東方，主春，象日之明，是稱太昊，制嫁娶之禮，取犧牲以充庖廚，故號曰庖犧氏。後世音謬，故或謂之虙犧。」（《御覽》七十八引作〈皇王世紀〉。 自此以下皆據宋翔鳳輯本）

又：「太皞帝庖犧氏，風姓也。母曰華胥。燧人之世，有大人之跡，出於雷澤之中，華胥履之，生庖犧於成紀，蛇身人首。有聖德，為百王先。帝出於震，未有所因，故位在東，主春，象日之明，是以稱太皞。」（《禮記‧月令正義》引）

又：「女媧氏亦風姓也，承庖犧制度，亦蛇身人首。一號女希，是為女皇。其末，諸侯有共工氏，任智刑，以強伯，而不

王。以水承木，非行次，故易不載。及女媧氏沒，次有大庭
氏，柏皇氏，中央氏，栗陸氏，驪連氏，赫胥氏，尊盧氏，混
沌氏，昊英氏，有巢氏，朱襄氏，葛天氏，陰康氏，無懷氏，
凡十五世，皆襲庖犧之號。」（《御覽》七十八）

　　又：「庖犧作八卦。神農重之為六十四卦。黃帝堯舜引而申
之，分為二易。至夏人因炎帝曰連山。殷人因黃帝曰歸藏。文
王廣六十四卦，著九六之爻，謂之《周易》。」

　　《古史考》：「伏犧作瑟。」（《毛詩譜序正義》引）

　　又：「庖犧作易，弘開大道。」（《書鈔·帝王部引》）

綜合上列諸說，歸納之可得下之二事。

一、太皞族姓之國部之分配，西至陳，東括魯，北臨濟水，大致
當今河南東隅，山東西南部之平原，兼包蒙嶧山境，空桑在其中，雷
澤在其域。古代共認太皞為東方之部族，乃分配於淮濟間之族姓。

二、太皞繼燧人而有此土，在古代之禮樂系統上，頗有相當之貢
獻，在生活狀態上，頗能做一大進步。當是已進於較高文化之民族，
其後世並不為人所賤。在周代雖居采衛，而為「小寡」，世人猶以為
「明祀」也。

二　少皞之族

關於少皞之記載，見於早年經籍者如下：

　　《左》昭十七：「郯子來朝，公與之宴，昭子問焉，曰：『少
皞氏鳥名官，何故也？』郯子曰：『吾祖也，我知之。昔者黃帝
氏以云紀，故為雲師而雲名。炎帝氏以火紀，故為火師而火

名。共工氏以水紀，故為水師而水名。大皞氏以龍紀，故為龍師而龍名。我高祖少皞摯之立也，鳳鳥適至，故紀於鳥，為鳥師而鳥名。鳳鳥氏，曆正也；玄鳥氏，司分者也；伯趙氏，司至者也；青鳥氏，司啟者也；丹鳥氏，司閉者也；祝鳩氏，司徒也；鴡鳩氏，司馬也；鳲鳩氏，司空也；爽鳩氏，司寇也；鶻鳩氏，司事也。五鳩，鳩民者也。五雉，為五工正，利器用，正度量，夷民者也。九扈，為九農正，扈民無淫者也。自顓頊以來，不能紀遠，乃紀於近，為民師而命以民事，則不能故也。』仲尼聞之，見於郯子而學之。既而告人曰：『吾聞之，天子失官，學在四夷，猶信。』」（按此乃古代之圖騰制。古代稱圖騰曰「物」，說別詳。）

昭二十九：「少皞氏有四叔，曰重，曰該，曰修，曰熙，實能金木及水。使重為句芒，該為蓐收，修及熙為玄冥。世不失職，遂濟窮桑。此其三祀也。」（杜云，窮桑地在魯北。按，即空桑。）

定四：「因商奄之民，命以伯禽，而封於少皞之虛。」（據此，知曲阜為少皞氏之本邑。）

〈楚語〉：「及少皞之衰也，九黎亂德。民神雜糅，不可方物。」

〈帝王世紀〉：「少昊帝，名摯，字青陽，姬姓也。母曰女節。黃帝時，有大星如虹，下流華渚。女節夢接，意感生少昊。是為玄囂，降居江水。有聖德，邑於窮桑，以登帝位，都曲阜，故或謂之窮桑。帝以金承土，……故稱少昊，號金天氏。」（引見《御覽》七十九）

《古史考》：「窮桑氏，嬴姓也。以金德王，故號金天氏。或曰，宗師太皞之道，故曰少皞。」（《太平御覽・帝王部》引）

〈海內經〉：「少皞生般，般是始為弓矢，帝俊賜羿彤弓素矰，以扶下國。」

綜合以上所記，除其矛盾處以外，其地望大致與太皞同，而位於空桑之野之曲阜，尤為少皞之本邑。太皞少皞皆是部族名號，不是個人私名，在古代記載上本甚明白。所謂伏羲氏、金天氏者，亦非能名之於一人者。至戰國末漢初年之易系，始有「堯舜氏」一類的名詞。然「堯舜氏」亦是統指一派，而非單指一人。氏本為部類家族之義，《左傳》及其他古籍皆如此用。至於太少二字，金文中本即大小，大小可以地域大小及人數眾寡論，如大月氏、小月氏。然亦可以先後論，如大康、少康。今觀太皞、少皞，既同處一地，當是先後有別。且太皞之後今可得而考見者，只風姓三四小國，而少皞之後今可考見者，竟有嬴已偃允四著姓，當是少皞之族代太皞之族而居陳魯一帶。太皞族之孑遺，僅存太山之南，為零數小部落，而少皞一族，種姓繁衍。春秋所謂淮夷，每從其姓，商末所謂奄人，亦是嬴姓。且秦趙之祖，皆稱嬴姓，比起太皞來，真是有後福的了。今分述少皞四姓於下。

嬴　嬴姓國今可考者有商末之奄，淮夷之徐，西方之秦、趙、梁。(《左傳》僖十七年，「梁嬴孕過期」)中原之葛，(僖十七，「葛嬴」)東南之江、黃。(《史記索隱》引《世本》)據《史記》，伯翳(按即伯益，詳下)為秦趙之祖，嬴姓之所宗。(《世本》同)秦趙以西方之國，而用東方之姓者，蓋商代西向拓土，嬴姓東夷在商人旗幟下入於西戎。〈秦本紀〉說此事本甚明白。少皞在月令系統中為西方之帝者，當由於秦趙先祖移其傳說於西土，久而成土著，後世作系統論者，遂忘其非本土所生。《史記》載嬴氏之西封如下：

〈秦本紀〉：「秦之先，帝顓頊之苗裔。(按顓頊在古帝系統

中應屬東系，說別詳。）孫曰女脩。女脩織，玄鳥隕卵。女脩
吞之，生子大業。（此東夷之傳說，辨詳上文）大業取少典之
子，曰女華。女華生大費，與禹平水土。已成，帝錫玄圭。禹
受曰：『非予能成，亦大費為輔。』帝舜曰：『咨爾費，贊禹功，
其賜爾皁遊，爾後嗣將大出。』乃妻之姚姓之玉女，大費拜
受。佐舜調馴鳥獸，鳥獸多馴服。（按此即皋陶謨之伯益故事）
是為柏翳，舜賜姓嬴氏。大費生子二人，一曰大廉，實鳥俗
氏。（按此即所謂少皡以鳥紀官）二曰若木，實費氏。（按魯有
費邑，見《左傳》《論語》，當即費氏之故居。　曲阜為少皡之
墟，費氏之居去之不遠也。）其玄孫曰費昌，子孫或在中國，
或在夷狄。費昌當夏桀之時，去夏歸商，為湯禦，以敗桀於鳴
條。（此蓋湯創業時，先服東夷，後克夏後，故費昌在湯部隊
中。）太廉玄孫曰孟戲，中衍，鳥身人言。帝太戊聞而卜之使
禦，吉，遂致使禦而妻之。自太戊以下，中衍之後，遂世有
功，以佐殷國，故嬴姓多顯，遂為諸侯。其玄孫曰中潏，在西
戎，保西陲。（此蓋殷人拓土西陲，東夷之費氏為之守戍，遂建
部隊於西陲。）生蜚廉，蜚廉生惡來，惡來有力，蜚廉善走，
父子俱以材力事殷紂。周武王之伐紂，並殺惡來。是時蜚廉為
紂在北方，還，無所報，為壇霍太山而報。得石棺，銘曰：『帝
令處父不與殷亂，賜爾石棺。』以華氏死，遂葬於霍太山。蜚
廉復有子曰季勝。季勝生孟增，孟增幸於周成王，是為宅皋
狼。（〈趙策〉，「智伯之趙，請皋狼之地。」蓋智伯自大，故請
人之皋狼。在漢為縣。曰「宅皋狼」者，謂居於皋狼也。）皋
狼生衡父，衡父生造父。造父以善禦幸於周繆王，得驥、溫
驪、驊、耳之駟。西巡狩，樂而忘歸。徐偃王作亂，造父為繆
王禦，長驅歸周，以救亂。繆王以趙城封造父，造父族由此為

趙氏。自蜚廉生季勝已下五世至造父，別居趙，趙衰其後也。惡來革者，蜚廉子也，早死，有子曰女防。女防生旁皋，旁皋生太幾，太幾生大駱，大駱生非子。以造父之寵，皆蒙趙城，姓趙氏。非子居犬丘，好馬及畜，善養息之。犬丘人言之周孝王，孝王召使主馬於渭之間，馬大蕃息。孝王欲以為大駱適嗣。申侯之女，為大駱妻，生子成，為適。申侯乃言孝王曰：『昔我先酈山之女，為戎胥軒妻，生中潏。以親故，歸周，保西陲。西陲以其故和睦。今我復與大駱妻，生適子成。申駱重婚，西戎皆服，所以為王。王其圖之。』（按周人慣呼殷人曰戎，「戎商必克」，「殪戎殷」，皆其證。則稱胥軒為戎者，當亦因其為東方族類也。嬴姓（費氏）為商人置之西陲後，婚於西戎之姜姓，〔申為姜姓，則酈山氏亦當為姜姓〕所生之子，在殷周之末，以母系故，歸順周人。所謂「西陲和睦」者，此其義也。）於是孝王曰：『昔柏翳為舜主畜，畜多息，故有土，賜姓嬴。今其後世亦為朕息馬，朕其分土為附庸，邑之秦，使復續嬴氏祀。』號曰秦嬴，亦不廢申侯之女子為駱適者，以和西戎。秦嬴生秦侯。」（按秦史記未與六國同亡，太史公書所記秦之先世必有所本，且此說正與少皞之其他傳說相合。縱使秦有冒充之嫌，其由來已久矣。）

〈趙世家〉：「趙氏之先，與秦共祖，至中衍，為帝大戊御。其後世蜚廉，有子二人，而命其一子曰惡來。事紂，為周所殺，其後為秦。惡來弟曰季勝，其後為趙。季勝生孟增，孟增幸於周成王，是為宅皋狼。皋狼生衡父，衡父生造父，造父幸於周繆王。造父取驥之乘匹，與桃林盜驪、驊騮、綠耳，獻之繆王。繆王使造父御，西巡狩，見西王母，樂之忘歸。而徐偃王反，繆王日馳千里馬，攻徐偃王，大破之。乃賜造父以趙

城，由此為趙氏。」

按，伯翳即伯益。（說前詳）伯益與夏有爭統之事，其人亦號有平水土之功，已見上文論夷夏交勝一章中，此亦嬴為東夷姓之一證。又《逸周書・作雒解》：「周公立，相天子，三叔及殷東徐奄及熊盈以略。……凡所征熊盈族十有七。」所謂熊者，或是楚之同族。（按楚羋姓，而其王名皆曰熊某。金文中熊作酓。）所謂盈者，當即嬴之借字。又，宣八年《左傳》經文「夫人嬴氏薨」「葬我小君敬嬴」，公、穀經文皆作「熊氏」「頃熊」，因此近人有疑熊嬴為一名者。然楚王號之熊字本借字，其本字在金文為酓，不可強比。《作雒解》熊嬴並舉，不可以為一。且果熊嬴是一姓者，〈鄭語〉詳述祝融八姓，不應略此重事，反曰「姜，嬴，荊羋，實與諸姬代相干」。從此可知嬴熊二詞同源之說之無根。果此說不誤，則《書》所謂踐奄，即《逸周書》所謂略盈族也。此固未可謂為確證，然求之地望，按之傳說，差為近是矣。

又〈秦本紀・贊〉記嬴姓諸氏云：「秦之先為嬴姓，其後分封以國為姓。有徐氏，郯氏，莒氏，終黎氏，運奄氏，菟裘氏，將梁氏，黃氏，江氏，修魚氏，白冥氏，蜚廉氏，秦氏。然秦以其先造父封趙城，為趙氏。」此亦東方之徐郯、西方之秦趙同出一祖之證。

己　按，己本祝融八姓之一。然《世本》云：「莒己姓。」（隱二正義引）杜預云：「少皞金天氏，己姓之祖也。」（昭十七注）又云：「莒嬴姓，少昊之後。周武王封茲輿於莒，初都計，後徙莒，今城陽莒縣是也。《世本》自紀公以下為己姓，不知誰賜之姓者。」（隱二正義引杜預世族譜）據此，祝融八姓之己與莒國之己本非一源，不可混為一事。莒之中道改姓，殊費解。按之文七年《左傳》「穆伯娶於莒，曰戴己」。是莒己姓有明徵，改姓之說，雖或由於「易物」，究不能證明或反證之。今應知者，所謂己姓，不出同一之祖，或祖祝融，或祖少

皞,或祖黃帝。下文之表,但以祖少皞者為限。

偃 皋陶之後為偃姓,偃姓與嬴姓之關係,可以皋陶與少皞之關係推求之。自《列女傳》曹大家注以為「皋陶之子伯益」,(《詩‧秦風‧疏》引。)鄭玄以為「伯翳實皋陶之子」,(《詩譜‧秦風》)王符以為「皋陶……其子伯翳」,(《潛夫論‧氏姓》)此說在後世著書者遂多所尊信。梁玉繩詳辨此說之非,(《史記志疑》十九〈人表考二‧許繇下〉)其所舉證多近理。至其舉《左傳》臧文仲皋陶庭堅不祀之歎,以證徐秦之不祖皋陶,即皋陶非伯益之父,尤為確不可易。然古代傳說中既有此盛行之一說,自當有所本。蓋「皋益同族而異支」,(梁玉繩語)以族姓論,二者差近;以時代論,皋陶氏略先於伯益。後世之追造《世本》者,(週末此風甚熾,帝系即如此出來者)遂以為伯益父皋陶矣。今固不當泥於皋陶為伯益父之說,同時亦當憑此傳說承認偃嬴二宗種姓上有親屬關係。

然則皋陶之皞,當即大皞少皞之皞,曰皋陶者,皋為氏,陶為名,猶丹朱、商均,上字是邑號,下字是人名。《易林》需之大畜稱之曰陶叔,足征陶為私名。《路史‧後紀》七云:「封之於皋,是曰皋陶。」(按《路史》賣弄文辭而不知別擇,好以己意補苴舊文,誠不可據。然宋時所見古書尚多,《世本》等尚未佚,《路史》亦是一部輯佚書,只是書輯得不合法度而已,終不當盡屏而不取)此說或有所本,亦可為此說之一旁證。皋陶之裔分配在英六群舒之地,似去徐州嬴姓較遠。然若信皋陶之陶即少皞之皞,又知周初曾壓迫熊盈(即嬴)之族,所謂平淮夷,懲舒人,皆對此部類用兵者,則當知此部類古先所居,當較其後世所居偏北;少皞之墟,未嘗不可為皋陶之邑。

所有少皞諸姓國之地望,今列表如下:

國	姓	時　代	地　望	附　記
郯	嬴（見《史記》《漢・志》《潛夫論》）己（杜說）	始建國不知在何時，當為古代部落，春秋後始亡。	今山東有郯城縣。	《漢・地理志》：「郯嬴姓國」；《春秋》文四年見。杜於郯姓未明說，然昭十七傳云：「郯氏來朝，……昭子問焉，曰，少皞氏鳥名官，何故也？郯子曰，吾祖也。」杜云：「少皞金天氏，己姓之祖也。」是杜意以郯為己姓。
莒	嬴己（二姓或同出一源，說見前）	始建國不知在何時，當為古代部落，春秋後滅於楚。	杜云：「今城陽莒縣。」	
奄	嬴（《左傳》昭二疏，襄二十疏引《世本》）	商代東方大國，滅於周初。	奄在魯境。	定四：「因商奄之民，命以伯禽，而封於少皞之虛。」按，克商為武王事，踐奄為周公事，是奄亡於周公成王時。
徐	嬴（見《左傳》、《史記》等）	殷時舊國，西周中曾一度強大稱王。西伐濟河，見〈檀弓〉。齊桓時服事諸夏，後滅於楚。	其本土應在魯，後為周公魯公逐之。保淮水。《左傳》僖三年杜注：「徐國在下邳僮縣東南。」	《書・費誓》、《詩・大雅》、〈小雅〉〈魯頌〉《逸周書・作雒解》等，多記徐事。金文中自稱郐王。
江	嬴（《陳杞世家・索隱》引《世本》）	不知建國於何時，文四年，滅於楚。	杜云：「江國在汝南安陽縣。」	《索隱》引《世本》：江黃並嬴姓。

國	姓	時　代	地　望	附　記
黃	嬴（同上）	不知建國於何時，僖十二年滅於楚。	杜云：「黃國，今弋陽縣。」	
趙	嬴（見《左傳》《史記》等）	〈秦本紀〉：繆王以趙城封造父。自晉獻公時，趙氏世為晉大夫，始大。	《集解》引徐廣云：「趙城在河東永安縣。」《正義》引《括地志》云：「今晉州趙城縣本彘縣地，後改永安，即造父之邑。」	
秦	嬴（同上）	〈秦本紀〉：周孝王封非子，邑之秦。	《集解》引徐廣曰：「今天水隴西縣秦亭。」	
梁	嬴（見《左傳‧潛夫論》）	不知何時建國，僖十九，滅於秦。	杜云：「梁國在馮翊夏陽縣。」	
葛	嬴（見《左傳》〈潛夫論〉）	《春秋》桓十五，葛人來朝。	杜云：「梁國寧陵縣東北。」	《左傳》僖十七，有葛嬴為齊桓眾夫人之一。據《孟子》，葛與湯為鄰。春秋嬴姓之葛與古葛有若何關係，今不可考。
菟裘	嬴（《史記‧潛夫論》）	隱十一：「公曰：……使營菟裘。」蓋春秋前已亡，為魯邑。	《寰宇記》：「菟裘故城在泗水縣北五十里。」	

國	姓	時　代	地　望	附　記
費	嬴(《史記·秦本紀》)	《書》有〈費誓〉，蓋滅於周初。	春秋魯邑，後為季氏私邑，今猶名費縣。	《書·費誓》，蓋即對徐方嬴姓族用兵之誓。
群舒	偃(文十二疏引《世本》。杜注)	群舒部落，位於淮南。春秋時初滅於徐，卒滅於楚。	僖五，杜曰：「舒國，今廬江舒縣。」	《左傳》文十二：「群舒叛楚。」杜曰：「群舒偃姓，舒庸舒鳩之屬。今廬江有舒城，舒城西南有龍舒。」《正義》曰：「《世本》：偃姓。舒庸，舒蓼，舒鳩，舒龍，舒鮑，舒龔。以其非一，故言屬以包之。」
六	偃（〈陳杞世家·索隱〉引《世本》）	《春秋》文五：「楚人滅六。」	杜云：「今廬江六縣。」	
蓼	偃（同上）	《左》文五：「楚子滅蓼。」	杜云：「今安豐蓼縣。」	《左傳》文五：「楚子燮滅蓼。臧文仲聞六與蓼滅，曰：皋陶庭堅，不祀忽諸！德之不建，民之無援，哀哉！」
英氏	偃（同上）	《春秋》僖十七年「齊人徐人伐英氏。」杜云：「英氏，楚與國。」又〈陳杞世家〉：「皋陶之後，或封英六，楚穆王滅之。」		

　　以上所列，但以見於《左傳》、《史記》、《世本》佚文、左氏《杜注》者為限，《潛夫論》所舉亦略採及，至於《姓纂》《唐宰相世系表略》等書所列，材料既太厚，又少有頭緒，均不列入。

　　據上表，足知少皥後世之嬴姓一支（宗少皥之己姓國在內）分配在今山東南境，河南東端，南及徐州一帶。殷代有奄，為大國。有費，魯公滅之。蓋魯地本嬴姓本土。所謂「奄有龜蒙，遂荒徐宅，至於海邦，淮夷蠻貊」，是指周人略嬴族之故事。因周人建國於奄土，嬴姓乃南退保淮水，今徐州一帶。及周人勢力稍衰，又起反抗，西伐濟河。周人只能壓迫之，卻不能滅之，故曰「徐方不回，王曰旋歸」。可見是滅不了的。入春秋，徐始式微，而殷人所置嬴姓在西土者，轉而強大，其一卒並天下。其別系偃姓在今安徽北部、河南東南隅以及湖北東境者，當亦西周時淮夷部隊中人，入春秋，為楚所並。夏商雖有天下，其子孫猶不若此之延綿。若東方人作三代系統，必以之為正統無疑。

　　此外，「夷」名號下之部落，有有窮後羿，即所謂夷羿，說已見前。又有所謂伯夷者，為姜姓所宗，當與叔齊同為部族之號，別見姜姓篇。又祝融八姓之分配在東海者，亦號曰夷，別見祝融八姓篇，今俱不入此文。

　　又殷有所謂人方者，似不如釋作夷方，其地不知在何處。董彥堂先生示我甲骨文一片，其詞云：「……在二月，在齊餗，隹王來正人方。」是夷方當在濟水流域中矣。

　　上列各部族國邑皆曾為人呼之曰夷，或其後世為人列於夷之一格中。綜合其區域所包括，西至今河南之中心，東盡東海，北達濟水，南則所謂淮夷徐舒者皆是。這個分佈在東南的一大片部族，和分佈在偏於西方的一大片部族名諸夏者，恰恰成對峙的形勢。這裡邊的部族，如太皥，則有制八卦之傳說，有制嫁娶用火食之傳說。如少皥，

則伯益一支以牧畜著名，皋陶一支以制刑著名。而一切所謂夷，又皆以弓矢著名。可見夷之貢獻於文化者不少。殷人本非夷族，而撫有夷之人民土地，故《呂覽》曰：「商人服象，為虐於東夷。」雖到宋襄公，還是忘不了東夷，活活的犧牲了夏代的後人，以取悅於東夷。殷曾部分地同化於夷。《逸書》曰：「紂越厥夷居而不事上帝。」似乎殷末已忽略其原有之五方帝的宗教，改從夷俗，在亡國時飛廉惡來諸夷人猶為之死。周武王滅商之後，周公之踐奄懲熊盈國，魯公成王之應付「淮夷徐戎並興」，仍全是夷夏交爭之局面，與啟益間，少康羿浞間之鬥爭，同為東西之鬥爭。西周盛時，徐能西伐濟於河，儼然夷羿陵夏之風勢。然經籍中所謂虞夏商周之四代，並無夷之任何一宗，這當是由於虞夏商週四代之說，乃周朝之正統史觀，不免偏重西方，忽略東方。若是殷人造的，或者以夷代夏。所謂「裔（疑即衣〔殷〕字）不謀夏，夷不亂華」者，當是西方人的話。夏朝在文化上的貢獻何若，今尚未有蹤跡可尋，然諸夷姓之貢獻卻實在不少。春秋戰國的思想家，在組織一種大一統觀念時，雖不把東夷放在三代之系統內，然已把伯夷皋陶伯益放在舜禹庭中，賡歌揖讓，明其有分庭抗禮的資格。（四岳為姜姓之祖，亦是另一部落。非一庭之君臣，乃異族之酋長。說詳姜姓篇。）《左傳》中所謂才子不才子，與《書·堯典》、〈皋陶謨〉所舉之君臣，本來是些互相鬥爭的部族和不同時的酋長或宗神，而哲學家造一個全神堂，使之同列在一個朝庭中。「元首股肱」，不限於千里之內，千年之間。這真像希臘的全神堂，本是多元，而希臘人之綜合的信仰，把他們硬造成一個大系。只是夷夏列國列族的地望世系尚不盡失，所以我們在今日尚可從哲學家的綜合系統中，分析出族部的多元狀態來。

第五章　總結上文

說到這裡，我們可以綜合前幾章中所論的結果，去討論古代中國由部落進為王國（後來又進為帝國）的過程中，東西對峙的總局面。

隨便看一個有等高線的中國地圖，例如最近《申報》出版的丁文江、翁文灝、曾世英合著的中國分省圖，不免覺得黃河下流及淮濟流域一帶和太行山及豫西群山以西的地域，有個根本的地形差別。這樣東邊的一大片，是個水道沖積的大平原，除山東半島上有些山地以外，都是些一二百公尺以下的平地，水道改變是極平常的事：若非用人工築堤防，黃河直無水道可言。西邊的一大片是些夾在山中的高地，城市慣分配在河流的兩岸。平漢鐵路似乎是這個東西地形差別的好界線，不過在河南省境內鄭州以下東平原超過平漢線西而幾百里，在湖北情形更不整齊了。

我們簡稱東邊一片平地曰東平原區，簡稱西邊一片夾在大山中的高地曰西高地系。

東平原區是世界上極平的大塊土地之一，平到河流無定的狀態中，有人工河流始有定路，有堤防黃河始有水道。東邊是大海，還有兩個大半島在望，可惜海港好的太少，海中島嶼又太少，是不能同希臘比的。北邊有熱察兩省境的大山作屏障，只是這些山脈頗有缺口，山外便是直把遼洮平原（外國書中所謂滿洲平原）經天山北路直到南俄羅斯平原連作一氣的無障大區域，專便於遊牧人生活的。東平原本有她的姊妹行，就是遼洮平原，不過兩者中間以熱河山地之限制，只有沿海一線可通，所以本來是一個的，分而為不斷的兩個了。遼洮平原與東平原的氣候頗有差別，這個差別在初期農業中是很有意義的，但此外相同處遠在東平原與任何平原之上。東平原如以地平論，南端

可以一直算到浙西，不過南渡淮水不遠，雨量也多了，溪沼也多了，地形與地利全不是一回事了。所以我們的東平原中可有淮南，卻不能有江北。東平原中，在古代有更多的澤渚為泄水之用，因墾地及人口之增加。這些澤渚一代比一代少了。這是絕好的大農場而缺少險要形勝，便於擴大的政治，而不便於防守。

西高地系是幾條大山夾著幾條河流造成的一套高地系。在這些高地裡頭關中高原最大，兼括渭涇洛三水下流沖積地，在經濟及政治的意義上也最重要。其次是汾水區，汾水與黃河夾著成一個「河東」，其重要僅次於渭水區。又其次是伊雒區，這片高地方本不大，不過是關中河東的東面大口，自西而東的勢力，總要以雒陽為控制東平原區的第一步重鎮。在這三片高地之西，還有隴西區，是涇渭的上游。有洮湟區，是昆侖山腳下的高地。在關中之北，過了洛水的上游，又是大塊平的高原了。這大高原在地形上頗接近蒙古高原，甚便於遊牧人，如無政治力量，陰山是限不住胡馬的。在這三片之南，過了秦嶺山脈，便是漢水流域。漢水流域在古代史上大致可分漢中、江漢、漢東三區。就古代史的意義說，漢水是長江的正源，不過這一帶地方，因秦嶺山脈之隔絕，與我們所謂西高地系者不能混為一談。西高地系在經濟的意義上，當然不如東平原區，然而也還不太壞，地形尤其好，攻人易而受攻難。山中雖不便農業，但天然的林木是在早年社會發展上很有幫助的，陵谷的水草是便於畜牧的。這樣的地理形勢，容易養成強悍部落。西高地系還有一個便利處，也可以說是一種危險處，就是接近西方，若有文化自中央亞細亞或西方亞細亞帶來，它是近水樓臺。

人類的住家不能不依自然形勢，所以在東平原區中好擇高出平地的地方住，因而古代東方地名多叫作丘。在西高地系中好擇近水流的平坦地住，因而古代西方地名多叫作原。

在前四章中，我們把夷夏殷的地望條理出來，周代之創業岐陽又是不用證的，現在若把它們分配在本章的東西區域，我們可說夷與殷顯然屬於東系，夏與周顯然屬於西系。

同在東區之中，殷與夷又不同。諸夷似乎以淮濟間為本土，殷人卻是自北而南的。殷人是不是東方土著，或是從東北來的，自是可以辯論的問題，卻斷乎不能是從西北來的，如太史公所說。他們南向一過隴海線，便向西發展，一直伸張到陝甘邊界或更西。夷人中，雖少皞一族，也不曾在軍事上政治上有殷人的成功。但似乎人口非常眾多，文化也有可觀。殷人所以能建那樣一個東起遼海西至氐羌的大帝國，也許是先憑著薊遼的武力，再佔有淮濟間的經濟與人力，所以西向無敵。

同在西系之中，諸夏與周又不盡在一處。夏以河東為土，周以岐渭為本。周在初步發展時，所居比夏更西，但他們在東向制東平原區時，都以雒邑為出口，用同樣的形勢臨制東方。（夏都洛陽說，考見《求古錄‧禮說》。）

因地形的差別，形成不同的經濟生活，不同的政治組織。古代中國之有東西二元，是很自然的現象。不過，黃河淮水上下流域到底是接近難分的地形。在由部落進為帝國的過程達到相當高階段時，這樣的東西二元局勢，自非混合不可，於是起於東者，逆流壓迫西方。起於西者，順流壓迫東方。東西對峙，而相爭相滅，便是中國的三代史。在夏之夷夏之爭，夷東而夏西。在商之夏商之爭，商東而夏西。在周之建業，商奄東而周人西。在東方盛時，「自彼氐羌，莫敢不來享，莫敢不來王，曰商是常」。在西方盛時，「東人之子，職勞不來。西人之子，粲粲衣服」。秦並六國，雖說是個新局面，卻也有夏周為他們開路。關東亡秦，雖說是個新局面，卻也有夷人「釋舟陵行」，殷人「覃及鬼方」，為他們作前驅。且東西二元之局，何止三代，戰國以後

數百年中，又何嘗不然？秦並六國是西勝東，楚漢亡秦是東勝西，平林赤眉對新室是東勝西，曹操對袁紹是西勝東。不過，到兩漢時，東西的混合已很深了，對峙的形勢自然遠不如三代時之明瞭。到了東漢，長江流域才普遍的發達。到孫氏，江南才成一個政治組織。從此少見東西的對峙了，所見多是南北對峙的局面。然而這是漢魏間的新局面，憑長江發展而生之局面，不能以之追論三代事。

現在將自夏初以來「東西對峙」的局面列為一表，以醒眉目。

正線的東西相爭		結　局	斜線的東西相爭		結　局
東	西		東	西	
夷——夏		東西互勝，夷曾一度滅夏後氏，夏亦數度克夷，但夏終未盡定夷地			東勝西雖淮夷曾再度危及成周，終歸失敗
商——夏		東勝西	殷——鬼方		
殷——周		西勝東	淮夷——周		
六國——秦		西勝東			
陳、項等——秦		東勝西			
楚——漢		西勝東			

據此表，三代中東勝西之事較少，西勝東之事甚多。勝負所系，不在一端，或由文化力，或由戰鬥力，或由組織力。大體說來，東方經濟好，所以文化優。西方地利好，所以武力優。在西方一大區兼有巴蜀與隴西之時，經濟上有了天府，武力上有了天驕，是不易當的。然而東方的經濟人文，雖武力上失敗，政治上一時不能抬頭，一經多年安定之後，卻是會再起來的。自春秋至王莽時，最上層的文化只有一個重心，這一個重心便是齊魯。這些話雖在大體上是秦漢的局面，然也頗可以反映三代的事。

　　談到這裡，讀者或不免要問，所謂東平原區，與所謂西高地系，究竟每個有沒有它自己的地理重心，如後世之有關洛、鄴都、建業、汴京、燕山等。答曰：在古代，社會組織不若戰國以來之發達時，想有一個歷代承繼的都邑，是不可能的。然有一個地理的重心，其政治的，經濟的，因而文化的區域，不隨統治民族之改變而改變，卻是可以找到的。這樣的地理重心，屬於東平原區者，是空桑，別以韋為輔。屬於西高地系者，是雒邑，別以安邑為次。請舉其說如下：

　　在東平原區中，其北端的一段，當今河北省中部偏東者，本所謂九河故道，即是黃河近海處的無定沖積地。這樣地勢，在早期社會中是很難發達的，所以不特這一段（故天津府、河間府、深冀兩直隸州一帶）在夏殷無聞，就是春秋時也還聽不到有何大事在此地發生。齊燕之交，仿佛想像有一片甌脫樣的。到了春秋下半，憑藉治水法子之進步，（即是堤防的法子進步，所謂以鄰國為壑）這一帶「河濟間之沃土」始關重要。這樣的一塊地方，當然不能成為早期歷史中心。至於山東半島，是些山地，便於小部落據地固守，在初時的社會階段之下，亦難成為歷史的重心。只有這個大平原區的南部，即是西起陳、東至魯一帶，是理想的好地方。自滎澤而東，接連不斷地有好些蓄水湖澤，如荷澤孟諸等，又去黃河下游稍遠，所以天然的水患不大，地是最肥的，交通是最便當的。果然，歷史的重心便在此地排演。太昊都陳，炎帝自陳徙曲阜。（〈周本紀・正義〉引〈帝王世紀〉）曲阜一帶，即空桑之地。窮桑有窮，皆空桑一名之異稱。所謂空桑者，在遠古是一個極重要的地方。少昊氏的大本營在這裡，後羿立國在這裡，周公東征時的物件奄國在這裡，這些事都明白指示空桑是個政治中心。五祀之三，勾芒、蓐收、玄冥，起於此地。（《左傳》昭二十九及他書。）後羿立國在此地。此地土著之伊尹，用其文化所賦之智謀以事湯，遂滅夏。此地土著之孔子憑藉時勢，遂成儒宗。這些事都明白

指示空桑是個文化中心。古代東方宗教中心之泰山，有虞氏及商人所居之商丘及商人之宗邑蒙亳，皆在空桑外環。這樣看，空桑顯然是東平原區之第一重心，政治的及文化的。

在東平原區中，地位稍次於空桑之重心，是殷。讀如衣，衣即是殷。（見《呂氏·慎大覽》高誘注）殷地者，其都邑在今河南省北端安陽縣境，湯滅韋而未都，其後世自河南遷居於此。在商人統治此地以前，此地之有韋，大約是一個極重要的部落，所以《詩·商頌》中拿他和夏桀並提。商人遷居此地之目的，大約是求便於對付西方，自太行山外而來的戎禍，即所謂鬼方者，恰如明成祖營北平而使子孫定居，是為對付北韃者一般。商人居此地數百年，為人稱曰殷商，即等於稱在殷之商。末世雖號稱都朝歌，朝歌實尚在殷地範圍，所以成王封唐叔於衛，曰「封於殷虛」。（定四）此地入周朝，猶為兵政之重鎮。（看白懋父敦等）又八百年後入於秦，為東郡，又成控制東方之重鎮。到了漢末，鄴為盛都，五胡時，割據中原者多都之，儼然為長安雒陽的敵手。

在西高地系內，正中有低地一條，即汾洛涇渭伊雒入河之枳形長條。此長條在地形上之優點，地圖已明白宣示，不待歷史為它說明。它是一群高地所環繞的交通總匯，東端有一個控制東平原的大出口。利用這個形勢成為都邑，便是雒陽。如嫌雒陽過分出於形勝的高地之外，則雒陽以西經過殽函之固，又過了河，便是安邑。雒陽為夏周兩代所都，其政治的重要不待說。（夏亦曾都雒陽，見《求古錄·禮說》）安邑一帶，是夏代之最重要區域。在後世，唐叔受封，而卒成霸業。魏氏受邑，而卒成大名。直到戰國初，安邑仍為三晉領袖之魏國所都，用以東臨中原，西伺秦胡者。河東之重要，自古已然，不待劉淵作亂，李氏禪隋，方才表顯它的地理優越性。

以上所舉，東方與西土之地理重心，在東平原區中以南之空桑為

主，以北之有為次；在西高地系中，以外之雒陽為主，內之安邑為
次，似皆是憑藉地形，自然長成，所以其地之重要，大半不因朝代改
變而改變。此四地之在中國三代及三代以前史中，恰如長安、雒邑、
建康、汴梁、燕山之在秦漢以來史。秦漢以來，因政治中心之遷移，
有此各大都邑之時隆時降。秦漢以前，因部落及王國之勢力消長，有
本文所說。四個地理重心雖時隆時降，其為重心卻是超於朝代的。認
識此四地在中國古代史上的意義，或者是一件可以幫助瞭解中國古代
史「全形」的事。

說「廣陵之曲江」

余少讀《文選》，至枚乘〈七發〉之賦曲江潮，為之神往，竊思何日得見此海天之大觀耶？二十餘年間，西游歐洲，南居嶺外，終不得一睹子胥之波臣，民國十七年秋，羈旅上海，於仲秋既望往觀於海寧，然後知枚生之辭，華而未嘗無實，鋪張而恰中事情也。歸途坐小舟，遵江溪，景物清新，心曠神怡，竊意楚太子何事如彼頭巾寒酸氣，告以巨觀，曰病未能，告以孔墨，乃霍然愈？於是益覺枚生所稱曲江之潮非浙江潮莫當，而所謂「廣陵之曲江」一語，更不能釋然於心矣。後來稍稍詢之治地理者，廣陵之稱，終不可解。今北都再危，憂憤忘事，爰檢屈辭，遂及枚賦。舊情既萌，獺祭群書，卒得證據，渙然冰釋矣。謹寫其解如下：

以曲江為浙江者，朱竹垞也。既以曲江為浙江，遂似不得不以廣陵為錢塘之城（見《曝書亭集》卷三十一，〈與越辰六書〉）。以廣陵為近世所謂揚州城者，汪容甫也。既以廣陵為揚州城，遂似不得不以曲江當甘泉縣之小水。實則廣陵正是後之廣陵，曲江亦即後之浙江，事在易而兩君求之難矣。

地名，人為者也，可同名，可移徙，可訛謬。地理，自然界之事實也，人不得而改易，故論地當以自然事實為先。今浙江之潮，誠世界稀有之大觀，必入海之口為胃形，然後能成此奇跡。今世上有此現象者，錢塘江之外，僅南非一大川類似。若從汪氏說，以曲江為北江，則必兩千年前，揚子江入海處與今日形狀大異，鎮江以下皆在海中，然後可也。夫崇明島至宋始大，今日東海海塘之築始於明代，固為熟知之事實。然謂西曆紀元第二世紀中，即枚乘生時，長江入海處

與今日情形如此大差異，誠不可能，區區兩千年，在歷史上固為久遠，在地質史上乃不成一單位。且浙江潮固歷代著名者，若揚子有同類之潮，枚乘之後不便即無稱道之者，歌詠之者。李善注固以曲江為揚子江者，乃不得不引山謙之〈南徐州記〉，《南齊書・地理志》，以佐證之。然所引僅謂有江濤耳，與〈七發〉所形容者迥別。今揚子江潮猶及蕪湖，然非浙江潮之類也。枚乘固云，「通望乎東海」，則觀潮處必東近海口，設以揚子當之，亦必如今日海門以下，非揚州鎮江之形勢也。又云：

> 其始起也，洪淋淋焉，若白鷺之下翔。其少進也，浩浩溰溰，如素車白馬帷蓋之張。其波湧而雲亂，擾擾焉如三軍之騰裝。……誠奮厥武，如震如怒。

則儼然今日浙江潮之畫圖也。酈道元，古代地理學之第一權威也。其序地理，雖不能盡由目驗，亦皆折之事實，絕非抄襲史傳，排比文辭者可比。其注江水，雖廬江郡以下自宋已闕佚，然其注浙江則云：

> 常以月晦及望尤大，至二月八月最高，峨峨二丈有餘。《吳越春秋》以為子胥、文種之神也。昔子胥亮（忠）於吳，而浮屍於江，吳人憐之，立祠於江上，名曰胥山。《吳錄》云，胥山在太湖邊，去江不百里，故曰江上。文種誠於越，而伏劍於山陰；越人哀之，葬於重山。文種既葬一年，子胥從海上負種俱去，游夫江海。故潮水之前揚波者伍子胥，後重水者大夫種。是以枚乘曰：「濤無記焉。然海水上潮，江水逆流，似神而非，於是處焉。」

酈君明明以枚乘之曲江為浙江，汪氏舍此說，而乞靈於《南齊書・志・南徐州記》，誠忘輕重。且「曲」、「浙」本一詞，其音變甚明。今按之地形，征之字義，曲江潮之必為浙江潮，無可疑也。

廣陵一名始見於《史記・六國表》，慎睯王二年，即楚懷王十年（319），「城廣陵」。此當由滅越而起，前此十餘年，越為楚滅，故今城之。《史記》此處固未示吾人以廣陵之所在，然〈項羽本紀〉云：

> 廣陵人召平，於是為陳王徇廣陵，未能下。聞陳王敗走，秦兵又且至，乃渡江矯陳王命，拜梁為楚王上柱國。

是時項梁「舉吳中兵」，而召平渡江拜之。則廣陵之在江北明矣。且據上文所引《史記》兩事，廣陵自戰國即為重鎮，不容錢塘江上又有一小邑，用奪其稱。自漢以來，廣陵為邑，為國，為郡，斑斑可考。今按之沿革，廣陵城之必在江北，為近代所謂揚州城之前身，又無可疑也。

廣陵城既必在江北，曲江潮又必為浙江潮，則「廣陵之曲江」一詞其不詞乎？於是清帝弘曆曰：

> 〈七發〉之作，不過文人托事抒藻之為，如子虛亡是，騁其贍博。非必若山經地志，專供考資者之脈落分明也（引見王先謙本《水經注》卷首）。

此語糊塗致極！子虛亡是，固可空托，若言實在地名，則不能亂說，亂說必為時人所譏。昆侖玄圃，神話中之地名也。故屈平可以肆用之，然雲夢息慎，則實際地名矣，司馬長卿雖設子虛亡是，然不能言「齊之雲夢」、「楚之息慎」也。然則「廣陵之曲江」一詞，必為漢

惠文時通行之語，或可通之稱，今宜尋其所由。若不然者，則〈七發〉
必後人書矣。

　　以為廣陵國不涉江南者，乃誤讀《漢地理志》之故，《漢志》郡國
皆哀帝元始二年制，與前此之郡國分合不同。《漢志》中之廣陵國境，
乃成帝繼廣陵王胥之絕嗣，重立廣陵孝王子守以後之分土。元始二
年，在王位者為守子弘，此時廣陵王國早失在江南之郡郡，不止會稽
而已。弘曆以《漢志》之廣陵國境論枚乘時事，其疏已甚。又《史記》
褚少孫補三王世家記元狩六年廣陵王胥受封之策曰：

　　　　於戲！小子胥，受茲赤社！朕承祖考，維稽古建爾國家，
　　　封於南土，世為漢藩輔，古人有言曰：「大江之南，五湖之間，
　　　其人輕心。揚州保疆，三代要服，不及以政。」（《漢書‧武五
　　　子傳》同）

　　褚又曰：「孝武帝之時，同日而俱拜三子為王……各因數才力智
能，及土地之剛柔，人民之輕重，為作策以申戒之。」又曰：「夫廣陵
在吳越之地，其民精而輕，故誡之曰云云。」《漢書》亦云：「同日立，
皆賜策，各以國土風俗申戒焉。」夫五湖，具區也，吳越，會稽郡是其
本土。設若廣陵王胥初受封時，並不及於會稽，則《漢書》及褚補所
云，皆為不根之談矣。

　　景帝後三年，武帝立，時年十六。武帝年「二十九，乃得太子，
甚喜」，當在元朔元年。〈武五子傳〉云，「元狩元年，立為皇太子，
年七歲」，亦戾太子生在元朔元年之證。衛夫人王夫人並寵倖於武帝，
元朔元年三月，立皇后衛氏，是太子生然後立其母為嫡，戾太子前，
武帝當無子。同日受封之齊閎燕旦廣陵胥三王，既皆不長於戾太子，
而三人中齊王當居長，廣陵王又為燕王之同母弟。〈三王世家〉首列霍

去病上書云，「皇子賴天，能勝衣趨拜」；又曰，「皇子或在襁褓而立為諸侯王」。又，閎立八年，薨，而褚曰「早死」。《漢書・燕王旦傳》云，「旦壯大就國」。凡此皆足證明三王初立，正在數齡，未嘗即就國也。且由太子初生之元朔元年至三王受封之元狩六年僅十一年，尤為三王受封時少小之明證。廣陵王始封時既未就國，則此國自等於虛設，會稽仍為漢廷之郡。封策中雖已列入吳越之地，行政上仍為假設之邦。其後元鼎元光中，武帝大用事於甌閩，會稽郡為屯兵備戰之重地，則會稽之隸漢廷也，當仍而未改。逮後來胥就國時，或即沿此不得會稽郡矣。江都易王時代，曾兼有會稽郡否，今已不可詳知。江都易王之立，「治故吳國」，故吳都廣陵，則江都王亦都廣陵。王先謙依此以為江都兼有會稽之證，乃誤以「治故吳國」為「治吳」或「都吳」耳。《漢志》會稽郡下云，「景帝四年屬江都」，廣陵下云，「江都易王非廣陵屬王胥皆都此，並得鄣郡而不得吳」。顯相矛盾，未知孰是。考江都王建自殺國除在元狩二年，而建元三年即有會稽守，見〈嚴助傳〉，則江都王或未嘗有會稽郡，或先有而後失之耳。西漢諸王國境變化不常，時而益封，時而削地，時而自請掃之漢廷，今不可一一考證得之。要之，江都國、廣陵國皆不得以為從來但為江北國，皆一度兼得會稽郡，即錢塘江遊域，其蹤跡今猶可尋也。

廣陵國非以江北為限，已如上文所述，然廣陵國之號既始於元狩六年，枚乘又為文景時人，在其前不應預知，豈〈七發〉固為後人所作，抑此語為後人所改耶？曰，不然，以所治之邑名其郡國者，漢世之通習也。吳王濞之國治廣陵，不治吳，則王濞之國在世俗稱謂中，應曰廣陵，不曰吳，作吳者策府之官號，作廣陵者民間之習語。請舉例以說之。終西漢之世，未嘗有吳郡，會稽郡治吳，郡不名吳也。《漢志》會稽郡下云，「高帝六年，為荊國，十二年，更名吳」，此謂王濞之國為荊之更名，非謂會稽郡。王濞之國與會稽郡，大小固絕非一

事。《漢志》廣陵下云,「江都易王非,廣陵厲王胥,皆都此,並得鄣郡而不得吳。」此處之吳,指會稽郡言,故與鄣郡為對。然漢固未嘗有吳郡,是直以吳名會稽郡,即以會稽郡所治邑名會稽郡矣。例一也。〈枚乘傳〉曰:「景帝召拜乘為弘農都尉。」弘農置郡在武帝元鼎四年,景帝時已有弘農都尉者,漢初弘農當屬河南郡,蓋為河南郡都尉而治弘農(錢大昕說)。河南都尉治弘農,即稱弘農都尉,是又以治所名都尉之官也,例二也。劉濞之國,策名曰吳,然既都廣陵不都吳,則民間自以稱之曰廣陵為便。〈越絕書〉二,「高皇帝更封兄子濞為吳王,治廣陵,並有吳。立二十一年,東渡之吳,十日,還去」。〈越絕書〉為東漢會稽人袁康吳平所作,見楊慎《丹鉛錄》,其書稽古多不可據,而記會稽郡事則為親見親聞,其稱吳王「治廣陵,並有吳」者,可征當時人心中固以濞為廣陵之王,兼制吳地,國既在廣陵,國即稱廣陵矣。綜是以觀,王濞之國稱廣陵者,當時之通稱也。枚乘著書稱「廣陵之曲江者」,依時俗也。元狩六年封胥為廣陵王者,昔日民間之通稱,今升為官府之策名者也。其稱曲江必曰「廣陵之曲江」者,明曲江在廣陵所隸境內,猶曰「楚之雲夢吳之具區」也。知「廣陵」為王濞國之俗稱,則「廣陵之曲江」一詞之解,當從其易,不必求其難矣。閻百詩《潛丘札記》三,論此事,與今此論有同處,然閻說無證,僅一假設,故為錢曉征所議。今不引舉,讀者幸參看焉。

　　然則與其執「廣陵之曲江」一詞以疑〈七發〉非枚乘作,毋寧執此以證其為枚乘作耳。

民國二十三年六月

(原載一九三六年三月《國立中央研究院歷史語言研究所集刊》
第六本第一部分)

誰是〈齊物論〉之作者？

一　述題

　　今本《莊子》，為向秀郭象所編定者，計有〈內篇〉七，〈外篇〉十五，〈雜篇〉十一。按，內外雜之分，一憑主觀，既無邏輯為之差別，又無遺說為之依據，可謂注者之私識，無關莊生一書之弘旨，讀者如不局促於西晉二君之藩籬，斯不當據為典要。即如〈齊物〉一篇，在莊書中獨顯異采，以文詞論，徘徊幽忽，不似他篇之昭朗翱翔也。以思想論，決然無主，不似他篇之睥睨眾家也。再以標題言之，《莊子》一書中，此篇之外無以論名者，自慎到荀卿呂不韋之前，亦不聞以論名篇，則此篇之可疑滋甚，此題之待證孔殷。無惑乎自北宋人發揮批評精神，此事遂為經籍批評學中一問題。

　　疑此篇名者自王安石始（王說引見後代人書，原文今不可考見），而王應麟等暢其說。《困學紀聞》（卷十）云：

　　　　〈齊物論〉，非欲齊物也，蓋謂物論之難齊也。是非毀譽，一付於物，而我無與焉，則物論齊矣。邵子詩謂「齊物到頭爭」，恐誤。張文潛曰：「莊周患夫彼是之無窮，而物論之不齊也，而托之於天籟。」（下略）（按，今本《柯山集》不載此語）

　　又，錢大昕《養新錄》十九云：

　　王伯厚謂《莊子・齊物論》，云云（同上文所引，不重錄）。按，左思〈蜀都賦〉，「萬物可齊於一朝」，劉淵林注云，「莊子有齊物之論」。劉琨〈答盧諶書〉云，「遠慕老莊之齊物」。《文心雕龍・論說篇》云，「莊周齊物，以論為名」。是六朝人已誤以齊物兩字連讀，唐人多取齊物兩字為名，其誤不始康節也。

究竟誰誤誰不誤，今可考定，而本書作者亦可借此推求焉。

二　今本《莊子》為向郭所定與古本大不同

欲解此題，宜先究今本《莊子》為何如書。《世說新語・文學章》云：

　　初，注《莊子》者數十家，莫能究其旨要。向秀於舊注外為解義，妙析奇致，大暢玄風。惟〈秋水〉、〈至樂〉二篇未竟，而秀卒，秀子幼，義遂零落。然猶有別本。郭象者，為人薄行，有俊才。見秀義不傳於世，遂竊以為己注。乃自注〈秋水〉、〈至樂〉二篇，又易〈馬蹄〉一篇，其餘眾篇，或定點文句而已。後秀義別本出，故今有向郭二《莊》，其義一也。

又《晉書・向秀傳》云：

　　向秀……雅好老莊之學。莊周著內外數十篇，歷世方士雖有觀者，莫適論其旨統也。秀乃為之隱解，發明奇趣，振起玄風，讀之者超然心悟，莫不自足一時也。惠帝之世，郭象又述

而廣之，儒墨之跡見鄙，道家之言遂盛焉。

又陸德明《經典釋文・莊子序錄》云：

> 然莊生宏才命世，辭趣華深，正言若反，故莫能暢其弘
> 致。後人增足，漸失其真。故郭子玄云，「一曲之才，妄竄奇
> 說，若閼奕意修之首，危言遊鳧子胥之篇，凡諸巧雜，十分有
> 三。」《漢書・藝文志》莊子五十二篇，即司馬彪孟氏所注是
> 也。言多詭誕，或似《山海經》，或類占夢書，故注者以意去
> 取。其內篇眾家並同，自餘或有外而無雜。唯子玄所注，特會
> 莊生之旨，故為世所貴。

據此，《莊子》一書後來以郭注為定本。前此諸家雖崔譔注二十七篇，向秀注二十六篇，司馬彪注五十二篇，並著錄於《釋文》，向秀注二十卷（原注「今闕」），司馬彪注十六卷（原注，「本二十一卷，今闕」），並著錄於《隋志》，崔、向、司馬三家亦並著錄於兩唐書志，然《崇文總目》即已不載，陳振孫謂「向義今不傳」，知先郭諸家均亡於唐世，或唐宋之際矣。今以現存各家《莊子注》對勘，不特篇卷無殊，即文字之差異亦複至少，知郭注既為定本，諸家從此淪沒。今固不能見莊書面目於郭本之前，類書等所引莊子有在今本外者，必由唐人猶見司馬本之故（《御覽》雖編於宋初，然實抄舊有類書）。

然郭本實刪定本也。〈釋文序錄〉所引郭子玄語不見今本《莊子注》，意者當為〈莊子注後序〉，或郭氏他文，今不可考。此文謂「凡諸巧雜十分有三」，是郭氏本對司馬氏本所刪除者，十居其三。按〈釋文敘錄〉載司馬本五十二篇（《漢志》同），郭本三十三篇，郭本正當司馬本百分之六十三餘，與郭氏刪芟什三之數相合。所謂「閼奕意修

之首，危言（或系卮言之誤）、遊鳧子胥之篇」，今皆不可見，是皆刪之矣。且向郭二氏實魏晉玄風之中堅，文辭清華，思致玄邈，而考訂之學，則非所論也。故上之不如漢儒之質拙，雖欲改竄而不能掩其跡，下之不如宋世朴學諸賢，如朱熹、蔡沈、王應麟，疑古辨偽可得其正。乃竟指揮由心，率爾編定，其失多矣。恐向郭之本不特篇章有選擇，即詞句亦有所刪改耳。又按《史記・莊子列傳》云：

> 莊子者……其學無所不窺，然其要本歸於老子之言，故其著書十餘萬言，大抵率寓言也。作〈漁父〉、〈盜跖〉、〈胠篋〉，以詆訿孔子之徒，以明老子之術。〈畏累虛〉、〈亢桑子〉之屬，皆空語，無事實。

按，亢桑，及庚桑當並是空桑之轉。張守節《正義》以為〈亢桑子〉即今本〈庚桑楚〉，張守節生當司馬本未亡時，此說當不誤。其畏累虛一名，則司馬貞《索隱》云，「按，《莊子・畏累虛》，篇名也」，是太史公所特為標舉者，亦有為向郭所刪落者矣。《莊子》一書，誠非盡莊子所著，然內外雜之分既不可據，向郭又非考定之才，其所去取，自是憑一家之愛憎而已。

今更進而論〈齊物論〉一篇之思想。〈齊物〉一篇，所論者甚多曲折，其文辭又復張惶幽眇，誠不可以一言歸納之。然郭注頗得其要旨，其言曰：

> 夫自是而非彼，美己而惡人，物莫不皆然，故是非雖異，而彼我均也。

此正〈天下篇〉謂慎到「舍是與非」也。〈天下篇〉所云「決然無

主，趣物而不兩」者，〈齊物〉反復言之，盈數百言，以多方作喻，其歸則「至於莫之是莫之非而已矣」。「萬物皆有所可有所不可」，而「辯也者有不見也」，正〈天下篇〉所謂「大道能包之而不能辯之也」。〈齊物論〉更詳中其義曰，「是不是，然不然。是若果是也，則是之異乎不是也，亦無辯。然若果然也，則然之異乎不然也，亦無辯。」「是非之彰也，道之所以虧也。」至於「棄知去己」之義，〈齊物論〉中齧缺問乎王倪一節，所釋最為明白。所謂「棄知」，並己之不知亦不知，並物果無知否亦不知。所謂去己，則罔兩與景皆無所謂己，人之所美，則「魚見之深入，鳥見之高飛」者也。凡此相同之點，無待列舉。細以〈天下篇〉所述彭蒙、慎到、田駢所持義與〈齊物論〉比勘，自當覺其互為注腳耳。

儒家曰：「夫物之不齊，物之情也。」非儒者務反是，以為物本齊也，乃有妄人儒墨者，自以為聖智，立是非，辯人我，於是乎不齊矣。以不齊齊其齊也，不齊，猶《莊子》曰，「以不平平其平也，不平」。

〈齊物論〉一篇，在《莊子》三十三篇中，「塊然獨處，廓然獨居」。文辭既絕與他篇不同，思想亦不類，今以〈天下篇〉莊子所以自述者為准，知〈逍遙〉〈秋水〉諸篇最為莊子之本旨，所謂「外死生無終始」者，外篇雜篇所載轉多勝義。〈齊物論〉者，猶不免以齊為心，以齊喻齊，不若以非齊喻齊也，如是安得「上與造物者遊」乎？故〈齊物論〉雖能「與物轉」，而莊子猶以為「慎到、田駢不知道」耳。

〈齊物論〉詞句與《莊子》他篇偶同者，一見於〈庚桑楚〉，再見於〈寓言〉，皆抄襲〈齊物〉，無關旨要，蓋後人敷衍成文者，此不足為〈齊物〉屬於莊子著書之證，適足為〈齊物論〉混入莊學頗早之證。時至漢初，反儒墨用古之義及其認真之態度者，幾皆托庇於黃老，於是乎《莊子》中甚多篇頗似為五千言作注腳者，而莊老之分乃不易見。

慎到之學，當至戰國末而微，以儒墨為對，自覺其近於莊氏，其混入亦復近情。今幸猶存〈天下篇〉，可據以探其異源耳。

　　莊子之學，在漢僅附老子而行，至魏晉則轉以老子釋莊子。吾嘗以為老學凡三變，而陰陽養生神仙術數之比附者不與焉。其一曰關老，其義流行於戰國末，乃道術之一派，如〈天下篇〉所述者是也。其二曰黃老，其義流行於盛漢，乃用世之學，君相南面之術也。其三曰莊老，其義流行於魏晉，乃與時俯仰之見解，衰代聰明自私之人之避世術也（干寶《晉紀總論》，「學者以莊老為宗」，明莊學比老學在當時更居前列，魏晉玄談，實以老釋莊耳）。莊書雖稱老子，並非老學，〈天下篇〉所論者可證。時至漢初，九流相混，莊義難行於盛時，遂成老子之附庸。太史公所見，乃當時之景象，壹如《班志》敘墨家所釋貴儉、兼愛、尚賢、明鬼、非命、尚同諸義，皆漢代墨者之義，非戰國時墨學之真。自莊書之要義觀之，此為莊學之衰微，然莊書正恐緣此而不失耳。在一派學術衰殺之日，其名猶盛，其理則識之者少，一切相干不相干者，從此附入，亦事理之恆然。人皆知莊子之名，而不識莊子之實，他家名稍遜者，若與莊義相鄰，在無別擇之時人觀之，即為莊子書矣。然則《漢志》著錄《莊子》五十二篇，其中正可有他家書之混入，漢晉名賢，無以識別之也。

三　〈齊物論〉作者為慎到

　　今日考訂古籍，僅可有《莊子》一書之問題，不可有莊子一人之問題；僅可以一篇為單位，不可以一書為單位。古者諸子著書，自呂劉諸家之外，多以篇為單位，集眾篇以為一書者，後人之作為，每非著者及生可見之事。功出後死之人，或竟隔遠數代，不能起古人而問之，即不能辨何者為原書，何者為後錄矣。莊子事蹟，可考者少，其

曾遊稷下否，今不可斷言（其不遊稷下為章氏太炎臆說）。其真終身不
仕否，今無術證明（見《史記》）。今日可得議而不辯者，只《莊》書
之思想系統耳。

　　欲明此事不可不立一標準，標準惟何，〈天下篇〉所論者是也。
〈莊子內篇〉七，固為魏晉名賢所重，然太史公所重者，乃在〈漁
父〉、〈盜蹠〉、〈胠篋〉。此由魏晉玄風，〈逍遙〉為勝，盛漢百家，老
氏為先，各從其時，不關《莊》書之本。〈天下篇〉雖未必為莊生自
作，然所舉六派十一家恰與《荀子・非十二子篇》,〈天論篇〉末、《呂
氏・不二篇》,及孟子所論者，大體相合，明其所述者為戰國末諸子之
形態，非如劉安、司馬談所說為漢人之見識也。此〈天下篇〉早成之
外證也。關老一派，慎到田駢一派，莊子一派，自後人觀之，若不易
分，而莊老之混，不特漢儒多作此想，即《莊》書本身亦每現此象。
然五千文具在，不同巵言，道德義可據，無關逍遙。今《莊》書多篇
竟若混同之水，而〈天下篇〉所示，乃為涇渭未合之上游，從此可知
〈天下篇〉所示者，莊生之原意，雖〈胠篋〉、〈盜蹠〉，亦為後起之書
矣。此〈天下篇〉早成之內證也。持〈天下篇〉為准，以別關老與莊
氏，即可出〈齊物論〉於《莊》書矣。〈天下篇〉述慎到、田駢之方術
曰：

　　　　公而不當（崔本作黨），易而無私，決而無主，趣物而不
　　兩，不顧於慮，不謀於志，於物無擇，與之俱往。古之道術有
　　在於是者，彭蒙田駢慎到聞其風而悅之。齊萬物以為首，曰，
　　天能覆之，而不能載之；地能載之，而不能覆之；大道能包
　　之，而不能辯之。知萬物皆有所可，有所不可。故曰，選則不
　　遍，教則不至，道則無遺者矣。是故慎到棄知去已，而緣不得
　　已，冷汰於物，以為道理。曰，知不知，將薄知而後鄰傷之者

也。謑髁無任，而笑天下之尚賢也。縱脫無行，而非天下之大
聖。椎拍斷，與物婉轉。舍是與非，苟可以免。不師知慮，不
知前後，魏然而已矣。推而後行，曳而後往。若飄風之還，若
羽之旋。若磨石之隧，全而無非。動靜無過，未嘗有罪。是何
故？夫無知之物，無建己之患，無用知之累。動靜不離於理，
是以終身無譽。故曰，至於若無知之物而已，無用賢聖。夫塊
不失道。

豪傑相與笑之，曰，慎到之道非生人之道，而至死人之
理，適得怪焉。

田駢亦然。學於彭蒙，得不教焉。　彭蒙之師曰，古之道
人，至於莫之是莫之非而已矣。其風窢然，惡可而言。常反人
不見觀，而不免於魭（鯇）斷。其所謂道非道，而所言之韙不
免於非。

彭蒙、田駢、慎到不知道。雖然，概乎皆嘗有聞者也。

據此文，則慎到著書，曾以〈齊物〉一篇為首也。所謂「首」者，
謂首章，猶〈國語〉云「以〈那〉為首」。又，《史記・孟子荀卿列傳》
云：

慎到，趙人，田駢，接子，齊人，環淵，楚人，皆學黃老
道德之術，因發明序其指意。故慎到著十二論，環淵著上下
篇，而田駢接子皆有所論焉。

據此文，則慎到著書，以論名篇，其數凡十二也。合此兩事，知
〈齊物論〉者，慎到所著十二論之首篇也。

〈齊物論〉一篇中，僅末段見《莊子》名，然此段陳義乃與前文相

反。此段中有云，「周與蝴蝶則必有分矣」，前文乃云，「分也者，有不分也」。試取古卷子本看其款式，卷尾最易為傳寫者追加，此段之來源正當如是。

此篇除末節外，分作數章，皆為對語。最先最長之一章為南郭子綦與顏成子遊之對語，此兩人皆無可考。據下文南郭子綦名丘，顏成子遊名偃，字子遊。夫師名丘，而徒名偃，更字子遊，儼然影射孔子與言偃。戰國時，孔子與言偃，在儒家中最知名，荀子所謂「仲尼、子遊為茲厚於後世」也。今乃仿其名號，改其主義，以為論議，甚矣慎到之吊詭，稷下先生之好事也！

四　前章所持論之旁證

慎到之學見引於晚周諸子者，皆與前說吻合。茲列舉如下。《荀子・非十二子篇》云：

> 尚法而無法，不循（從王念孫改）而好作。上則取聽於上，下則取從於俗。終日言成文典，反糾察之，則偶然無所歸宿。不可以經國定分。然而其持之有故，其言之成理，足以欺惑愚眾，是慎到田駢也。

又〈天論篇〉：

> 慎子有見於後，無見於先。老子有見於詘，無見於信。墨子有見於齊，無見於畸。宋子有見於少，無見於多。有後而無先，則群眾無門。有詘而無信，則貴賤不分。有齊而無畸，則政令不施。有少而無多，則群眾不化。

《呂覽·不二篇》：

> 老聃貴柔，孔子貴仁，墨翟貴廉，關尹貴清，列子貴虛，
> 陳駢貴齊。（高注：「貴齊，齊生死等古今也。」）

今按，所謂尚法者，解見下章。所謂「不循而好作」者，僅謂其著書陳義，自我作古，是泛語，未能據以審斷慎子思想。其謂「上則取聽於上，下則取從於俗」者，疑謂在上位者，一任所憑之勢以為治，無待乎辯賢與不肖，正如《韓非子·難勢篇》所引慎到語「無以是知勢位之足恃，而賢智之不足慕也」。齊物之思想，若以之應用於人事，自必去是非，泯賢愚，而專用勢。「上則取聽於上」者，似指居上者當取其力於其自身所憑之勢，「下則取從於俗」者，既不辨是非，等而齊之，自可順俗為治。所謂「有見於後無見於先」者，但據本文頗不可解，觀下文云，「有後而無先，則群眾無門」，則易解矣。由荀子觀之，慎子不能探本追源，以定是非，乃雜然並陳，以為萬物皆可皆不可，群眾對此，猶治絲而棼之，何所適從？故曰，「有後而無先，則群眾無門」也。後者，眾說之比肩，先者，原始之一貫也。

上文所釋，誠非惟一可能之解。吾在此處所祈求辯證者，僅謂荀子此語與〈齊物論〉為慎子義之一說不相違悖，非謂其相互證明，此中分際，不敢逾越。《慎子》書既號稱十二論，〈齊物〉之外至少猶有十一篇，〈齊物〉固為道體之言，此外必有用世之論。以〈齊物〉之道論，自可有「無所歸宿」之人事論，用勢而不尚賢之政治論耳。

至於《呂覽》所載，乃大可為吾解〈齊物論〉之證。陳駢即田駢（見《漢志》），田駢即與慎子同道齊名之人，莊荀論此一派，皆以二者並舉。此語中所謂柔、仁、廉、清、虛，皆指抽象之德，不關政治之用，則所謂齊者，當亦如是。高誘注以貴齊為「齊生死，等古今」，

不以為齊貴賤，甚得其旨。田駢既貴齊，慎到亦必貴齊，貴齊之義，正托於〈齊物論〉以傳於今耳。

五　論今本《慎子》不足據

如此解〈齊物論〉，吾深覺其渙然冰釋矣。然有一類事實，表面與吾說不合者，即《漢志》著錄《慎子》四十二篇在法家，而今本《慎子》思想與〈齊物論〉既不相干，文辭更絕不類，是也。

求解此謎，並非難事。由《莊子·天下篇》《荀子·非十二子篇》所示，慎到田駢乃一派之學，今《漢志》以《田子》二十五篇列之道家，《慎子》四十二篇列之法家，明二子之後世，學有變化矣。戰國諸子，相反相生，一傳之後，本師之名號未改，此學之內容乃變，是以讀其書者不可不論其世也。據《史記·始皇本紀》太子扶蘇語，孔子為神仙方士所宗，據〈非十二子篇〉，子思、孟子造為五行，據《漢志》語，墨家以養三老五更為兼愛，以順四時而行為非命。此豈所以論其朔耶？凡此持論者，皆據當時所見言之，既不可以為探本之談，亦不便以為偽造之證。慎到田駢，在始本為一家之學，〈天下篇〉所著者其道論也。其用世之旨，政治之論如何，雖可略窺其端，究不能詳考其說，惟既以絕是非捃知慮為說，自易流為任勢尚法之學。意者十二論中先開其端，其弟子所記乃衍而暢之。道家之流為法家，本自然之勢也（《漢志》所謂道家者，雖以五千文為宗，實乃關尹老聃，慎到田駢，莊周列禦寇之總名）。凡此慎田二子之支流，鄰於法家引於韓非者，正是荀子所謂「尚法而無法」，《漢志》所以列四十二篇於法家者也。猶之自《文子》以降引老子言多出五千文之外者，因當時五千文之外，復有託名老子之傳記，其書後世不傳耳。且學風之變，動於時尚，成於利祿之途。在慎子田子時，世變未至其極，大國猶可安居，

稷下先生開第康莊之衢，不治而議論，窮年清談，塊然可以為生，下
逮戰國末，交爭之風更熾，利國之要求尤著，承師說者，自不能不遷
競時尚，以寫新書，而資啖飯，於是解《老子》者，為申韓張目，承
慎到者，助法家揚波矣。儒墨在漢皆曾如此丕變，慎學在戰國末容亦
不免耳。然則韓呂所引，慎子後世書也。果《漢志》著錄之四十二篇
不絕，吾說當得直接證明。今幸道家猶著錄《田子》二十五篇，高注
以為「齊生死，等古今」，此中得其消息矣（凡此所論，詳見拙著《變
化的諸子》，未刊）。

至於今本《慎子》，不足深論。今行世著者二本，慎懋賞本最多，
亦最不可據，其內篇已雜采群書，外篇乃純系偽造，世有定評。《守山
閣本》最謹嚴，然實輯佚之書，校以《群書治要》，多出者甚少，是此
書之全佚久矣。凡此佚文，當在四十二篇中，吾所謂後世宗慎子者所
寫錄也。

民國二十五年五月六日

附　記

余之蓄此說也，幾近十年矣，人事鞅掌，東西南北，每思寫出，
而逡巡不果。本年五月二日，余與李濟、董作賓、梁思永諸先生聚談
一室，涉及此事，乃發憤曰，「今晚回家寫成」，於是盡兩夜之力，成
此一文。

此文寫成後，同事陳鈍先生為我抄錄，因舉《國學論文索引第三
編》所刊山東大學勵學社所刊之〈勵學〉中王先進一文，名〈莊子考
證〉，子目有〈齊物論之作者問題〉一項示餘。適研究所無此書，立函
山東大學索之。越一周，董作賓先生謂有此書，取而讀之，知王先進
先生所持之論與余說全合，即謂〈齊物論〉為慎到作，以〈天下篇〉

為證也（《勵學》自題出版於民國二十二年十二月，惟首頁有趙校長序，題一月十日，故知此書出版期當在民國二十三年一月，或其後）。

余之初為人道此說也，始於民國十六年春，在中山大學教書時。十七年春，訪胡適先生於其滬寓，談《中國古代哲學史》之再版重寫，因及此事。適之先生甚喜此說，勉以速寫，《哲學史》再版時當引入也。其後適之先生見輒催之，如是二年之久，直至其返居北平之後，猶以為言。此外余又向同好者道之，如顧頡剛、馮友蘭、羅膺中、羅莘田、丁山、容元胎及其他甚多友人同事，皆習聞吾說。在北大授「中國古代文學史」課，亦每為諸生言之。其將此說寫布者，則為顧頡剛先生。顧先生於所著《從〈呂氏春秋〉推測〈老子〉之成書年代》一文中云。（載於《史學年報》第四期，民國二十一年六月出版，並轉載於《古史辨》第四冊，民國二十二年三月出版）：

> 關於慎到，傅斯年先生有一很重要的發見。他覺得〈天下篇〉中所云「棄知去己」「舍是與非」「塊不失道」等義均與《莊子‧齊物論》相合，而「齊萬物以為首」一語，簡直把〈齊物論〉的篇名也揭了出來了。這是四年前他在談話中所發表的。那時容肇祖先生亦舉一證以證成之。他說：「《史記‧孟子荀卿列傳》，中說『慎到，趙人……著十二論』，〈齊物〉名『論』，即是十二篇之一。」他們的見解都是極精確的。

按，王先進君文，未注明寫於何時，然《勵學》出版，既在《史學年報》第四期及《古史辨》第四期之後，再按以編者之《編後》，王君必預讀顧文無疑：因《編後》引王君來信，自稱「其材料是本諸黃方剛《老子年代之考證》一段，在《古史辨》第四冊第三百五十七頁──第三百五十八頁和羅根澤《老子及老子書的年代》一段，同書

第四百四十九頁」。《古史辨》第四冊刊於民國二十二年三月，而王文自謂用其材料，則其寫彼一文必不在二十二年之前可知也。《古史辨》第四冊既為王君自認所熟讀，所依據，而王君發揮〈齊物論〉為慎到書之一義，竟全不引同書中顧先生論此事之原文！然此亦不足深論也。

同年六月十九日

此意蓄之十年，以為不移之論，一旦寫成，轉覺可疑。〈莊子雜篇〉中與〈齊物論〉之思想相應者甚多，不可以為偶合，然則〈齊物論〉之思想與莊生後學者相混久矣，〈天下篇〉所論，僅見其始耳。甚矣治學之宜毋意毋必也。

同年六月廿一日

（原載一九三六年《國立中央研究院歷史語言研究所集刊》第六本第四部分）

誰是〈後出師表〉之作者？

余羈旅渝城，行篋中史籍僅存《三國志》一部。《文史雜誌》編者盧逮曾先生徵文於余，不特考證之文無從著手，即泛論之詞亦難下筆。蓋引書而不檢原書，不可示人也。促之不已，姑乞靈於《三國志》以塞責，讀者諒之。

世傳諸葛孔明〈後出師表〉，末有句云：

> 臣鞠躬盡力，死而後已！

此真忠臣謀國之典型，足以儀訓百世者也！然其下又云：

> 至於成敗利鈍，非臣之明所能逆睹也。

是則可怪矣。夫諸葛公出師，北向秦隴，固爭其必勝者也。先定南中，而後北進，內整軍民，外聯胡越，而後舉事，將以為成算可操也。時後主朝中，不無滋疑之人，以為以一州之地未可敗大敵者，故〈前出師表〉中諄諄命之，其辭云：

> 今南方已定，兵甲已足，當獎率三軍北定中原，庶竭駑鈍，攘除奸凶，興復漢室，還於舊都。此臣所以報先帝，而忠陛下之職分也。……願陛下托臣以討賊興復之效，不效則治臣之罪，以告先帝之靈。

此之自信為何如？其昭示其自信者又何如？「謹慎」者作此言，
其有把握又何如？大凡負荷世業之人，絕非認前途為漆黑之輩，事出
無奈，無精打采，自不信矣，何以信人？信以成功，疑以招敗，古今
通例也。若諸葛公以為當時之力未足以克敵，則當益儲實力，以待來
年，絕不漫然出兵，又漫然作此語。若諸葛公以為當時之力足以克
敵，此言更何為者？曆觀建立世功者，必有其見識，亦必有其自信，
人以為冒險，彼知其必克，今觀〈後出師表〉，全篇充滿文人做事之心
理，若果決而實憂疑，若奮發而實不振，其文辭固與〈前出師表〉斷
然兩途，其用思尤嫌冰炭。今試問〈後出師表〉之言為誰發之？為將
士歟？此足以隳三軍之氣勇者也。為朝臣歟？則朝臣已有貪苟安者
矣，此固諸葛相力求克服之者，豈容反而助之？為後主歟？則後主庸
君，原無廟算，諸葛公諄諄然命之者，「親賢臣，遠小人……宮中府中
俱為一體……亦宜自謀，以諮諏善道，察納雅言，深追先帝遺詔」
也，豈容滋長其疑於大計乎？〈後出師表〉之六不解，雖不可曰「敗
北主義」，終不免於「不必勝」論，求之於史，頗似殷浩庾亮之心境，
即桓玄子亦劣不至此，更安所論於我漢家三炎之丞相哉？

故世人於此文疑之久矣，而信者亦不乏人。其疑之者，以為此文
與諸葛公他文皆不類，心境亦不同，而趙雲卒年尤與史不合也。其信
之者，愛其文辭，諒其居心之苦，且覺其稱道時事與當時情景逼合
也。身邊無一書可查，亦不必查，國志一書之資料足以證之矣。余於
辯章兩造之前，先察此文之出處。

此表之來源裴松之云：「亮集所無，出張儼默記。」

（原載一九四一年七月十六日重慶《文史雜誌》第一卷第八期）

中華文化思想叢書 A0100065

老北大講義　史學方法導論

作　　者　傅斯年

發 行 人　林慶彰
總 經 理　梁錦興
總 編 輯　張晏瑞
編 輯 所　萬卷樓圖書股份有限公司
　　　　　臺北市羅斯福路二段 41 號 6 樓之 3
　　　　　電話 (02)23216565
　　　　　傳真 (02)23218698

出　　版　昌明文化有限公司
桃園市龜山區中原街 32 號
電話 (02)23216565
發　　行　萬卷樓圖書股份有限公司
臺北市羅斯福路二段 41 號 6 樓之 3
電話 (02)23216565
傳真 (02)23218698
電郵 SERVICE@WANJUAN.COM.TW

ISBN 978-986-496-582-3
2021 年 7 月初版
定價：新臺幣 420 元

如何購買本書：

1. 劃撥購書，請透過以下郵政劃撥帳號：
　　帳號：15624015
　　戶名：萬卷樓圖書股份有限公司
2. 轉帳購書，請透過以下帳戶
　　合作金庫銀行　古亭分行
　　戶名：萬卷樓圖書股份有限公司
　　帳號：0877717092596
3. 網路購書，請透過萬卷樓網站
　　網址 WWW.WANJUAN.COM.TW

大量購書，請直接聯繫我們，將有專人為
您服務。客服：(02)23216565 分機 610

如有缺頁、破損或裝訂錯誤，請寄回更換

國家圖書館出版品預行編目資料

老北大講義：史學方法導論 / 傅斯年著. --
初版. -- 桃園市：昌明文化有限公司；臺北
市：萬卷樓圖書股份有限公司發行, 2021.07
　　面；　公分. -- (中華文化思想叢書；
A0100065)
ISBN 978-986-496-582-3(平裝)
1.史學方法 2.文集
603　　　　　　　　　　　　110002862